DEUXIÈME ÉDITION

CHARLES ALEXANDRE

MADAME

DE

LAMARTINE

PARIS

DENTU & C.ᵉ EDITEURS

LIBRAIRES DE LA SOCIÉTÉ DES GENS DE LETTRES

PALAIS-ROYAL, 15-17-19, GALERIE D'ORLÉANS, ET 3, PLACE VALOIS

1887

MADAME
DE LAMARTINE

IMPRIMERIE ÉMILE COLIN, A SAINT-GERMAIN

MADAME
DE LAMARTINE

PAR

Charles ALEXANDRE

PARIS

DENTU ET Cⁱᵉ, ÉDITEURS

LIBRAIRES DE LA SOCIÉTÉ DES GENS DE LETTRES

PALAIS-ROYAL, 15-17-19, GALERIE D'ORLÉANS

—

1887

Tous droits réservés

Maria-Anna-Elisa DE LAMARTINE

Je suis toujours en deuil de vous, ma sainte amie !
L'huile du temps n'a pu guérir mon cœur blessé,
Loin de vous, ma douleur ne s'est pas endormie,
Dans votre tombe gît mon bonheur trépassé.

La mort, comme la mer, a donc son accalmie,
Votre doux souvenir y flotte, ineffacé.
Ma foi s'en va vers vous sur la vôtre affermie,
Mon rêve d'avenir rêve seul le passé.

Ma douleur, dans sa nuit, a toujours votre étoile,
J'ai peint votre figure auguste sur ma toile,
Parfumé votre front d'encens et de piété.

Dites-moi, près de vous, près de lui, revivrai-je ?
Dites-moi le secret de Dieu, vous reverrai-je,
Comme sur terre, au ciel, dans l'immortalité ?

MADAME DE LAMARTINE

On ne saurait trop propager le culte et le souvenir
des belles âmes dans un temps où il y en a si peu.

LACORDA RE.

Peut-être, il est trop tard pour parler encor d'elle.

Les femmes des hommes de génie sont inconnues. Elles
disparaissent sous les rayons mêmes de leur gloire, ainsi que
les astres invisibles le jour, sous la lumière du soleil. Comme
les étoiles dans la nuit, elles ne brillent qu'après la mort.

Leurs vertus mêmes sont la cause de ces injustices, elles
se cachent, elles se voilent sous l'ombre du foyer, elles
meurent victimes de leur modestie et de leur dévouement.

Mme de Lamartine n'a pas eu le malheur de tant d'épouses
d'hommes de génie, Mme de Chateaubriand, lady Byron,
Mme Carlyle, mortes de l'abandon de l'époux. Elle a été
aimée, respectée par son mari ; ses lettres et ses livres l'ont
mise en lumière ; pourtant sa grande âme est restée fermée
comme un sanctuaire.

C'est le devoir des amis fidèles de faire connaître ces
nobles inconnues. Ils n'y ont pas failli. Pendant que Chateau-

briand, cet amant de proie, dévorait ses colombes, s'aimait et s'aimait seul, abandonnait sa femme, pendant dix ans, oubliait son existence avec une sérénité d'égoïsme incomparable, courait d'oublis en oublis, et, plus tard, ne rappelait sa femme à son foyer que pour le décorum de sa vie d'ambassadeur ou de ministre, un cœur veillait. Joubert recevait dans des lettres charmantes, spirituelles et mordantes, les confidences de Mme de Chateaubriand.

Les amies des hommes de génie ont aussi le sort de leurs femmes, témoin la comtesse Pauline de Beaumont. Mais là, aussi, les amis ont veillé. Joubert à l'amitié amoureuse, et plus tard, un amant platonique d'outre-tombe, M. Bardoux, dans un livre délicat et tragique, vengeait la suave Pauline, l'aimait à travers le passé et, à quatre-vingts années de distance, faisait revivre cette femme oubliée.

Né d'une femme au cœur tendre, à l'âme haute, fils d'une mère d'élite qui lui donna toutes les grâces intimes, il eut cette pensée exquise, dont je surpris, un jour, le secret, de porter à la tombe de Pauline de Beaumont, à Rome, un bouquet de ces bruyères de Bretagne qu'elle aimait comme un parfum de celui qu'elle avait adoré.

Joubert, l'exquis et fin rêveur, et M. Bardoux, ce frère de Joubert, eussent été dignes d'elle. Il est des parentés d'âme. Il est des êtres qui ne se rencontrent pas à temps pour le bonheur.

Le bonheur! cette fleur éphémère et fragile, sans cesse effeuillée par la vie, vision que Dieu ne fit pas pour la terre, tout en lui donnant la plus grande et la plus belle des réalités, l'amour, la plus haute et la plus sainte, l'amitié, qui, elle, à l'abri des rafales des années, se noue plus fortement dès ici-bas, et ne se brise même plus sur une tombe.

On peut oublier le sourire d'un cher visage disparu, mais une larme qu'on a vue couler ne s'oublie jamais. Un mot, un regard, un parfum, un son de voix semblable, évoquent la scène, l'heure, le lieu, où elle coula lentement sur un visage pâli, dans ce combat silencieux de leur patient amour et de leur invincible dévouement.

Tel m'apparaît le noble visage et le cœur immortel de Mme de Lamartine. Il fut grand, il fut haut, il fut profond, rempli de bonheur à l'aube de son amour. Il contint toutes les joies et les perdit toutes, et malgré tout , elle n'eût pas changé sa vie d'épreuves, à côté du poète, contre une autre fortune, moins brisée, mais moins haute. Elle n'eût pas donné son malheur glorieux pour un vulgaire bonheur. Elle ne perdit jamais les forces de sa fière devise : « A cœur vaillant rien d'impossible. » Elle aima dans la douleur, comme elle avait aimé dans la joie, en Italie, aux années heureuses de l'amour donné et rendu, et de la maternité radieuse.

Le génie a-t-il donc l'ombre mortelle du mancenilier? Tandis que sa cime orgueilleuse resplendit dans la lumière, a-t-il l'ombrage fatal aux êtres couchés à ses pieds? Gardez-vous d'aimer les grands hommes, dit le monde aux femmes. Les génies sont de sublimes égoïstes. Le génie est un tyran, et la femme est sa victime. Souvenez-vous de ce récit où une femme racontait la vie d'obscure immolation de Mme Carlyle, révélait son martyre, ses admirables lettres et le repentir tardif de son tyran. Rappelez-vous Chateaubriand. Un jour Béranger, étant venu voir Chateaubriand, l'entendit dire : « Je me suis toujours ennuyé. — C'est que vous n'avez pas aimé les autres, répliqua Béranger. — Ah ! c'est bien vrai, » riposta Mme de Chateaubriand. Il y a des génies qui ont aimé les autres. A leur mort, on les juge selon leur vie. J'ai assisté aux funérailles des deux grands génies du siècle, Chateaubriand et Lamartine. Au convoi de Chateaubriand personne n'a pleuré ; au convoi de Lamartine, il y a eu des larmes. Leurs tombeaux révèlent leur nature et leur vie contraires. René s'est isolé, au-dessus et loin de la foule, dans sa tombe orgueilleuse, au bord de la mer. Jocelyn a voulu dormir au cimetière de village ; dans sa tombe de famille, près de sa mère, de sa fille et de sa femme, lui si grand, près des petits !

Lamartine a eu le respect du mariage, la dignité et l'amour du foyer. Il parle sans cesse de sa femme dans ses lettres à Aymon de Virieu, comme ce bon et grand Ampère qui prouva si bien qu'un homme de génie peut être un excellent mari. Il la loue, il l'aime, il l'honore. Il lui consacre des poésies dans les *Méditations* et les *Harmonies,* des pages dans les *Commentaires.* Si lord Byron a délaissé sa femme, s'il a couru sur mer ses voyages de poésie et d'amour, Lamartine a fait le voyage en Orient avec sa femme et son enfant. Ce beau livre, le *Voyage en Orient,* est plein d'elle, il lui demande un récit de son pèlerinage à Jérusalem, et il place ces pages pieuses au cœur de son livre. Il lui dédie son poème domestique de *Jocelyn* dans des strophes suaves et touchantes. Il a le secret de son âme supérieure. Il la consulte, il lui demande ses conseils, il lui confie ses œuvres. Elle a sa place dans le foyer, le génie n'étouffe pas sa voix. Elle le soutient de son âme virile dans les combats tragiques de 1848 et dans l'infortune. Elle est sans cesse au feu avec lui.

Le poème de sa vie eut des années heureuses de 1820 à 1833, de son mariage à la mort de sa fille ; des années mêlées de rayons et d'ombres de 1833 à 1848 ; de malheureuses années de 1848 à 1863, trois époques, des années bleues, des années grises, des années noires. Elle n'a pas eu à les reprocher au cœur de son mari, mais à la destinée, à l'ingratitude de la France, à la fatalité des événements.

L'amitié fut sa consolatrice. L'amitié plus pure que l'amour, digne du ciel dès la terre, et, selon un beau vers d'un poète breton, Hippolyte Violeau :

L'amitié n'aura pas à se transfigurer.

L'ami qui a pénétré dans l'intimité de sa vie sait mieux que personne sa digne attitude, son âme fière et haute en face des épreuves, sa noblesse dans les servitudes douloureuses, mais elle cachait la meilleure partie d'elle-même, sa pudeur d'âme voilait ses vertus intimes. Elle ne s'épanchait que dans sa correspondance, elle ne disait ses secrets, ses souffrances qu'à voix basse dans des lettres à un ami. Cet ami en a révélé quelques-unes dans un livre de *Souvenirs* qui l'ont déjà fait un peu connaître et beaucoup aimer.

Une curiosité pieuse désire la connaître davantage par un récit plus étendu de sa vie, une confidence plus abondante de ses lettres. C'est à ce désir que je viens répondre. Ce récit et ces lettres ne seront pas seuls. Des lettres de Lamartine viendront charmer le récit, se lier à la gerbe féconde de la femme. Elles feront aimer davantage le poète et sa noble campagne, et comme leurs corps couchés, côte à côte, dans le tombeau de Saint-Point, elles uniront leurs âmes dans la mort mieux encore que dans la vie.

PROLOGUE

LE LAC

Elle allait mourir, la femme adorée, l'enchanteresse du *Lac, Donna del Lago*, que son amant en deuil devait voiler et immortaliser sous le nom romanesque d'Elvire.

Il était venu seul, à Aix-les-Bains, au rendez-vous d'automne. On était en septembre 1817. Julie n'avait pu venir, mourante de la poitrine. Malade lui-même, le poète recherchait la solitude, errait au bord du lac, en son pèlerinage désolé. L'agonie de son amour commençait. Il invoquait la félicité perdue dans une poésie immortelle qui allait enivrer les jeunes femmes de son temps :

> Qui de nous, Lamartine, et de notre jeunesse,
> Ne sait par cœur ce chant des amants adorés,
> Qu'un soir, au bord d'un lac, tu nous as soupiré ?

Jamais l'amour n'avait chanté ainsi, jamais ainsi pleuré le vol, la fuite rapide du bonheur, la mort de l'idéale ivresse ! Cette suave poésie avait jailli des eaux et des larmes, du lac et du cœur. La douleur et la nature l'avaient inspirée. Elle évoquait l'enchanteresse en des vers magiques, dans une langue inconnue à la terre. Une poésie nouvelle était née.

Et l'amante se levait à l'appel de l'amour désolé, sa voix charmait le lac, et son chant d'amour émouvait la nature, donnait une âme aux rochers, aux arbres, aux eaux.

Le flot fut attentif.

Le lac, recueilli pour entendre, l'eau, le ciel même, faisaien silence pour écouter la barque harmonieuse. Le beau jeune homme en deuil ranimait le souvenir de la nuit d'amour. Il interrogeait la nature, lui demandait son secret, le pourquoi de cette fragilité des joies humaines et de l'éternité de la nature. Il lui demandait le retour du bonheur perdu ou, au moins, dans cette mort, son fidèle souvenir. Il appelait la sympathie des choses, les amitiés mystérieuses des arbres, des eaux, des brises, des parfums, des étoiles, les *lacrymæ rerum*. Il conviait toute la nature à perpétuer ce souvenir d'amour.

Jamais la poésie n'avait ainsi uni la nature à l'amour, dans un hymen de vie.

Dans la poésie antique, sauf dans Virgile, la nature restait indifférente, elle laissait les amants s'aimer, sans vibrer à leur voix. Elle n'avait pas d'âme. Ici l'enchanteur lui donnait un cœur.

La poésie de ce nouveau poète jaillissait du cœur ; elle naissait d'une félicité et d'une douleur, c'était une poésie vécue. L'amour le faisait poète, un soir, au bord d'un lac. Il en sera ainsi de toutes ses poésies ; elles sortiront des entrailles, elles seront filles de sa vie. Le poète aura aimé, pleuré, prié, avant de chanter. Comme l'a dit un nouveau saint Jean, Henri Perreyve, dans son ineffable livre : *la Journée des malades*, « Ce dont il parle a été souffert avant d'être écrit. »

Le lac est la grande source d'où sortira la poésie de Lamartine et du dix-neuvième siècle. Quel bonheur d'inspiration avait donc ce jeune génie de trouver un art spontané, de créer, à vingt-sept ans, la plus belle poésie de l'amour et de la douleur humaine ! Cette poésie est une musique, les vers harmonieux coulent comme les eaux du lac, sous les clartés de la lune, passent, en rythmant leur large cadence, et les strophes laissent tomber le court vers final comme les gouttes d'eau des rames.

Tout dise : ils ont aimé !

Il est malvenu de parler d'art sous l'émotion de cet amour en deuil. Aussi bien cette poésie porte son art en elle-même. Son style, fils de la grâce, éclôt d'une sève mystérieuse, épanouit son calice avec ses couleurs et ses parfums. Ses images si belles naissent en harmonie avec la scène, elles émergent du lac dans leur fraîche beauté, comme Vénus du sein de la mer.

Rappelez-vous ces vers de la strophe d'ouverture :

> Ne pourrons-nous jamais, sur l'océan des âges,
>   Jeter l'ancre un seul jour...
> L'homme n'a point de port, le temps n'a point de rive,
>   Il coule et nous passons.

Et cette poignante question d'une éloquence si douloureuse :

> Éternité, néant, passé, sombres abîmes !
> Que faites-vous des jours que vous engloutissez ?

Cette poésie, réputée si vague, — oui, vague comme l'infini, — elle peint la scène en quelques traits d'une couleur précise : *riants coteaux, noirs sapins, rocs sauvages qui pendent sur les eaux*. On reconnaît bien le lac du Bourget, les collines de Châtillon, le mont du Chat et Hautecombe, *ut pictura poesis*. Elle peint et elle chante.

Cette barque du lac, n'est-ce point la barque enchantée

de Gleyre, glissant sur le fleuve, au crépuscule, passant
devant le poète mélancolique, assis sur la rive, les yeux sur
l'Amour enfant aux roses effeuillées sur l'eau, et sur le
groupe des jeunes femmes suaves, la tête inclinée ou levée
au ciel, chantant aux accords de la barque harmonieuse et
pleurant les illusions perdues ?

Le *Lac*, perfection inespérée comme dit Sainte-Beuve,
est la poésie centrale des *Méditations*. Toutes se groupent
autour de ses eaux et s'y baignent. Les unes s'étendent dans
leur grâce, comme ses rives ; les autres s'élèvent dans leur
hauteur, comme les montagnes du lac.

Voilà cette symphonie des *Méditations*. Pour être nées sans
effort, elles sont composées avec un art profond, un goût poétique exquis. Le poète était à lui-même son meilleur critique. Il me disait un jour : « Si j'avais suivi les conseils de
mes amis, il ne serait pas resté une seule *Méditation* debout. »

Elles ont la pureté de l'art grec, groupées dans un ordre
harmonieux, comme les Muses. Poésie et musique à la fois,
elle a trouvé des paroles pour ces impressions, ces sensations, ces accents, ces soupirs sans paroles, tout ce monde
flottant que la musique seule faisait vibrer. Sa poésie a les
brises mystérieuses de la musique de Weber.

Elle allait charmer les femmes, elle allait, par la confidence d'un ami du poète, faire naître un amour dans une
jeune fille anglaise, venue près de là, sur une colline de
Chambéry. Cette poésie enchanteresse allait enivrer un
cœur pour le poète inconnu.

En décembre, la malade bien-aimée mourait à Paris, loin
de son amant. Elle finissait avec l'année. L'ami fidèle,
Aymon de Virieu, avait été témoin de l'agonie et de la mort.
Ce ne fut pas lui, mais bien M. Amédée de Parseval, l'ami
aux missions douloureuses, qui vint à Milly, porter la nouvelle funèbre à son ami, le dernier adieu et le crucifix baisé
par la femme adorée :

> Toi que j'ai recueilli sur sa bouche expirante,
> Avec son dernier souffle et son dernier adieu ;
> Symbole deux fois saint, don d'une main mourante,
> Image de mon Dieu !

Il tomba foudroyé de douleur. La folie du désespoir l'emporta loin de Milly. Il erra, trois jours et trois nuits, dans les bois, sa blessure au cœur. En guérit-il jamais ?

LA MÈRE

Au temps heureux où je vivais près du poète, j'aimais à regarder, dans son cabinet de travail, à Saint-Point, une charmante miniature de femme, suspendue près de la cheminée. Cette blanche figure aux yeux noirs, brillants et doux, rayonnait dans le clair-obscur, sous l'arceau cintré du sanctuaire, comme une madone intime du génie. Ses beaux cheveux cachaient leurs boucles noires sous un chaste bonnet blanc. Sa taille était voilée sous les plis d'une robe brune ; on eût dit une religieuse. C'était en effet une religieuse de famille. Mais, malgré son costume austère, elle resplendissait de jeunesse, de charme et de vie. Jeune jusqu'à la fin, elle paraissait la sœur de ses filles. La jeunesse immortelle est un privilège, un don de la pureté. Elle était pleine de grâce, elle était digne de la salutation angélique : « *Ave, gratia plena!* »

C'était la mère adorable et adorée du poète. Elle le rappelait par les yeux, les lèvres, le front, la noblesse, l'essor, le sourire, la physionomie, l'éclair de l'âme ; la ressemblance était saisissante. Lui, c'était elle ; elle, c'était lui. C'était sa mère de bon secours ; ce portrait le suivait partout, à Saint-Point, à Monceaux, à Paris, il l'emportait, il le suspendait devant ses yeux ; quand il écrivait ou priait, dans sa cellule de travail, il le regardait comme pour s'inspirer à cette chère image.

Les grandes âmes d'hommes sont filles de leurs mères;
saint Augustin, saint Louis, Lamartine. Sa mère lui avait
tout donné, son sang, sa vie, son âme. Il tenait d'elle sa
grâce, sa beauté, sa noblesse, sa foi, sa poésie. Aussi gar-
dait-il avec piété tout ce qui venait d'elle. Dans un tiroir de
la table de son cabinet de Saint-Point, il avait recueilli les
dix-huit cahiers du journal de sa mère; ils reposent toujours
là, près des lettres de Julie, sous la garde pieuse de
Mme Valentine de Lamartine.

Il se retrempait dans ces mémoires secrets. Il s'attendrissait toujours à ce spectacle d'une âme aux prises avec les
vicissitudes de la vie, cette âme fût-elle celle d'une femme
ignorée au fond de son obscurité domestique entre son mari
et ses enfants. « Le drame n'est pas dans la scène, il est
dans le cœur; qu'une larme tombe pour la chute d'un empire ou pour l'écroulement d'une chaumière, c'est la même
eau ! »

On ne peut lire sans émotion cette confession d'une
mère, faite des battements de son cœur, ce récit de ses
joies et de ses deuils, de ses rayons et de ses ombres, de
son amour maternel, ce journal de sa conscience, ce mémorial d'une femme qui a le charme du monde et la ferveur de
la sainteté, cette *Imitation* intime.

Quel idéal religieux elle se fait du mariage! Après une
prise d'habit de religieuse, elle écrit au retour, le soir : « J'ai
beaucoup admiré leur dévouement, mais j'ai réfléchi que
l'état d'une mère de famille, si elle remplit ses devoirs, peut
approcher de la perfection de celui-là. On ne pense point
assez, quand on se marie, qu'on fait aussi vœu de pauvreté,
puisqu'on remet sa fortune entre les mains de son mari. On
fait vœu d'obéissance à son mari et vœu de chasteté en ce
qu'il n'est pas permis de chercher à plaire à aucun autre
homme. L'on se voue aussi à l'exercice de la charité vis-à-
vis de son mari, de ses enfants et de ses domestiques... Je

n'ai donc rien à envier aux Hospitalières. Ces réflexions
m'ont fait grand bien à l'âme, j'ai renouvelé mes vœux
devant Dieu et je le prie de me faire la grâce d'y être
fidèle. »

Son souci, son tourment, sa passion, c'est son fils bien-
aimé.

Son fils revenu d'Aix-les-Bains est là, à Milly, sous le
regard inquiet de sa mère : « On dirait qu'il est abattu par
quelque chagrin secret qu'il ne me dit pas, mais que je crains
d'entrevoir ; il n'est pas naturel qu'un jeune homme de cette
imagination et de cet âge se confine aussi absolument dans
la solitude ; il faut qu'il ait perdu, ou par la mort ou autrement, je ne sais quel objet qui cause sa mélancolie si
profonde. »

La mère avait deviné.

Plus de deux ans s'étaient écoulés depuis sa grande douleur. Il avait vécu, tour à tour, à Milly, à la campagne, dans
l'isolement, à Paris, dans le monde, recueilli dans le travail
poétique, agité des tentatives pour une carrière diplomatique, sans fortune au milieu de grands-parents riches, bal-
lotté de déceptions et d'espérances, du désespoir à la foi,
poète déjà couronné d'une renommée intime, prédestiné à
la gloire, malade de corps et d'âme, au fond toujours dans
la tristesse, avide de consolation. La consolation approchait.
Venu à Aix-les-Bains en août 1819, au bord de ce beau lac
si cher à son souvenir, il allait rencontrer la jeune fille
destinée à être sa consolatrice, la noble et fidèle compagne
de sa vie.

PREMIÈRE ÉPOQUE

LES ANNÉES HEUREUSES

(1819-1832)

Ce qui n'est plus pour l'homme a-t-il jamais été ?

LA RENCONTRE

1819

Il y a près de Chambéry, à Pugnet, un château caché dans un nid d'arbres, au milieu d'un grand jardin. Il se dresse sur le piédestal d'une belle terrasse ; c'est le château de Caramagne. Il rappelle les villas italiennes. Le paysage est magnifique ; on domine la ville de Chambéry, le château des ducs de Savoie, la promenade, la vallée, la rivière descendant au lac du Bourget, les premières eaux du lac. Puis la vue monte avec les montagnes et s'arrête sur le flanc d'une colline, à la modeste maison des Charmettes. C'est un horizon de poésie.

Dans l'été de 1819, était venue là, d'Angleterre, Mlle Marianne-Élisa Birch, avec sa mère. Selon la mode de son pays, la jeune Anglaise aimait les voyages et visitait tous les beaux lieux de l'Europe. Quoique attaché à son *home*, le peuple anglais a la passion de courir le monde ; son grand poète, lord Byron, est un poète voyageur. Fidèle au génie de sa race, Mlle Birch avait les goûts de vie poétique ; comme Diana Vernon, elle aimait la vie à cheval par les libres chemins.

Le 4 septembre, à Milly, dans son journal, la mère du poète parle de sa fille future avec ce sentiment religieux toujours présent dans toutes les émotions de sa vie :

« Je murmurais, je me désespérais de voir mon fils, sans occupation et sans but, errer d'un pays à l'autre pour user son temps et son feu en vaines inutilités ou en rêveries malsaines, et voilà que la Providence nous présente tout à coup par la main une étrangère qu'on dit accomplie et qui peut fixer son âme dans une vie honnête et faire son bonheur ; quant au mien, je n'en parle pas, il y a bien longtemps que mon bonheur est dans le sien et dans celui de mes filles.

« Voici ce qu'on me mande de Chambéry sur cette jeune Anglaise, très connue de Césarine (Césarine était la sœur du poète, la plus belle par sa beauté italienne). Sans être une beauté, don souvent plus dangereux qu'utile à celle qui la possède, elle a de l'agrément, de la grâce, une taille admirable, des cheveux superbes, une éducation remarquable, beaucoup de talents et un esprit supérieur ; elle est d'une bonne famille d'Angleterre, très bien apparentée ; sans être riche, sa mère, qui est veuve, a une fortune aisée ; elle est fille unique ; son père était colonel des milices en Angleterre pendant les menaces d'invasion par Bonaparte. On recevait très bien les émigrés français dans cette maison, à Londres ; on y accueillit particulièrement bien une grande dame émigrée de Savoie, nommée la marquise de la Pierre, qu'on m'a fait remarquer chez le gouverneur de Savoie, au mariage de Césarine. C'est une personne qui a dû être extrêmement belle. Elle a passé tout le temps de l'exil des rois de Sardaigne en Angleterre jusqu'en 1818; elle a plusieurs filles nées ou élevées à Londres; ces jeunes personnes ont vécu, depuis leur enfance, comme des sœurs, avec la jeune Anglaise, leur amie. A leur retour en Savoie, elles l'ont engagée à venir avec elles recevoir à son tour l'hospitalité; elles étaient naturellement fières de lui montrer leur patrie, leur château, leur considération dans leur province et dans jeur domaine qu'on leur a, en partie, restitué. C'est le rendez-vous de la société distinguée et lettrée de cette jolie ville. On y dessine, on y peint, on y fait de la musique, on y monte à cheval; c'est un petit canton d'Angleterre en Savoie. Césarine y va quelquefois, et son beau-frère, Louis de Vignet, ami d'Alphonse, très souvent; il fait des vers et on les lit à ces demoiselles; il leur a lu aussi quelques-uns des vers d'Alphonse qui ont paru bien à cette société; on l'a interrogé sur son ami dont il a fait un éloge exagéré en le comparant à un jeune poète anglais, dont je ne sais pas bien le nom, mais qui écrit des poèmes fantastiques et mystérieux, d'une grande vogue en ce moment. » Elle voulait parler de lord Byron. M. de Vignet avait raison de juger son ami, le lord Byron français.

Puis cette mère, avec sa simplicité charmante, disait : « Il leur a promis de leur faire voir son ami, quand il passerait à Chambéry, en revenant de Suisse, où Alphonse était alors, vivant seul, dans une cabane de pêcheur sur le bord d'un lac. »

L'imagination de la jeune Anglaise s'enflammait d'avance à ce poétique inconnu. Elle avait eu un grand-oncle, Birch, poète distingué, et dont le nom a eu l'honneur d'être gravé sur les murs de l'abbaye de Wetsminster, à côté du monument de Shakespeare, au milieu des noms glorieux de l'Angleterre. Elle tenait de race. Elle avait eu une instruction d'élite, elle savait l'anglais, le français, l'italien; elle prati-

quait la peinture, la sculpture et la musique ; elle aimait
les belles-lettres et les beaux-arts.

La musique ! c'est l'art enchanteur par excellence, il attire la jeune fille entre tous, par sa langue mystérieuse
comme son cœur. Elle confie ses secrets au piano, son ami,
elle peut tout lui dire, tout lui demander. La jeune Anglaise,
entre tous les génies, préférait la musique de Beethoven.
Sa passion profonde, ses adagios attendris, ses divins mystères répondaient si bien à son âme, à ses rêves, à son
idéal. Ce mâle et intime génie était frère de sa nature passionnée et religieuse. Elle me disait plus tard, à ces souvenirs de sa jeunesse : « J'ai connu cette langue, j'ai éprouvé
ces émotions, j'ai lu et accompagné un grand nombre de
partitions de Beethoven. Ma jeunesse était à cette école par
goût. Elle me revient au cœur... » Cette musique sévère et
douce était sœur de son âme.

Ses voyages lui faisaient aimer la peinture et la sculpture,
C'est un art moins naturel que la musique. Il naît de la contemplation des musées, art de réflexion. Avant de peindre
et de sculpter, la femme entend la musique, cet écho de son
cœur.

Elle unissait en elle deux races qui se sont toujours aimées. Née en France, dans une des stations de son père et
de sa mère, au midi, elle était de sang écossais. Elle me disait que son arrière-grand-père, Écossais, avait été témoin au
dix-huitième siècle, vers 1750, des persécutions religieuses,
de la disparition de nombreuses familles d'Edimbourg, devenues pauvres, tombées dans la misère, victimes de l'intolérance sectaire. Par la filiation mystérieuse du sang et de
l'âme, elle avait sucé avec le lait la pitié.

Jeune fille, elle voyageait sans cesse, et sa vie errante en
France, lui ouvrait les horizons de la nature et de la pensée. Sa sève vivace, souffreteuse en son enfance, en était
trempée. Son esprit précoce avait creusé de bonne heure

les questions religieuses. Protestante, elle avait tourné contre le protestantisme son arme, le libre examen. Elle n'avait pas improvisé sa foi catholique, sa conversion. « J'ai lu, me disait-elle, de gros livres anglais, des apologistes, je n'ai pas agi à la légère. Les querelles des protestants m'ont décidée au catholicisme. J'ai examiné comme une pauvre jeune fille que j'étais. » Saint Vincent de Paul avait touché son cœur, Fénelon avait persuadé son âme, et saint Augustin l'avait pénétrée de la Grâce.

Aussi l'enchanteur religieux allait-il achever facilement la conversion par sa poésie.

Cette conversion révèle dans cette âme de jeune fille une virile précocité, un caractère. Une conversion est d'ordinaire une œuvre de l'âge mûr, des leçons et des épreuves de la vie, un fruit d'automne. Il faut être libre de la famille pour l'oser. Mais il est rare de voir une jeune fille, à l'âge de l'obéissance, s'affranchir de l'autorité de la famille, de l'enseignement, des leçons, de la foi bue avec le lait sur les genoux de la mère, rompre le charme austère de la lecture de la Bible, le soir, la légende des persécutions, des guerres religieuses, résister aux prières maternelles. Certes, il dut lui en coûter, elle dut verser en secret bien des larmes ; mais elle eut la force de sacrifier toute cette paix, cette poésie de la famille à sa conscience, et comme Jeanne d'Arc, elle écouta ses voix.

Quelle était la figure de la jeune convertie ? La mère du poète a fait un portrait vrai de la jeune fille. J'ai un médaillon donné, après sa mort, par sa nièce, Mme Valentine, qui semble en accord avec ce portrait écrit, daté du moment. Sa figure ovale est encadrée dans ses beaux cheveux bruns bouclés et couronnée d'un triple nœud de cheveux, selon la mode de la Restauration. Les yeux pleins d'intelligence semblent regarder le jeune et beau poète dont les poésies l'ont ravie. Le front large, bien ouvert. Le nez long et fin descend vers une bouche fermée et discrète. Toute la physionomie écoute plus qu'elle ne parle. Le cou a l'encolure du cygne, les épaules découvertes s'abaissent avec grâce ; quoique arrêtée à mi-corps, la taille laisse deviner une courbe élégante. La robe blanche fait bouffer des plis à la naissance du bras. Une sorte de draperie de tartan écossais entoure sa taille. Toute sa personne exhale un parfum de chasteté ; elle a le charme de la distinction, de la dignité, de la noblesse. Elle inspire la sympathie et le respect ; on voit, en ses regards purs, une jeune âme supérieure, une lumière et non la flamme qui allume la passion. Elle ne se livre pas, elle attend (1).

Enfin le poète désiré arriva dans ce salon de femmes avides de le connaître et de l'entendre. Au milieu de ses quatre amies, les filles de Mme de la Pierre, la jeune Anglaise était dans une attente passionnée. Il arrivait dans sa jeunesse mélancolique, l'étoile au front, sous l'auréole de la beauté, de la poésie et de l'amour. La jeune fille savait par les poésies déjà entendues le secret de sa vie. Elle savait qu'elle ne serait pas la première ; mais l'amour, loin d'éloigner l'amour, l'attire et le fait naître.

Pour le revoir à ce moment, il existe un portrait charmant, fait par Mlle de Virieu. Peint à vingt-deux ans, on n'a qu'à y ajouter quelques années, et on a le beau jeune homme à cet été de 1819. Il a le profil presque grec, le nez n'a pas encore la courbe aquiline ; le visage a les belles boucles soyeuses de ces cheveux blonds, la fraîcheur, la jeunesse et cette fleur du teint comme le duvet des fruits. L'œil rayonne déjà du génie précoce. Il a la suave beauté.

Il y a des heures délicieuses dans la première rencontre. Quand la jeune fille vit apparaître le poète, beau comme sa

(1) Mme Valentine m'a dit que ce portrait est né après et non avant le mariage. Mais il est des natures virginales dont la fleur de jeune fille se prolonge dans la femme.

poésie, son idéal réalisé, qu'elle entendit sa belle voix sonore, le chant de l'âne, tout son être vibra, l'homme acheva le charme, elle l'aima de suite de l'amour qui ne meurt pas.

La mère de Lamartine note cette rencontre. « Cela a été comme une rencontre de roman. La jeune Anglaise n'a pas caché sa passion pour les vers mélancoliques du jeune Français ; sa mère, qui fait tout ce que veut sa fille, a souri à cette inclination. Alphonse est devenu en peu de semaines le favori de la maison ; il a fait parler par Césarine à Mme de la Pierre ; celle-ci a parlé à la mère de la jeune personne. Mais la difficulté qui me fait trembler, c'est que la jeune personne est protestante. Mais Césarine me rassure, elle brûle d'envie de marier son frère, elle me dit que l'amie de Mlle de la Pierre, très pieuse, a puisé, dans leur intimité en Angleterre, le goût de la religion, et qu'elle se serait déjà faite catholique, sans la crainte d'affliger sa mère. »

La famille de la Pierre avait quitté son château et était venue à Aix pour la saison des bains. Logé près d'elle, Lamartine y passait les soirées. Un vieillard, botaniste et musicien, avait loué des chambres à la famille. Au retour de ses promenades dans la montagne, il rentrait chargé de gerbes de fleurs, disait sa prière, et charmait sa veillée, en jouant de la flûte à sa fenêtre ouverte sur les prés de Tresserves.

Le jeune poète allait voir le vieillard, l'écoutait parler des plantes et de Dieu, il s'était attiré son amitié.

Sachant l'amour de la jeune miss contrarié par sa mère, les obstacles religieux, les difficultés des deux jeunes gens à se voir seul à seul, le vieillard, désireux du mariage destiné à sauver une âme, se fit le complice de leur amour. Quand la terrible mère sortait seule et laissait sa fille à la maison, il jouait un air de flûte. Le jeune homme, averti par la mélodie secrète, accoudé à sa fenêtre ouverte, descendait de sa chambre et accourait près de la jeune fille ; on causait, on

s'entendait pour vaincre la mère, et chaque jour, le musicien, par ce stratagème mélodieux, favorisait l'amour pour
favoriser la conversion de la jeune protestante à la vraie religion. Que dites-vous de cette anecdote romanesque contée par le poète lui-même dans *Fior d'Aliza*, de cette flûte
pieuse appelant les amants au rendez-vous !

Le 29 août, le poète heureux écrivait à Mlle de Canonge : « La jeune personne est très agréable. Il y a des
penchants communs, une conformité de goûts, de sympathies, tout ce qui peut rendre heureux un couple qui s'unit. »

Puis le bon vent avait changé, une brise aigre soufflait.
Aussi, le 21 septembre, écrivait-il à son ami, M. de Virieu :
« Je n'espère plus devant le refus obstiné de la mère protestante. La jeune personne est toujours admirable, mais
cela ne servira qu'à la rendre persécutée et malheureuse... »

Revenu découragé à Milly, il écrivait, le 8 octobre, à sa
confidente, Mlle de Canonge : « N'épousez que si vous aimez, car, à part l'amour, la liberté vaut mieux que tout ;
mais de l'amour en a-t-on deux fois ? ou du moins le second
n'est-il pas une ombre du premier ? »

Cette halte pénible, dans ses désirs et ses tentatives du
mariage, le rejeta dans la méditation. Aussi, le 20 octobre,
dans sa retraite de Milly, écrivit-il à M. de Virieu, cette
ode amère à lord Byron, l'*Homme*, cette grande poésie de
philosophie religieuse, pleine de vers sublimes comme les
Proverbes de Salomon.

La mère alarmée suit les incidents du mariage désiré.
« Tout est rompu, écrit-elle le 9 novembre, Alphonse est de
retour, la mère de la jeune Anglaise vient d'amener sa fille
à Turin pour l'éloigner de celui qu'elle paraît aimer ; cependant les jeunes gens s'écrivent quelquefois. J'ai bien de la
tristesse... »

On est rentré à Mâcon pour l'hiver. Le poète *médite* pour
conjurer les heures d'ennui et de tristesse. Il écrit à M. de

Virieu le 8 décembre : « Ce qu'il y a de plus parfait encore, c'est de penser, mais de penser avec résignation et en Dieu, pour me servir d'une expression mystique, de se contempler en lui, de le voir dans tout, et de se reposer sur lui de nous-même. Mais, pour cela, il faudrait, outre l'enthousiasme, une ferme vertu, et nous n'en avons point. Il y a un peu de cet état de l'âme dans la *Prière*.

On le voit, la poésie naît toujours de sa vie, de son état d'âme, jamais d'une fantaisie, d'un caprice d'imagination. Il tente de faire prier dans la même langue que lui sa fiancée éloignée. Il lui prêche sa religion, le suprême accord de leurs âmes. Ce mariage qu'on a dit manquer de poésie en est plein. L'entrée en scène du poète, l'enthousiasme de la jeune fille, leur séparation douloureuse, leurs lettres, la volonté des deux fiancés en dépit de leurs parents réciproques, cet amour né de la poésie, jeune chez la jeune fille, recueilli chez le jeune homme, cette poursuite d'une conversion par ce beau et poétique prêcheur.

Certes, la jeune fille était vaincue d'avance. L'amour la convertit après la vérité. Puis la religion catholique l'attirait par sa poésie, son culte et ses fêtes ; le protestantisme est trop abstrait, trop sévère, trop raisonneur pour la femme. Le protestantisme, c'est l'hiver de la religion, le catholicisme, c'est l'été, c'est le soleil, c'est l'amour. Et dans la religion, les femmes ont besoin d'aimer encore.

LES MÉDITATIONS

1820

Il est né enfin, ce petit livre, qui va enchanter le monde de son pieux amour et de sa suave tristesse ! Une jeune fille le lit dans la joie, elle en espère la gloire du poète bien-

aimé, et le bonheur pour elle. Grâce à l'amitié de M. de
Genoude, un éditeur a osé la publication gratuite de ces
poésies inconnues. Sorties des limbes du manuscrit, elles
ont éclos en un petit volume mystérieux, sans le nom du
poète. Cette nuit de Noël de poésie a découvert ses
étoiles !

Inconnu la veille, le lendemain il est devenu célèbre. Ces
poésies murmurées, depuis deux ans, dans les salons du faubourg Saint-Germain, par le jeune charmeur ont éclaté au
grand jour. La foi de la fiancée a eu raison. Quel enthousiasme ! Comme la France vibrait alors à la poésie ! La jeunesse, les femmes, les hommes politiques, les vieillards,
tous sont attendris ; c'est un ravissement.

Dans une chambre, au fond d'un hôtel de la rue Saint-
Florentin, un vieillard au fin regard de diplomate, accoudé
sur son lit, l'a dévoré en une nuit. Ce blasé, ce sceptique,
qui a épuisé tous les plaisirs, toutes les fêtes de la vie, rajeuni par cette poésie inconnue, a passé la nuit dans l'enthousiasme.

Ses yeux secs ont eu des larmes. Les Méditations ont
touché le Prince de Talleyrand ; et tout ému, il a écrit
le matin, ce billet enthousiaste à son amie, la princesse
P... :

« Je vous renvoie, Princesse, avant de m'endormir, le
petit volume que vous m'avez prêté hier soir. Qu'il vous
suffise de savoir que je n'ai pu dormir, et que j'ai lu jusqu'à
quatre heures du matin, pour relire encore. Mon insomnie
est un jugement. Je ne suis pas prophète, je ne puis pas
vous dire ce que sentira le public, mais mon public à moi,
c'est mon impression sous mes rideaux. Il y a là un homme,
nous en reparlerons. »

C'était le médecin de Julie et du poète, le docteur Alain,
qui avait reçu la confidence par un billet de la Princesse,
et l'avait fait porter, dès le matin, à son jeune ami.

Les nobles amies du poète, Mme de Sainte-Aulaire, Mme la duchesse de Broglie, avaient enlevé d'assaut sa nomination à Naples. M. Pasquier, politique littéraire, avait voulu décorer la diplomatie par la poésie, et envoyait le poète au bord de ce golfe où il avait trouvé son premier amour et ses premiers chants.

Les *Méditations* furent un événement poétique, comme le *Génie du Christianisme*, au commencement du siècle. Elles venaient à leur heure. Il semblait que la France attendît une po ésie nouvelle, un printemps de poésie après l'hiver de la poésie de l'Empire. Après la Terreur, les massacres, les gu erres, les invasions, les âmes avaient soif de consolation, de jeunesse et d'amour. Elles vinrent boire à cette poésie de l'amour en deuil, de la douleur, de l'espérance, de la philoso phie religieuse, de l'idéal. Cette poésie intime devint une poésie sociale. Elle répondait à l'âme mélancolique du te mps. Le poète ne croyait chanter que son âme, il chanta l'âme de tous.

« Les Méditations ont un succès inouï et universel pour des vers en ce temps-ci, écrivait-il, le 23 mars, à M. de Virieu... Le roi en a fait des compliments superbes ; tous les antipoètes, MM. de Talleyrand, Molé, Mounier, Pasquier, les lisent, les relisent, enfin on en parle au milieu de ce brouhaha révolutionnaire du moment. Je te dis cela pour te tranquilliser et te rendre la justice que tu as été bon prophète, mais tout cela ne me fait pas tant qu'une goutte de rosée sur le roc. Je ne me sens plus de ce monde que par la souffrance et l'amitié pour toi et peu d'autres. Nous nous retrouverons, mon cher ami, ici et ailleurs, mais plus certainement ailleurs. Je me prépare, comme toi, à comparaître, et je dirai : Seigneur, me voici, j'ai souffert, j'ai aimé, j'ai péché, j'étais un homme, c'est-à-dire peu de chose ; j'ai désiré le bien, pardonnez-moi... »

On le voit, le poète ne se laissait pas enivrer par sa jeune gloire, l'homme s'élevait au-dessus de ce vertige d'orgueil, son âme s'envolait à Dieu.

« Si je me rétablis, ajoutait-il, j'épouserai cette année Mlle Birch. C'est la femme forte, elle a été parfaite. Après toi, c'est ce que je regrette ici-bas ».

Elle était la plus heureuse de ce succès, avec la mère du poète. Sa nomination, le 24 mars, assurait le mariage. La première édition des *Méditations* était enlevée, la seconde suivait, et on lui avançait 1200 francs; on était plus modeste alors, on ne gagnait pas de fortune avec des romans putrides. Mais on avait l'honneur et les honneurs. L'abbé de Féletz saluait les *Méditations* dans les *Débats*, le grand journal qui faisait et consacrait alors les jeunes renommées. M. Siméon, ministre de l'intérieur, avait donné la magnifique collection des classiques français de Didot, et des classiques latins de Lemaire : « Je ne sais pas à quoi je suis redevable de cet engouement auquel j'étais si loin de m'attendre pour si peu de chose ».

Si peu de chose ! C'était tout un ciel de poésie ! Comment ne pas s'arrêter à le contempler ! Je le relis dans le petit volume que lisait mon père avec le même ravissement attendri. La mort a passé, le poète s'est envolé de ma vie, mais ses poésies ne sont pas mortes. Elles ont gardé pour moi leur jeunesse. Si elles semblent pâlies et fanées pour notre jeunesse desséchée, elles ont toujours leur charme, et j'y découvre des mélodies nouvelles comme dans la musique de Mozart.

Qu'était-ce donc pour la jeune fille dans la fraîcheur et la ferveur de son amour, quand ce printemps de poésie vint éclore comme les lilas? Elle dévora le petit volume. Il y avait là un autre amour, une autre femme, qu'importe ! elle fut séduite. Elle lisait dans l'attente et l'impatience du dénouement heureux, toujours retardé par la défiance obstinée de sa mère, une tête anglaise ! Elle lisait bercée par le *Lac*, recueillie dans la *Prière*, convertie par la *Foi*, prosternée devant *Dieu*, attendrie par l'*Automne*, le doux adieu du poète malade à la vie. Elle aima cette poésie entre toutes. Pourquoi ? Elle y trouva une espérance, une pensée pour elle à cette strophe d'allusion à la jeune Anglaise, à la future providence de sa vie :

> Peut-être l'avenir me gardait-il encore
> Un retour de bonheur dont l'espoir est perdu !
> Peut-être dans la foule une âme que j'ignore
> Aurait compris mon âme et m'aurait répondu !

Cette âme de guérison, c'était elle.

LE MARIAGE

1820

Ce livre a été une clef d'or. Il a ouvert les trois portes de la gloire, de la carrière diplomatique, de la chambre nuptiale.

Une lettre à son ami révèle le sentiment inspirateur de son mariage. Je te dirai le fin mot à toi seul : « C'est par religion que je veux absolument me marier, et que je m'y donne tant de peines. Il faut ordonner sévèrement son inutile existence selon les lois établies, divines ou humaines, et, d'après ma doctrine, les humaines sont divines ; le temps s'écoule, les années se chassent, la vie s'en va, profitons du reste ; donnons-nous un but fixe pour l'emploi de cette seconde moitié, et que ce but soit le plus élevé possible, c'est-à-dire le désir de nous rendre agréable à Dieu, hors duquel rien n'est rien, ainsi que nous le voyons... » Dès sa jeunesse, la note religieuse est la dominante de sa vie. Il aborde le mariage comme un devoir sacré.

Il y a souvent dans le mariage une dissonance. Le cœur
a eu de premiers rêves, de premiers frissons, jeune homme
et jeune fille. D'autres figures ont charmé avant celles du
mariage. On a cueilli et respiré les lilas avant les roses. Si
la jeune fille arrive au mariage dans sa virginité, souvent le
jeune ami ne l'a plus. L'idéal est d'entrer dans la chambre
nuptiale, tous deux, avec le premier amour ; mais l'idéal
est-il de ce monde ?

Graziella avait été son amour de printemps ; Julie, son
amour d'été ; Marie-Anne-Elisa allait être son amour d'automne.

La tendresse, c'est l'amour apaisé. Elle est aussi une
poésie ; elle a la saveur et la douceur du fruit mûr. La passion est souvent un fruit fiévreux. Qui sait si la tendresse
n'est pas meilleure ! Mme de Staël a dit : « Le mariage est
un égoïsme à deux. » On peut le dire souvent de l'amour.
La tendresse est l'amour épuré, généreux, aimant, sans jalousie, l'amour fait de bonté, l'amour de l'âme qui ne s'aime
pas, mais qui aime.

Le 10 mai, le fiancé écrivait de Genève à M. de Virieu :
« Mon contrat est signé, nous sommes fiancés... J'aime ma
femme à force de l'estimer et de l'admirer. Je suis content,
absolument content d'elle... Je remercie Dieu... »

Le 25 mai, tout fut réglé, comme le prouve le contrat
même passé par Me Léger, notaire à Chambéry, à six
heures du soir, à Pugnet, paroisse de Saint-Pierre de Lé-
menc, à Caramagne. Le comte Xavier de Vignet, sénateur
de Savoie, beau-frère du poète, était le fondé de pouvoir du
père de Lamartine, de sa mère, de ses oncles et de ses
tantes. La mère de la fiancée, Mme Christina-Cordelia Birch
était près de sa fille. Le contrat la dit née en terre française,
dans la province du Languedoc, avant la division de la
France en départements, ce qui fixe à peu près son âge ;
elle devait avoir l'âge du poète, être née en 1790, peut-être

avant, vingt-huit à vingt-neuf ans; du reste, la date de sa
naissance resta toujours incertaine; elle la cachait et n'en
parlait jamais.

Sa mère donnait en dot à sa fille 10,000 livres sterling,
250,000 francs, placés dans les fonds publics d'Angleterre;
5,000 francs sur les revenus de ce capital, divisés ainsi,
3,500 francs à M. de Lamartine, et 1,500 à sa fille pour son
entretien particulier et ses menus plaisirs. Elle se réservait
le reste des revenus pendant sa vie; et sa prudence maternelle, défiante de la largesse de son gendre et de la générosité de sa fille, plaçait une somme de 400,000 francs, en réservant qu'elle serait insaisissable, même après sa mort, par
sa fille. Elle en devait toucher seulement les revenus, sans
rien aliéner du capital. En prévision d'infortunes, elle assurait ainsi une fortune à sa fille.

Alphonse de Lamartine recevait de son père la terre et le
château de Saint-Point, estimés 100,000 francs, mais avec la
charge pour son fils de donner à chacune de ses sœurs,
Mmes de Coppens et de Vignet, la somme de 24,000 francs,
soit en tout 48,000 francs. Et sa mère donnait, sur Saint-
Point, sa propriété d'un sixième.

En outre, ses grands-parents, son oncle et les tantes de
Lamartine donnaient la propriété de leur hôtel situé à Mâcon, rue Solon, estimé 45,000 francs, en se réservant la
jouissance; son grand-oncle, François-Louis de Lamartine,
lui assurait 25,000 francs, ses tantes, chacune 10,000 francs,
et avec intérêts à 5 pour 100, plus 15,000 francs à leur mort.
Sa tante, Suzanne de Lamartine, lui donnait de suite
10,000 francs, plus 15,000 à sa mort. Enfin son oncle, l'abbé
de Lamartine, lui léguait à sa mort 40,000 francs. Ces do-
nations réunies assuraient 212,000 francs, une fortune égale,
au moins, à celle de sa femme. On ne pouvait accuser le
poète de faire un mariage d'argent.

Comme l'a dit un fin, un délicat, un pénétrant esprit, dans

une conférence à Versailles, sur la correspondance de Lamartine, M. Delerot, un éminent écrivain caché : « Ce mariage, tout de raison et d'amitié vraie, est encore une preuve de ce bon sens qui était une des qualités essentielles de l'homme qu'on a si souvent, parce qu'il était très grand poète, voulu absolument représenter dans ses actes comme un incurable rêveur de chimères. »

L'heure approchait. Le 5 juin 1820, on était au château de Mme de la Pierre. Lamartine a dit dans ses *Mémoires politiques* que le mariage se fit à Chambéry, à Lecherenne, chez Mme de la Pierre. M. Mugnier, conseiller à la cour de Chambéry, dans une brochure intitulée : *le Mariage d'Alphonse de Lamartine*, dit qu'à cette époque, il n'y avait pas de mariage civil en Savoie. Qui croire? Le marié, qui doit en savoir quelque chose, dans cet événement de sa vie, l'affirme ; M. Mugnier le conteste. Ne serait-il pas possible qu'on eût fait une exception en faveur d'un Français, né dans un pays où le mariage civil est obligatoire ?

Le 6 juin 1820, le mariage religieux fut célébré. La fiancée s'était préparée à cet acte sacré; elle avait passé dans la retraite les jours précédant son mariage. Elle s'était recueillie dans sa piété. A sept heures du matin, par un beau jour d'été, les fiancés étaient agenouillés dans la chapelle du château royal. Une union royale allait s'accomplir, l'union de deux grandes âmes, du génie et de la vertu.

Près d'eux se tenaient les témoins et la famille. Les deux mères n'y assistaient pas. Mme Birch, la protestante sévère, était absente, elle avait refusé d'assister au mariage catholique. La mère du poète était absente aussi, chose étrange, elle était partie, le 2 juin, de Chambéry, avec sa fille Suzanne. Mais la sœur si belle, si ardente d'amitié pour son frère, Mme de Vignet, l'auteur de ce mariage, était à genoux près de son frère et priait pour lui. Les témoins du mariage religieux, les seuls dont parle l'acte signé du curé, M. Favre, se tenaient près des deux fiancés.

A l'entour, la noble assistance : le comte d'Andezeno, gouverneur de Chambéry, qui donnait l'hospitalité religieuse dans la chapelle du château ; messire Noël Viallet de Montbel, président du Sénat ; le comte Rodolphe de Maistre. Puis la comtesse d'Andezeno, Mlle Olympe de Vignet, les amies de Mlle Birch, la marquise de la Pierre et ses quatre filles.

L'abbé Favre, curé de la paroisse du château, autorisé par l'archevêque de Chambéry, donna la bénédiction nuptiale. « La jeune femme, dit Mme de Lamartine dans son journal, était vêtue avec toute la convenance possible ; elle avait une très belle robe de mousseline brodée et un voile de dentelle superbe, qui la couvrait presque entièrement ; il est impossible d'avoir une contenance plus remplie de dignité, de modestie et de grâce, et l'air plus pénétré de piété. Je ne peux dire tout ce que j'éprouvais en voyant mon fils arrivé enfin en ce moment si important de sa vie. J'ai prié Dieu avec bien de l'ardeur, mais je me reproche toujours de ne l'avoir pas assez prié. Que peut réserver de prières, de reconnaissance et de joie dans son cœur une mère qui touche enfin pour son fils à un tel moment ! Son œuvre sur la terre est finie le jour où elle a vu le bonheur assuré de tous ses enfants. »

Il semble, à ces accents, à ces détails de toilette décrits complaisamment, par la femme même pieuse, à ce portrait de sa belle-fille, que cette mère, dite absente pourtant, ait été témoin de la cérémonie. Son amour maternel avait le don de seconde vue ; puis sa fille, Césarine, lui avait sans doute raconté la scène, la beauté noble de son fils, la pieuse simplicité de sa belle-fille, la grâce sainte de ses enfants.

Mais la mère était là. Son journal le dit, m'a assuré

Mme Valentine, elle était à cette fête de son cœur, près de son fils adoré.

Le lendemain, 7 juin, le mariage, selon le rite protestant, fut célébré à Genève, devant la mère intolérante qui n'avait pas voulu assister au mariage catholique de sa fille. Connaissait-elle le changement religieux de sa fille? Elle l'ignorait peut-être, sa fille n'avait pas osé encore lui faire l'aveu, et avait dû subir le mariage protestant pour éviter un chagrin à sa mère. Elle était devenue catholique avant son mariage, puisque l'acte religieux ne parle pas de dispense pour disparité de culte.

Un bruit s'était répandu à Chambéry. Depuis la mort de M. Birch, la mère de Mlle Birch, alliée aux plus nobles familles d'Angleterre, recevait, dit-on, une pension considérable de Georges IV, l'ancien duc de Galles, en reconnaissance des services du mari, qui avait été son gentilhomme.

Le poète, dès le contrat, légua à sa femme 6000 francs de rente après sa mort, « pour donner, selon le style des notaires, des preuves de la satisfaction qu'il éprouve du présent mariage ». Dans ce mariage tout se passa noblement.

LE VOYAGE EN ITALIE

1820-1821

Il n'y a rien de plus charmant que le premier voyage à deux, à l'aurore du bonheur. Toutes les espérances chantent en chœur, comme les oiseaux aux rayons de l'aube. Le bonheur se lève sur la vie comme le soleil. C'est un enchantement. Tout brille, tout embaume, tout enivre. Les illusions voltigent, à l'image des papillons sur les fleurs. L'âme est pleine de fraîcheur et de jeunesse. Le rêve est devenu une réalité.

Le voyage en Italie est la fête des jeunes mariés. C'est le paradis de la nature et de l'art ; le poète et sa femme, impatients de s'y envoler, quittèrent vite Genève et son beau lac. L'Italie les attirait. C'est la Sirène antique. Ils avaient tous deux charmé leur première jeunesse en Italie. Ils désiraient la revoir dans leur vie nouvelle, non plus seuls, mais le bras appuyé sur le bras, cœur à cœur, dans l'allégresse de l'amour, dans leur jeunesse mûre, où les émotions ont moins de flamme, mais plus de douceur, la jeune femme les yeux sur le beau poète par elle consolé de ses tristesses.

Le charmant voyage se faisait à petites journées, selon le bon usage d'autrefois, où l'on s'arrêtait à tous les beaux lieux pour les admirer à l'aise. On ignorait les trains rapides de la vie, et l'on se reposait tous les soirs.

Des devoirs diplomatiques appelaient le poète à Naples. Mais il ne se hâtait pas, il s'attardait en route avec sa jeune femme. Ils allaient en avant dans leur voiture ; puis Mme Birch les accompagnait dans une autre voiture de voyage, au confort anglais. Les Anglais ont l'art du voyage, ils emportent avec eux leur bien-être natal.

On fit une halte d'amitié à Turin, dans l'hospitalité de l'ami préféré, M. de Virieu.

On avait hâte d'arriver à Florence, la ville enchantée. Florence les ravit. C'est la cité de la renaissance. Mme de Lamartine, si artiste, y goûta les chefs-d'œuvre des arts, et les fit admirer au poète. Les jours se passèrent en promenades aux Cascines, en visites d'enthousiasme aux monuments, au palais Pitti, à la Tribune, aux merveilleux palais gothiques, aux églises, à Santa-Maria del Fiore, où l'on pria ensemble. On fut en pèlerinage à San-Lorenzo, au grand tombeau des Médicis, au *Penseroso* de Michel-Ange, ce héros mélancolique, la tête penchée sur son bras accoudé, cachant sous sa visière baissée toutes les tristesses des temps modernes. Le poète dut rêver longtemps devant ce frère aîné de sa poésie.

Rien ne manqua au charme du voyage. On eut presque une aventure de brigands dans les gorges de l'Ombrie. On arriva sain et sauf, sans se douter du péril, malgré le bruit répandu de l'assassinat de Lamartine par une vengeance de femme.

Une grande dame toscane, d'une splendide beauté, après des journées passées à Paris, au chevet du poète malade, à lui donner les breuvages guérisseurs et lui lire les romans de Walter Scott, l'avait attendu à Florence. Lamartine, conduit par le marquis de C...., alla lui rendre visite et lui fit l'aveu de son mariage. Accès de colère de la belle Italienne, scènes de jalousie comme dans un roman. Elle jura de se venger, le menaça de ne pas le laisser arriver vivant à Rome. Cette amie passionnée ne commit pas le crime, manqua heureusement à son serment de vengeance, resta fidèle à son serment d'amitié et continua d'aimer le poète jusqu'à sa mort.

Les voyageurs arrivèrent à Rome, le jour même de la grande nouvelle, la révolution de Naples. Lamartine laissa sa femme, fatiguée des signes précurseurs d'espérance maternelle, avec sa mère, se reposer un peu, et courut à son poste, à son devoir, près du ministre de France, le duc de Narbonne. Le voyage si heureux jusque-là, enchanté par le séjour à Florence, fut attristé par cette brusque séparation. Il dit adieu à Mme de Lamartine le 13 juillet et partit la nuit.

Tous deux étaient dans la joie du succès des *Méditations*. Elles voyageaient aussi comme leur auteur et faisaient leur tour de France. Les éditions se succédaient, six en quatre mois ; elles donnaient encore peu d'argent. Mais il était tout à son bonheur intime. Il écrivait à sa vieille amie mater-

nelle, Mme de Raigecourt, le 13 juillet, à la veille de quitter
Rome : « Je trouve ma femme la plus parfaite des femmes
pour moi, c'est aussi vous dire que j'espère être pour elle
un bon mari. »

Il revint de Naples chercher sa femme.

Sous l'impression de la révolution napolitaine, il écrivait
le 29 juillet de Rome à M. de Genoude :

« Naples n'est plus Naples. Entendez-vous faire des mo-
tions au pied du sacré tombeau de Virgile ! Et voyez-vous
des chefs de carbonari dans le temple de Baïa et de Pouz-
zoles. La liberté est belle, mais elle était mieux au Capitole
que sur ces délicieux rivages de Campanie où l'on ne s'attend à trouver que des délices, du repos et des chants. »

Ce n'était plus la Naples de leur première jeunesse. Mais
la nature leur rendit l'illusion perdue dans Naples révolutionnaire. Ils trouvèrent un nid dans une délicieuse villa, à
Chiagia, près de la grotte du Pausilippe ; ouverte d'un côté
sur les arbres de la ville et le golfe, de l'autre sur des jardins de figuiers et d'orangers entre la ville et le Pausilippe,
en face de la mer bleue comme le ciel.

Ravi, le poète écrivait à M. de Virieu, le 4 août : « Naples et le golfe et Baïa et le Pausilippe sont incomparable-
ment plus beaux qu'ils ne l'étaient dans nos souvenirs
mêmes. »

Ils n'avaient que les joies de la nature, meilleures que
celles du monde. Les salons de Naples étaient fermés.

Lamartine écrivait à M. de Virieu le 18 août : « La révolution dort ici. Pas l'ombre de société ; du reste, à l'œil,
cela a l'air du salon de l'Europe, mais ce sont les rues qui
font salon. Je passe ma vie à la fenêtre, à voir la mer, les
montagnes, les arbres, les vaisseaux, la lune et le ciel, et
les équipages sans nombre des promeneurs de Chiagia. »

Tous deux étaient en contemplation de ce paradis. Le
secrétaire d'ambassade, accoudé près de sa femme, jouis-

sait de ses loisirs, dans le *far niente* de ce beau spectacle.
« L'ambassadeur fait tout, disait-il, il va fréquemment aux
iles. Nous allons souvent à la campagne, écrivait-il, le 16
septembre, à Mme de Raigecourt, dans une île ravissante,
à quelques lieues de Naples, à Ischia. J'y ai loué une petite
maison pour l'automne. C'est une montagne de la Suisse
jetée au milieu de Naples, et réunissant tous les avantages
des deux climats. Ma femme en est aussi engouée que moi...
Il ne faudrait jamais mourir sans avoir vu au moins Saint-
Pierre de Rome et le golfe de Naples. »

Ischia ! Il était là, en vue de Procida, l'île de Graziella,
où il avait eu son premier frisson d'amour, près de la fille
du pêcheur. Ses souvenirs lui revenaient-ils au cœur ? Peut-
être, mais apaisés.

> Elle fut la première, et sa douce lueur
> D'un jour pieux et tendre éclaire encor mon cœur.

Il ne touchait pas un sol d'appointement. « Il faut vivre
d'esprit », comme il disait gaiement à M. de Genoude.
L'enthousiasme de la nature le soutient. Il écrit, le 30 septembre, de l'île d'Ischia, à Louis de Vignet : « Je passe
mon temps à rêvasser dans les champs ou sur la mer avec
Marianne. Nous rentrons, nous dînons, nous dormons.
Quatre ânes frémissants d'une noble ardeur nous attendent
dans la cour. Mme Birch et son écuyer Monkey ouvrent la
marche, Marianne et moi nous la fermons ; et, dans ce gro-
tesque équipage, le seul connu du pays, nous gravissons
les sommets volcaniques, nous nous égarons dans les bois,
nous culbutons dans les ravins. Mme Birch pleure, Monkey
roule en silence, Marianne s'impatiente et moi je ris. La
nuit tombe, nous redescendons harassés de fatigue, enchantés des découvertes vraiment ravissantes ; nous lisons, nous
faisons de la musique, nous écrivons, nous nous couchons

pour recommencer le lendemain. Ajoute à cela que dès que nous touchons l'île du bout des pieds, nous sommes guéris de tous nos maux. Il y a, en outre, soixante espèces d'eaux minérales que nous prenons par passe-temps.

« J'ai la plus belle retraite du pays. Un promontoire élevé de sept à huit cents pieds s'avance dans la mer comme Châtillon sur le lac, ses pieds sont couverts de bois jusqu'à l'eau, le sommet de vignes qui ombragent, de citronniers, de lauriers, de grenadiers et de myrtes. A la pointe s'élève notre casino entouré de colonnes rustiques, avec une terrasse gothique pour toit. Il est habité par une vraie famille de patriarches. Là nous vivons, là nous contemplons de loin le sommet éclatant du Vésuve.

« Que n'y êtes-vous, Virieu, Vignet, couple charmant entre mille ! vous qui avez des yeux pour voir, un cœur pour sentir, une âme pour désirer la nature. Ici elle vous découvrirait ses trésors les plus secrets, ses beautés les plus ravissantes ! Ici !... Mais laissons le pathos et revenons à l'ancienne prose. Si cependant tu aimais les vers, je pourrais t'en donner, car quand je ne sais plus que dire et que faire, j'en dis et j'en fais ; mais cela ne vaudrait pas le port... »

Quelle jeunesse ! quelle lettre enjouée et souriante ! quelle grâce et quelle belle humeur, comme il badine de ses vers ! Et les lettres se suivent ainsi délicieuses. Sa correspondance abonde de lettres charmantes, éloquentes, qu'on connaît à peine, où vit le vrai Lamartine.

C'est le tour de M. de Virieu, le 9 octobre, il lui conte d'Ischia :

« Je suis heureux dans mon modeste et paisible petit ménage. Je jouis à l'ombre des figuiers du beau soleil et de ma femme. Nous passons mollement nos jours à ne rien faire, à lire, à errer sous les bois, sur la mer. Nous nous aimons, nous ne connaissons pas l'ennui.

« J'ai des maux, des palpitations qui m'arrêtent, sans cela je chanterais la félicité de l'homme, mieux que je n'ai chanté son malheur. » Voici des stances toutes fraîches sur la nuit par le clair de lune, ici... C'était cette poésie d'extase et de bonheur des *Nouvelles méditations*, dont les strophes bleues, comme les eaux de la mer de Naples, glissent et soupirent. Il les écrivit pour sa femme, à côté d'elle, dans ce paradis du monde où tout est bleu, même l'ombre. Qui ne se rappelle cette strophe de félicité et de mélancolie expirant à ses pieds !

> Sous ce ciel où la vie, où le bonheur abonde,
> Sur ces rives que l'œil se plaît à parcourir,
> Nous avons respiré cet air d'un autre monde,
> Élise !... et cependant on dit qu'il faut mourir !

Je regrette de n'avoir pas les lettres de l'épouse à ce moment. Ecrivait-elle un journal intime comme la mère du poète, ou des lettres sur ses impressions de femme heureuse ? J'en doute, elle vivait et ne s'écoutait pas vivre. Elle écoutait la voix mélodieuse de celui qu'elle aimait, et vivait dans la langueur muette du bonheur.

Lui, aussi, était heureux par sa femme, et le disait à tous ses amis, le 25 novembre, à Mlle de Canonge : « J'ai trouvé en femme la perfection que vous avez trouvée en homme. » Il écrivait, le 29, à M. de Virieu, à côté de sa femme, son vresse de Naples : « Je respire la vie, le soleil, l'amour, le génie, le repos, la rêverie, les parfums de l'âme et des sens. Je t'invoque tous les matins, quand, ouvrant mon balcon, je vois cette mer étincelante se dérouler sans bruit sous les orangers du Pausilippe, sillonnée par des barques sans nombre dont les deux petites voiles latines ressemblent aux ailes blanches des hirondelles de mer ; à mes pieds les gazons de la villa Réale, semés de roses, verdissent déjà comme dans nos plus beaux temps ; à ma gauche, les mon-

tagnes de Castellamare et de Sorrente nagent dans une vapeur si légère qu'elles ont l'air d'être prêtes à se dissiper
elles-mêmes au moindre souffle ; plus près, le Vésuve, sil-
lonné du côté de Portici par une lave qui coule toujours,
élève ses torrents de fumée que le soleil levant teint de rose
et qu'un léger vent du nord fait pencher comme une colonne
embrasée sur la mer.

« Oui, je t'invoque alors ! je voudrais que tout ce qui a
des yeux pour voir et une âme pour sentir fût présent à cette
éternelle fête de la nature. »

Et à lui, encore et toujours, il conseille le mariage, « une
femme toute faite et faite pour ton goût. Sacrifie tout à cela.
L'ambition, la cupidité ne valent pas les soucis qu'ils coû-
tent. Une bonne femme supplée à tout...

« Des vers, je n'en fais plus, je n'en peux plus faire, et
j'en voudrais faire et j'en sens la plénitude, mais je fais des
dépêches et tout mon feu s'en va. Oh ! qui me portera sur
les bords de la mer de Naples, sous l'oranger de Sorrente,
sous le laurier du Pausilippe ! Qui m'y laissera rêver à loisir, recevoir et rendre sans travail les immenses impressions du
génie !.. Mais non. Les années de verve s'enfuient, je sens
l'évaporation insensible de l'esprit poétique, je le pleure,
je l'invoque, je viens même de lui faire mes adieux dans une
odula du style d'Horace. » Des adieux de poète comme des
adieux à la femme adorée ! De sa poésie il parlait avec un
pressentiment de gloire, dans cette strophe délicieuse :

> Mais toi, lyre mélodieuse,
> Surnageant sur les flots amers,
> Des cygnes la troupe envieuse
> Suivra ta trace harmonieuse
> Sur l'abîme croulant des mers.

« Je suis toujours de plus en plus heureux de celle que la
Providence me ménageait dans sa bonté. Je tâche de la

rendre contente et heureuse aussi. Je me dépouille du plus d'égoïsme possible, car les longs et bons attachements se nourrissent de mutuels sacrifices, mais ils les payent bien. »

Et avec cette raison politique qu'il a en pleine poésie : « J'ai vu pour la première fois et de bien près jouer la diplomatie européenne. C'est une mauvaise machine. Je n'en aurais pas peur si j'étais peuple, mais beaucoup si j'étais roi. »

Il quitta Naples sur le conseil des médecins, et revint à Rome, *à la via Ruberrina, rêvasser le matin à Saint-Pierre et le soir causailler chez la duchesse de Devonshire*, toujours dans le profond contentement de sa femme. Il avait raison, elle était l'idéal de l'épouse ! Ah ! elle savait aimer !

« Je bénis Dieu, je suis heureux... Tant une bonne, tendre, aimable et adorable femme peut sur ma vie. »

Le 20 janvier 1821, en sortant de Naples, il eut un éclair d'inspiration. L'âme de Virgile, sans doute, flottante sur ce rivage, lui avait soufflé, inspiré *un poème immense comme la nature, intéressant comme le cœur humain, élevé comme le ciel*. Il avait conçu son épopée des *Visions*, dont il ne put écrire plus tard que des fragments : *Les Chevaliers, Jocelyn, La Chute d'un Ange, Les Pêcheurs*, Le Poème perdu.

LES ENFANTS

1821-1822

Une joie était venue, un enfant venait de naître, Lamartine écrivait la naissance de son fils à Rome, février 1821, à Mme de Raigecourt : « Je viens de le mener baptiser à Saint-Pierre de Rome, c'est un beau début dans le monde, ce sera un beau souvenir. » Et la grand'mère dans la joie notait cet événement intime : « Son parrain a été un seigneur napolitain nommé le marquis Gagliati, et sa marraine,

la princesse Oginska, Polonaise... On dit que cet enfant
me ressemble, alors je me le représente comme était son
père. »

Ce bel enfant avait été tenu sur les fonts de baptême par
de nobles mains, comme un enfant royal. Sa mère bienheu-
reuse lui donna le nom d'Alphonse, le nom du poète bien-
aimé ; elle entreprit de le nourrir.

La joie des mères est de nourrir leur enfant, de sentir
couler les gouttes blanches de leur lait, la sève et la vie
sous sa bouche rose, de le couver sous leur amour, de sentir
son cœur battre à leurs baisers, à leurs caresses, vivre et
palpiter le petit être adoré, éclore cette fleur humaine sous
la chaleur des regards maternels. Il y a des tendresses mystérieuses entre la mère et l'enfant, dont Raphaël a peint la
grâce suave. Quand personne ne le voit encore, elle voit,
de sa seconde vue maternelle, le progrès insensible de la
jeune vie, et sans la voir, aussi, l'enfant sent sa mère.

Penchée sur lui, dans l'extase, pendant qu'il boit la vie
au sein maternel, elle épie le premier rayon des yeux vagues
encore, la première clarté de la petite âme, le premier
regard vers elle et le ciel d'où il descend, le petit ange ; les
premiers sourires, les premières lueurs de l'aube enfantine.
Elle contemple ses sommeils paisibles, son innocence angélique, et comme elle lève les yeux au ciel, dans l'allégresse
du bonheur !

Malgré sa faiblesse, la mère voulut nourrir son enfant,
elle s'y dévoua ; mais peu de mois seulement, elle eut ce
bonheur. Puis survinrent les douleurs du sein sous la suc-
cion déchirante des lèvres bien-aimées, les dépôts de lait, la
fièvre. Il fallut se résigner, emprunter le lait d'une nourrice
des Sabines à Turin, de la Savoie, à Aix, exiler le berceau
de la chambre maternelle,

La jeune femme vint guérir à l'air salubre de la Savoie.
Elle revenait mère, où elle était venue, jeune fille, d'où elle

était partie femme heureuse. Malgré le chagrin du renoncement à l'allaitement maternel, elle était dans la plénitude du bonheur. Elle habitait une charmante retraite, à l'ombre, sur une colline, au-dessus d'Aix. Tous les matins, les deux époux, côte à côte, sur deux petits chevaux, se promenaient, pacifiquement dans les sentiers des montagnes, à la fraîcheur, à la lumière de l'aube. La femme, habituée de bonne heure à la vie d'amazone, comme les jeunes filles de l'aristocratie anglaise, était aussi habile écuyère que son mari. L'amour croissait dans ces promenades intimes, aux brises, aux rayons, aux parfums de la nature. Le poète écrivait à M. de Virieu ce mot d'enthousiasme : « Nous nous adorons. »

Puis l'on rentrait. On revenait embrasser l'enfant, qui déjà ressemblait à la charmante et noble mère du poète, et aussi au poète lui-même. On regardait sa jeune âme sourire dans ses yeux et sur ses lèvres, de ce suave regard de l'enfant au berceau qui ravit les mères.

Une page du père en deuil redit bien ses bonheurs, dans ses *Mémoires politiques* : « Toutes les fois que je veux me donner une fête rétrospective de l'esprit, je me transporte en pensée dans cette maison tranquille, entourée de terrasses couvertes de treilles, un dimanche matin, sous un ciel d'été, ma femme et sa mère lisant leurs prières à l'ombre, chacune dans un livre différent, mais d'un même cœur ; la nourrice assise sur l'herbe à leurs pieds et balançant d'un rythme monotone le berceau de l'enfant au branle de la cloche du village voisin qui sonnait les vêpres ; et moi, un peu plus loin sur la pelouse, écrivant au crayon dans un album des strophes à demi-voix qui priaient, chantaient, pleuraient d'abord pour moi-même, et qui allaient bientôt après s'envoler pour rejoindre, comme des colombes attardées, leurs sœurs des premières *Méditations*, où se vidait le vase de mon cœur désormais heureux, mais toujours fidèle à ses fidèles souvenirs du tombeau. »

Le 14 mai 1822, à midi, une fille lui vint au monde dans la maison de son père, qu'on voit encore dans la rue Lamartine, à Mâcon. Pendant les cris de douleur de la mère, une joyeuse mélodie d'un orgue de barbarie, tourné par la main d'un enfant des montagnes, monta sous les fenêtres et sembla chanter la naissance de l'enfant du poète. La vie a ainsi de ces charmantes rencontres. Le hasard est un poète.

J'ai vu, sur le registre de l'état-civil de Mâcon, l'acte de naissance de la fille, signé du père. Il porte ces noms : Marie-Louise-Julie, fille légitime de Lamartine, Alphonse-Marie-Louis, profession de secrétaire d'ambassade à Naples, et de Marie-Anne-Élisa Birch, son épouse, est née à Mâcon, le 14 mai 1822, à midi.

« Julia, ce fut le nom qu'un souvenir d'amour donna à notre fille, » a écrit Lamartine lui-même dans ses *Mémoires*, comme une chose toute simple et naturelle.

Pourtant ce nom de *Julie* ou de *Julia*, plus sonore et plus harmonieux aux oreilles du poète, semble étrange et surprend. Entre *Julie*, le nom de l'état civil et le nom familier *Julia*, il y a bien une nuance destinée à adoucir à la mère cette dissonance d'un nom de souvenir d'amour dans le nom de sa fille. Un curieux délicat, d'une sensibilité féminine, de la race de Joubert, m'a écrit sur le choix de ce nom où le nom de la mère, *Marie*, était pourtant séparé par le nom du père, *Louis*, du nom de l'amante, *Julie*, des réflexions exquises, pénétrantes des mystères de la femme.

« Il y a là quelque chose de très particulier, de très hardi. Presque toutes les épouses bondiraient à la pensée de donner à leur enfant le nom de la première amante de leur mari. Cette extrême générosité de sentiments de Mme de Lamartine doit s'expliquer et se justifier. Elle était sans doute arrivée jusqu'à aimer elle-même et respecter celle que son mari avait aimée avant de la connaître. Cette affection,

ce respect ne peuvent se comprendre que par une admirable
pureté d'âme chez Mme de Lamartine. Elle avait reçu évidemment de son mari des aveux qui étaient sincères, mais
qui n'étaient pas et ne pouvaient pas être complets. Elle
n'avait en conséquence conçu le premier amour de Lamartine que comme il le peint lui-même dans sa poésie, comme
une passion du caractère le plus idéal, qui laissait à l'amante
une pureté immaculée. C'était une erreur de la part de
Mme de Lamartine, mais une de ces erreurs qui sont un
suprême honneur pour celles qui la commettent. Cette
acceptation héroïque de Julie, bien plus, cette généreuse
admission auprès du berceau de son enfant, ce titre de marraine qu'elle lui accorde, ce sont de curieux et éclatants
témoignages de l'admirable candeur de la mère et du prestige idéal dont Lamartine avait su entourer, aux yeux de sa
jeune épouse, la période la plus ardente de sa vie passée.
Certes, l'amour de Lamartine pour Julie avait été un noble
amour, d'une nature très élevée, mais il fallait à son tour
une âme comme celle de Mme de Lamartine pour que cet
amour terrestre se transformât à ses yeux en passion si pure
qu'il semblât tout naturel de permettre à l'héroïne d'entrer
au foyer conjugal, d'y bénir un petit enfant, de lui donner
son nom et de lui servir ainsi comme d'ange gardien pendant toute sa vie. Ce paradoxe de conduite peut d'autant
plus surprendre que Mme de Lamartine était extrêmement
pieuse. Peut-être aussi les jalousies possibles de l'épouse se
taisaient-elles avec bonheur devant le souvenir des anciennes
émotions de la jeune fille, lectrice passionnée des premières
Méditations? C'étaient ces chants d'amour, écrits pour une
autre, qui lui avaient fait à elle-même aimer le poète, elle
avait donc quelque raison d'être reconnaissante à Elvire de
les avoir inspirés, puisque ces chants avaient allumé en elle-
même le feu qu'elle avait su à son tour faire partager; associée comme elle l'était à un grand homme dont elle admirait

le génie plutôt qu'elle ne partageait les idées, au fond de ce ménage, il y avait une dissonance intime constam men sauvée par des efforts réciproques de douceur et de bonté... »

La dissonance entre les idées du poète et de l'épouse n'était pas née à cette époque, Puis en musique, les dissonances produisent souvent une harmonie. N'en est-il pas de même en mariage ? Le choix du nom d'un enfant est la grave pensée du père et de la mère, il doit naître d'un accord de sentiments. Un nom pour les superstitions de famille, c'est le souvenir d'un ancêtre, d'un être aimé, un talisman, une étoile, l'augure d'une destinée. Le triple nom de la fille unissait le père, la mère et l'amante morte. Il y eut peut-être dans le cœur de la mère, à ce nom proposé, Julie, un frisson, puis une acceptation à ce nom charmant de Julia, une première résignation au passé. L'accord naquit sans doute de ce sentiment entremêlé. Il y a tant de subtilités délicates dans une âme de femme.

Il y eut accord. Le poète n'imposa pas ce nom, et peut-être a-t-il donné la vraie raison dans la raison poétique des vers funèbres de Gethsémani :

> Pour que son nom sonnât plus doux dans la maison,
> D'un nom mélodieux nous l'avions baptisée...

Il a dit : *nous ;* donc le père et la mère s'unirent dans le choix d'un nom qui a immortalisé la fille.

La mère le fit-elle dans une candide ignorance, dans une sublime innocence, la foi à l'amour idéal de Julie. Ignorait-elle l'heure terrestre de ce poétique amour, le baiser du *Lac ?* Ne connaissait-elle pas, en 1822, la strophe du baiser ? Elle, qui avait tous les manuscrits sous sa garde, devait avoir lu les strophes cachées. Le baiser, sous les étoiles, n'est pas un péché. C'est l'ivresse idéale, il a de la terre et du ciel.

Puis, dans les *Méditations*, elle avait sa place, comme

Elvire, son nom à côté de Julia, ainsi que dans le nom d'alliance de sa fille.

Il ne faut pas l'oublier, Mme de Lamartine était alors en plein bonheur ; il lui rendait plus facile sa tendresse magnanime, elle avait déjà la piété qui dispose au sacrifice. Dès lors, ce saint paradoxe de conduite doit d'autant moins surprendre, que Mme de Lamartine était plus pieuse. L'amour dans une femme religieuse a des indulgences infinies.

Son culte des premières *Méditations* lui fit accepter le nom de cette poésie enchanteresse, qui avait inspiré et enivré son amour. Elle n'allait pas jusqu'à la reconnaissance à Elvire ; c'était trop pour sa nature si humaine encore dans sa piété. Mais Elvire était morte, elle n'avait pas de rivale, ce n'était plus qu'un souvenir immortel.

Elle en avait reçu l'aveu dans les *Méditations* et devait le recevoir plus tard dans *Raphaël*, dans ces paroles en honneur de l'épouse : « Selon la promesse de Julie de m'envoyer d'en haut quelqu'un pour me consoler, Dieu m'a changé son don contre un autre, il ne me l'a pas retiré. Je reviens souvent, avec celle qui me rend mon espérance patiente et douce comme la félicité, visiter la vallée de Chambéry et le lac d'Aix. » Il est des lieux prédestinés. Il y devait rencontrer deux fois l'amour.

Sa miséricorde fut d'autant plus belle et plus sainte qu'elle n'ignorait rien et ne pouvait avoir d'illusions sur le premier amour. Mais elle fut facile, en ce moment, parce qu'elle était en plein bonheur, dans la félicité maternelle.

La maternité est une phase de transformation pour la femme. L'allégresse du bonheur maternel transfigure la moins belle, lui donne un charme nouveau qui ravit et attendrit. Son visage se colore de l'éclat de la vie, prend une beauté idéale. Ses yeux n'ont plus la flamme ardente de la passion, et reposent leurs regards mouillés sur le bel enfant.

Elle le nourrit, une seconde fois, au grand jour, sous la lumière caressante de ses regards. Elle veille, recueillie près du berceau, sur l'enfant endormi, elle suit ses sourires dans le sommeil, comme s'il voyait passer des anges dans ses rêves. L'époux est là, près d'elle, et aime davantage, d'un amour plus pur, sa jeune femme illuminée par le bonheur maternel. La joie de la jeune vie monte à son visage, ses yeux ont pris une âme. Un changement divin s'est accompli, la femme est devenue la mère.

Mme de Lamartine eut cette transfiguration dans sa joie maternelle. Sa figure refléta la grâce de ce charme nouveau.

Elle jouissait de ses deux enfants à Milly ; vingt-neuf ans après, elle m'écrivait cette fête de sa vie, au retour d'une visite à Milly, avec l'intensité d'une émotion de la veille : « Je ne puis regarder la cour sans y voir un chérubin de quinze mois qui, monté sur une chèvre, venait triomphalement à ma rencontre, aux applaudissements de toute la maison, beau, frais, fier, se tenant comme à cheval et souriant de bonheur. »

Elle l'élevait à l'anglaise, jambes nues, à l'air libre ; l'enfant était trop délicat pour cette hygiène virile.

En juin, Mme de Lamartine alla se reposer des fatigues de la maternité aux eaux de Plombières, dans ce joli et étroit vallon des Vosges, dans la contrée forestière, aux sapins d'Erial, à la fraîche petite ville de Remiremont. Puis l'été à Londres, dans une maison de Mme Birch, voisine d'Hyde-Park, où sa fille aimait les promenades à cheval. Elle était tout heureuse de faire admirer ses deux beaux enfants, Alphonse et Julia, aux familles, ses parentes, les Churchill, les Crawford, les Woodford, les Bryant, les Craigie, dans la digne et affectueuse hospitalité anglaise.

Mais Londres, même en été, est presque sans soleil, sans chaleur, sans joie ; il fallut quitter les brouillards de la Tamise. Le charmant petit enfant souffrait d'une fièvre lente

et opiniâtre. On le conduisit à la campagne, à 2 lieues de
Londres, à Richmond, le *Tivoli de Londres*. La mère était
inquiète, tourmentée de pressentiments funèbres. L'air de
la campagne ne guérissait pas l'enfant. Elle voyait sa figure
pâlir, sa fleur de vie se plomber des teintes de la fièvre, lui
si beau, si vivant, si joueur dans la cour de Milly. La vision
de l'enfant heureux lui revenait au cœur, et elle comparait à
son visage rose d'autrefois, sa pâle figure triste de maintenant. Elle avait peur.

On revint à Paris, en automne, sans espoir. Ils avaient
choisi une maison, au milieu d'un joli jardin devant les Tuileries, un nid pour l'enfant malade. « Hélas ! il n'en jouira
pas, écrivait le *père* à M. de Virieu, que Dieu t'épargne
toutes nos peines ! » Il finit avec l'année, il mourut à Paris,
en décembre.

La mère désolée fut ramenée à Mâcon, elle y trouva la
tendresse de la famille, ce fut sa première douleur. On sait
le désespoir des mères à la mort de leur premier enfant !
Cette jeune mère avait eu un tel bonheur de sa naissance,
en Italie, dans ce paradis du monde ; elle avait tant espéré !
Elle lui avait donné le nom du poète, Alphonse ! Une *belle*
princesse italienne l'avait tenu au baptême, à Saint-Pierre
de Rome, comme une fée de bonheur. Il semblait prédestiné. La mère avait couvert son front de baisers et d'espérances. Il avait grandi charmant, beau, plein de grâce, il re-
flétait de jour en jour la beauté et le charme de son père et
de sa grand'mère. Sa mère suivait avec ravissement le progrès de sa jeune vie. Elle rêvait en lui le digne fils du poète.
Elle jouissait à Milly de ses jeux avec sa sœur, de son innocence, de ses sourires, de l'épanouissement de cette belle
fleur humaine. Comme elle me disait : « Je sentais la plénitude du bonheur maternel ». Puis, elle avait à peine joui,
quelques mois, de cet enfant adoré, si plein de vie, elle l'a-
vait conduit toute fière et tout heureuse à sa famille de

Londres, elle vit peu à peu sa charmante tête pâlir, s'altérer sous une fièvre mystérieuse. Elle était en pleine sécurité, elle devançait les âges, elle le voyait monter, grandir à côté de son père, s'élancer, jeune homme, à sa belle destinée, marcher fidèle à côté de sa mère, la soutenir et s'appuyer sur son bras, lui sourire, aimer, prier avec elle. Elle faisait déjà tous ses rêves de félicité maternelle, et tout à coup elle le voyait mourir, il était mort!

J'ai été témoin de désespoirs de mères, de révoltes contre Dieu. Certes le désespoir était permis à cette grande douleur. Sa foi et sa fille la sauvèrent. Elle reprit à la vie pour elle et pour *lui*. On retourna à Paris, dans la grande houle, reprendre l'existence agitée, mais active. Le poète se remit à la poésie, à un sujet en accord avec ses grandes pensées. « En ce moment, je fais un chant sur la mort de notre ami Socrate. Le *Phédon* m'y a fait repenser. » La mère en deuil eut le courage de s'associer au poème. Elle fit les recherches dans Platon, les extraits du *Phédon*.

En août 1823, on retourna aux eaux d'Aix tenter une double guérison. Puis on monta à Saint-Point, en automne, où vint la bonne nouvelle de la vente de la *Mort de Socrate*, 6,000 francs, et 15,000 francs les *Nouvelles Méditations*. Il était en pleine vendange de poésie, il conseillait des sujets à un ami : « Songez à Homère, la bible des poètes. » Sa femme vivait de sa poésie et de sa fille. Mais des épreuves cruelles attristaient la noble famille. La mort de la sœur bien-aimée, Mme de Vignet, l'inquiétude sur sa sœur l'angélique, Mme de Montherot, qui, elle aussi, devait bientôt mourir.

Un mot vrai sur lui-même : « Je ne suis ni romantique, comme vous l'entendez, ni classique, comme ils l'entendent, je suis ce que je peux être. » Il venait de faire en juin, à Saint-Point, sa grande ode sur Bonaparte, la seule poésie

qui ait jugé ce terrible génie et dit la vérité, avant les apo-
théoses fatales de Béranger et de Victor Hugo.

Les *Nouvelles Méditations* ont un autre caractère que les
premières, une autre physionomie. Le souvenir d'amour n'y
gémit plus seul ; l'épouse le console et lui inspire les strophes heureuses d'*Ischia*, les vers de *Consolation*, ce cri d'ef-
facement du passé :

> Ce qui n'est plus pour l'homme a-t-il jamais été?

Ce rêve de père :

> Quand pourrai-je la voir sur l'enfant qui repose
> S'incliner doucement dans le calme des nuits ?
> Quand verrai-je ses fils, de leurs lèvres de rose,
> Se suspendre à son sein comme l'abeille au lis ?

Elle lui inspire les strophes aimantes des *Préludes :*

> Embrassons-nous, mon bien suprême.

Elle lui inspire même le *Chant d'amour*, ce cantique des
cantiques, qui idéalise l'épouse sous le ciel inspirateur de
Naples.

Ce génie au don magique croyait peut-être à la réalité de
la beauté idéale née sous son électrique lumière sur cette
terre, et destinée à être la réalité du ciel.

Écoutez ces strophes de suave tendresse baisant les pieds
de la femme bien-aimée de leurs vagues de poésie, en je-
tant leur écume d'harmonie, et du sein du bonheur pressen-
tant la mort avec une mélancolie souriante et sereine :

> Regarde dans mon cœur ..
> Là ta beauté fleurit pour des siècles sans nombre,
> Là ton doux souvenir brille à jamais à l'ombre
> De ma fidélité,
> Comme une lampe d'or dont une vierge sainte

> Protège avec la main, en traversant l'enceinte,
>   La tremblante clarté.
>
> Et quand la mort viendra d'une autre amour suivie
> Éteindre en souriant de notre double vie
>   L'un et l'autre flambeau,
> Qu'elle étende ma couche à côté de la tienne,
> Et que ta main fidèle embrasse encor la mienne
>   Dans le lit du tombeau.

Mais ce chant d'amour chantait-il pour l'épouse seule, au délicieux murmure des vagues et des souvenirs, sur ce rivage enchanté d'Ischia? Les belles visions des chères mortes ne revenaient-elles, ne se mêlaient-elles pas dans le rêve du poète? Ne les aimait-il pas toutes ensemble ?

A la fin, dans le lamento du *Crucifix*, le souvenir de la nuit d'agonie revenait dans une poésie, à la beauté funèbre, comme la figure idéalisée par la mort.

O *Lac*, chant adorable du bonheur qui passe, et toi, *Crucifix*, chant divin de la douleur, se peut-il que les femmes vous aient oubliés !

La femme du poète avait ainsi sa place dans les *Nouvelles Méditations;* elle fut heureuse des poésies faites pour elle, Elvire n'y était plus seule, Élise y était entrée.

Atteinte par les souffrances de sa double maternité, elle alla aux eaux. Malgré les belles courses à Lucerne, au lac des Quatre-Cantons, au lac héroïque de Guillaume Tell, à cette immortelle nature, la malade ne put continuer ces eaux *infernales;* une crise alarmante survint, une grave secousse qui fit craindre pendant deux jours un fatal dénouement Les lettres de Lamartine à M. de Virieu disent ses inquiétudes et ses tristesses, puis un désir passionné de la malade, la nomination de son mari à Florence. Quant à lui, il était brisé, *l'homme le plus dévoré de spleen qui soit dans les trois Royaumes-Unis...* « *Tristis est anima mea usque ad mortem* », et tous deux rentraient en juillet, à Mâcon, dans l'attente d'une perte cruelle, la mort d'une sœur adorable, d'une jeune sainte !

« Mon cher et pauvre ami, écrivait il à M. de Virieu, 12 août 1824, ma sœur a fini hier, comme un ange, sans agonie et sans douleur, son angélique vie. »

Il fit partir pour Saint-Point toute la famille en deuil. « Ma mère s'y refait et s'y console dans sa sainteté, et nous jouissons de la voir si sublime et si forte contre ses souvenirs, autant qu'elle l'a été contre les scènes de désolation... »

Et sa mère disait dans son mémorial : « Alphonse était seul auprès de nous, il cachait ses larmes et l'émotion de sa voix, elle lui parlait quelquefois et lui tendait les mains, elle bénissait son enfant absent de l'appartement. « Ah ! qu'on « l'élève, disait-elle, dans la foi qui me rend tant de sépa- « rations possibles à accepter. » C'était ordinairement moi qui priais tout haut dans la chambre. Son frère, à genoux, près de la porte, écoutait et priait aussi. Oh ! quel touchant spectacle ! »

« Je ne puis exprimer l'effet que me faisait son sourire quand ses yeux rencontraient les miens ; il éclairait tout à coup cette figure jadis si ravissante, maintenant si détruite, quand l'âme ne la transfigurait pas. »

La mort n'absorbe pas la vie, on renaît aux choses humaines.

Il revint à la poésie, Mme de Lamartine l'aida dans *Child-Harold*, ce poème à la mémoire du grand poète de son pays. Elle avait fait les recherches, traduit les pièces justificatives. Elle s'était plu à ce travail poétique. Le poème était plein d'éloquence lyrique. On y pressentait l'orateur futur. L'adieu à l'Italie allait causer un duel. Le salut à Homère, la mort de lord Byron, devinrent vite célèbres.

La mère du poète nota dans son journal ses impressions craintives. « Il y a des passages qui me font de la peine ; je crains qu'il n'ait un enthousiasme dangereux pour les idées modernes de philosophie et de révolution... Je lui fais de bien fermes représentations sur le danger de ces idées, mais *l'esprit souffle où il veut*, comme dit l'Ecriture sainte. Une fois qu'une mère a mis au monde un fils et qu'elle lui a inculqué sa propre foi, que peut elle? que mettre toujours sa faible main entre le flambeau de cette foi et le vent du siècle qui veut l'éteindre ! »

Les mères ont de sûrs pressentiments, et elle ajoutait ces belles réflexions : « Quant à moi, obéir et croire me semblent la seule sagesse de mon Etat ; on dit que c'est moins poétique, mais je trouve autant de poésie dans la soumission que dans la révolte. Les anges fidèles sont-ils donc moins poétiques que les anges élevés contre Dieu? »

Le poème lancé, Lamartine alla à Aix avec Mme de Lamartine. « Fichue santé, de tous côtés, ennuis, tristesse, désappointement surtout et de tout, excepté de ma femme qui est toujours une perfection accomplie. »

Son ami, M. de Montmorency, ministre des affaires étrangères, réalisa en juillet l'ardent désir de Mme de Lamartine, la nomination du poète comme secrétaire d'ambassade à Florence. Quant à lui, il n'avait que le goût de loisir, d'ombre et de solitude à Saint-Point, la belle vie poétique.

Il allait la trouver à Florence. L'imagination de sa femme avait senti juste. Elle allait réaliser son beau rêve. « Ce que femme veut, poète le veut ! »

LA VIE A FLORENCE

1825-1828

Ils arrivèrent à Florence, le 2 octobre, et, dès le 5, Lamartine écrivit à M. de Virieu : « C'est bien l'Athènes du moyen âge. » Il se logea près de la villa d'Albizzi et de celle de *notre ami Machiavel*, près de la porte Romaine. Le 8 novembre, il annonçait à M. de Virieu la mort de son cheval chéri. Les chevaux étaient ses amis, comme les chiens.

L'aimable marquis de la Maisonfort, gentilhomme épicurien, poète léger, à la manière de Voltaire, accueillit son secrétaire d'ambassade, non comme un inférieur, mais comme un égal en diplomatie, et un supérieur en poésie.

Il devient vite le favori, l'ami du grand-duc de Toscane, de la duchesse régnante, et de la duchesse douairière. Le duc le recevait, tous les matins, dans sa bibliothèque, au palais Pitti, et s'entretenait longuement avec lui. Il admirait le poète, et il aimait l'homme ; il lui confiait ses pensées généreuses pour son peuple ; c'était un père, un gouvernement de libéralisme, de douceur et de bonté. Il faisait dessécher, assainir, défricher les maremmes de Toscane. C'était une cour poétique, goûtant les arts, les lettres, les sciences, brillante comme les cours des quinze et seizième siècles, mais sans poison, aux mœurs pures, fêtant le poète à Florence, comme le Tasse et l'Arioste à Ferrare, mais plus intime, plus familière, oubliant son rang, et allant, à la villa du poète, entendre l'enchanteur, passer les jours et les nuits d'été près de lui, de sa noble femme, et embrasser leur enfant. Aussi la grand'mère disait-elle avec un cri de joie, en recevant les lettres de Florence, les portraits de Julia peints par sa mère : « Que je m'aime dans cette belle enfant ! c'est véritablement moi à cet âge, mais moi dans mon innocence et dans mon matin. »

Un malheureux incident vient troubler un instant cette félicité.

Il y avait alors à Florence un grand nombre d'Italiens exilés, à la suite de la révolution de Turin et de Naples, réfugiés dans l'asile du libéral duc de Toscane, tout frémissants encore de la lutte et très susceptibles sur l'honneur italien.

Qu'on se figure leur indignation, quand arriva le *Chant*

du pèlerinage de Child Harold, à Florence, l'insulte à l'Italie, mise par le poète dans la bouche de lord Byron :

> Je vais chercher ailleurs, pardonne, ombre romaine !
> Des hommes, et non pas de la poussière humaine.

Ce fut un cri de colère. Il enflamma les patriotes blessés et courut, comme une traînée de poudre, toute la Toscane. Le colonel Napolitain, Gabriel Pepe, prit la cause de la patrie insultée, et écrivit une brochure de provocation et de défi au poète. Le poète releva le défi.

La rencontre se fit, à une lieue de Florence, le 19 février 1826, sur la rive gauche de l'Arno, en face des Cascines, le bois de Boulogne florentin, dans une clairière déserte, cachée par des peupliers. On s'était rendu, dès l'aube, les armes voilées sous de longs manteaux, avant le réveil de la police défiante et avertie par la rumeur publique. On jouait gros jeu, le duel étant interdit en Toscane sous peine de l'exil.

La scène était solitaire. Lamartine avait pris pour témoin son ami le comte de Virieu, venu passer l'hiver à Florence, dans le foyer du poète. Le colonel italien avait le comte de Villamilla. Lamartine, quoique l'offensé, avait généreusement laissé le choix des armes à son adversaire. Il choisit l'épée, l'arme napolitaine. Les témoins l'avaient préférée au pistolet, comme une arme moins dangereuse dans un duel sans colère, destiné à n'être pas un combat à mort, mais une simple rencontre d'honneur au premier sang.

Les adversaires se serrèrent noblement la main avant de tirer leur épée et de se poser en garde. Les témoins se rangèrent plus émus que les combattants. Tout acteur, ou témoin d'un duel, a pu être frappé de ce contraste : les témoins sont agités, les combattants sont calmes. L'homme devient sans peur devant le péril.

Le combat s'engagea. Il y a une angoisse solennelle au

moment où les épées se croisent, s'enlacent et visent les poitrines nues, un éblouissement de vertige aux éclairs des armes. Les témoins tremblent pour leurs amis. Lamartine avait ce sang-froid tranquille qu'il devait montrer plus tard devant le peuple en armes. Gabriel Pepe s'animait et tentait l'offensive. Lamartine se bornait à la défensive. Habiles tous deux à l'escrime, ils échangèrent plusieurs passes sans se toucher. Le combat se prolongeait. Pepe, excité, fonça plusieurs fois et, dans une ardeur imprudente, se découvrit la poitrine. Lamartine se garda bien de la percer de son épée. Il appliqua tout son jeu à se couvrir, à se défendre, à parer les attaques de son adversaire ; il voulait épargner sa vie et même une blessure. Une goutte de sang versé aurait soulevé contre lui une foule de vengeurs et imposé son départ de Florence. En vain, Pepe multiplia ses attaques, s'exposa, coup sur coup, dans sa fougue napolitaine, Lamartine, toujours calme, maître de lui, se borna à se couvrir le corps, et n'exposa que son épaule et son bras ; enfin, à une attaque furieuse de l'épée de son adversaire, il l'écarta violemment de la poitrine, la pointe glissa sur l'avant-bras, et s'y enfonça près de l'épaule. L'épée de Lamartine tomba, les témoins se précipitèrent et mirent fin à la lutte.

Pendant le combat, Mme de Lamartine, inquiète de la sortie matinale de son mari, attendait dans l'angoisse, plus troublée pour un simple duel d'homme à homme, moins ferme d'âme qu'elle ne devait l'être plus tard en 1848, dans le grand duel de Lamartine avec un peuple armé.

Non encore trempée aux grandes émotions, elle avait couru à son amie, la grande-duchesse, pour lui demander d'arrêter ce duel, plus émue alors de la vie que de l'honneur de son mari.

Lamartine, sa blessure bandée, rentra seul dans sa voiture, et arriva, la vie sauve et l'honneur sauf, dans les bras de sa femme alarmée et rassurée à la fois.

Tel fut ce noble duel. L'Italien fut plein de bravoure, d'honneur et de loyauté, comme le poète français. Gabriel Pepe, d'après les lois de Toscane, courait risque d'être proscrit. La femme du blessé courut, près du duc de Toscane, intercéder en faveur de l'adversaire ; sa démarche généreuse réussit. G. Pepe conserva, grâce à elle, son asile à Florence. Ce duel honora les deux combattants et finit par une amitié.

M. de Virieu rédigea un court récit du duel pour les ournaux ; la main de son ami ne pouvant l'écrire, il la dicta. Sa femme ajouta un post-scriptum : « Alphonse me recommande de vous dire de ne laisser rien changer aux expressions et de ne permettre aucun commentaire au petit récit que vient d'insérer dans cette lettre M. de Virieu. »

La France apprit avec fierté ce duel. Elle applaudit ce poète qui la représentait si dignement à l'étranger, et la faveur de Florence à Lamartine. Quand il reparut au théâtre, tous les grands personnages de la société italienne vinrent lui rendre hommage, serrer la main à ce poète chevalier qui défendait sa poésie à la pointe de son épée.

Il perdit, en avril, son ami, Mathieu de Montmorency. On trouva sur sa table une lettre inachevée adressée à Lamartine. Il lui léguait son portrait, recueilli dans le salon de Saint-Point, où on voit encore sa bonne et honnête figure.

A ce moment, le poète était en pleine ivresse lyrique. Elle lui inspirait les *Harmonies*, ces filles de l'Italie et du ciel. Son imagination ailée voyageait. Il aspirait au grand voyage d'Orient. Il avait les longs désirs et les longues pensées.

Le marquis de la Maison-Fort parti, il devint chargé d'affaires de Florence, Parme et Modène. Avec l'automne, finissait sa vendange de poésie. L'hiver, on était condamné au monde, aux fêtes de la cour. On ouvrait la villa hospitalière à des amis, à des Français, accourus, comme les hirondelles, se réfugier du froid du Nord au soleil du Midi.

Florence ne faisait rien oublier à ces heureux exilés. Le poète écrivait, en janvier 1827, *Milly ou la terre natale*, sous l'émotion des souvenirs d'enfance, les yeux sur sa fille ravissante, sur sa femme souffrante, dessinant, le matin, sous les arbres des Cascines, ces horizons de cyprès qui impriment à ce beau ciel l'éternelle tristesse. Heureux de voir son enfant s'épanouir *en beauté*, *en santé*, *en esprit*, *en tendresse*, il chantait sa félicité et frémissait tour à tour, mobile comme la nature, sous l'ombre et le soleil de la vie, jeune toujours, amoureux de la beauté dans la femme et la nature, mais ferme dans sa volonté vertueuse, homme de religion idéale plus que positive, chose de raison plus que de sentiment en lui. Il s'échappait au ciel par le coup d'aile des *Harmonies*.

« J'écrivais à l'ombre d'un caroubier, dans mon jardin, ces *Harmonies poétiques*, émanations d'une jeune âme qui, n'ayant plus rien à pleurer ou à désirer sur la terre, pense aux choses éternelles et recueille dans la nature les notes les plus pieuses pour les adresser à Dieu dans la langue des Psaumes...

« J'écrivais à mes moments perdus les *Harmonies poétiques*, sorte de *Te Deum* de mon cœur, plein à cette époque d'une religion de sentiment montant au ciel, ces strophes inspirées par le bonheur et la tendresse. Je ne me demandais pas si je croyais, mais si je sentais. Or, je sentais Dieu et la religion, son langage dans toute la nature. Mon *credo*, c'était l'enthousiasme... »

Le bonheur et la tendresse, c'était l'action de sa femme ; il écrivait sous son désir, son inspiration, le bonheur venu d'elle et de sa fille. Il adressait à sa mère ses poésies religieuses. Le journal notait sa joie. « Il m'envoie quelques fragments qui sont bien selon mon cœur. Ah ! voilà l'usage que j'ai toujours désiré qu'il fît d'un talent qui n'est véritablement divin que s'il remonte à Dieu. »

La famille était à Livourne, l'été, dans une belle villa au
bord de la mer. On faisait des rêves de voyage en voyant les
voiles et les oiseaux s'enfuir au large. Tous deux dans l'extase, le père s'attendrissait à la vue de sa fille, *toujours souriante, bonne, tendre, caressante, belle et sereine.* » J'aimais
bien mon fils aussi, mais il est au ciel mieux qu'où
nous sommes. »

La race anglaise aime la mer. Mme de Lamartine s'y baignait, puis tous trois se promenaient de la plage aux montagnes à l'ombre des chênes verts. Lui allait et venait de
Livourne à Florence, de la poésie à la politique, popularisait la France en Italie par sa politique de résistance à
l'Autriche. Il y déployait ses dons de bon sens, d'habileté,
d'honneur français ; il charmait la cour et Florence, comme
elle, avec sa distinction élégante de femme supérieure.
C'était la vie du *Décaméron*, dans le *far niente* du bonheur,
sous ce ciel de fête à l'air vivifiant de la mer et de la poésie,
qui enivrait sa femme. Manzoni et eux avaient fait amitié, il
lui donnait le portrait de Julia, fait sans doute par sa mère,
avec des vers du père où se glissait un triste pressentiment.

Étoile du matin, mon espoir et ma joie,
Lève-toi dans ta grâce et ta sérénité.
Que ton beau front, voilé sous ses boucles de soie,
Répande autour de nous un peu de sa clarté.

Sur ces traits d'un enfant, la vie a tous ses charmes,
Ces lèvres de corail ne s'ouvrent qu'au baiser.
Et l'œil y cherche en vain ce sentier que les larmes
Sur toute joue, hélas! un jour doivent creuser.

Heureux qui peut se dire en contemplant cet âge:
Douce enfant de mon cœur, voilà ce que je fus,
Mon bonheur dura peu, mais j'en revois l'image
Dans l'âme et dans les traits que je chéris le plus.

Au milieu des délices de Florence, il n'oubliait pas ses amis malheureux. Les absents lui étaient présents. Il était l'ami de bon secours pour ceux qu'il avait laissés au loin. Uni à sa mère, la Providence du pays, il payait les dettes de son vieil ami, l'abbé Dumont, curé de campagne à Bussières, près de Milly et lui sauvait sa maison. Il devait l'idéaliser dans *Jocelyn*.

Il donnait l'hospitalité partout. A Florence, sa femme et lui accueillaient par centaines les voyageurs français et anglais; leur villa était leur caravansérail sur cette route du monde. Le 22 mars 1828, il écrivait à M. de Virieu : « Je suis toujours traité en Benjamin par ma charmante cour. Mais je suis accablé de voyageurs qui me mangent. » Son traitement de chargé d'affaires, sa fortune agrandie par l'héritage de l'abbé de Lamartine n'y suffisaient pas. Il se chargeait de dettes généreuses pour l'hospitalité avec la complicité de sa femme.

Il avait, dès lors, le pressentiment de ses destinées politiques. « Tu regarderas la boussole, et je tiendrai la barre du gouvernail, disait-il le 1er avril, à son cher confident. — Nous sommes dans une cascade complète, longue, inévitable. Je le sentais comme si je l'avais vu. J'ai l'instinct des masses; voilà ma seule vertu politique. Je sens ce qu'elles sentent et ce qu'elles vont faire, même quand elles se taisent. » Dans cette lettre grave et profonde, il disait vrai, ce poète était un voyant, il le prouva plus tard dans sa prophétie de la révolution de Juillet et de 1848.

Ils quittèrent la brûlante Florence d'été, pour aller rafraîchir et retremper leur sève atteinte aux bains de Casciano. En promenade le jour et le soir, ils jouirent d'un spectacle divin par une nuit d'été, et le poète écrivit sa contemplation en face de la mer recueillie sous les étoiles. C'était l'harmonie, *l'infini dans les cieux*, où le génie, avec la science d'un astronome, a trouvé la plénitude et l'altitude de l'inspiration, parcouru et sondé de ce regard d'aigle l'abîme des astres.

Il racontait à sa mère leur séjour à Livourne en juillet, leurs soirées délicieuses où la grande-duchesse et les jeunes archiduchesses venaient entendre leur poète dire des vers devant la mer, près de Mme de Lamartine, son enfant sur les genoux, souriant aux applaudissements des mains royales, recueillie dans son bonheur.

Revenus à Florence, ils reprennent leurs promenades à deux avec leur enfant, ou sous les pins harmonieux des Cascines, environnés de femmes séduisantes murmurant : *Ohime* sous les nuits voluptueuses de Toscane.

Mais l'ambassadeur ne s'y oubliait pas, il surveillait les menées des Jésuites tentant une action en Italie pour fortifier leur action en France.

Il avait, dès lors, les idées qu'il devait garder toujours sur les corps religieux. Point de privilèges, mais la liberté. Du reste il avait sous la restauration ses pensées de la monarchie de Juillet et de la république. Ainsi il défendait la confédération des Etats Italiens contre l'absorption de l'Autriche, comme il devait la défendre en 1848, et toute sa vie contre l'unité par le Piémont, ce danger pour la France.

Sa mission diplomatique, si bien conduite et si heureuse, allait finir par la nomination de M. de Vitrolles à Florence. Le 20 août, il quittait Florence.

« Alphonse, dit le journal de sa mère, est enfin arrivé, mercredi, 10 du mois de septembre, avec sa femme, sa belle-mère et sa si charmante petite-fille... Il est impossible de rien voir de plus joli et de plus aimable en tout pour son âge que Julia ; c'est un vrai trésor, elle est élevée à merveille. Sa mère est de plus en plus parfaite, simplement, sans aucune affectation, remplissant tous les devoirs de piété ; elle a encore acquis beaucoup pour son talent, elle peint à merveille, et nous a apporté plusieurs tableaux charmants, entre autres des portraits admirables de Julia. »

C'était sa moisson d'Italie.

Elle les plaça à Saint-Point dans sa chambre, dans le cabinet du poète ; elle en donna à la famille ; la grand'mère se retrouvait dans l'image de sa petite fille, c'était son portrait enfant. La délicieuse figure souriait dans les salons aux parents ravis. Les vieilles tantes s'y rajeunissaient.

Mais un récit ne satisfait pas. On aimerait des lettres de Mme de Lamartine pendant son séjour en Italie, ses confidences d'épouse et de femme heureuse. Où sont ces lettres ? Les familles sont avares de leurs trésors. Elles ne les ouvrent pas, même aux amis les meilleurs.

Mme de Lamartine était alors dans la plénitude du bonheur ; or le bonheur écrit peu, il s'oublie à jouir sans paroles. Ses tableaux, ses portraits étaient ses lettres. En extase devant les sourires et les caresses de son enfant, la mère se complaisait à peindre, sans cesse et sans fin, la figure de sa fille, à fixer, à saisir sur des toiles nouvelles les grâces nouvelles de Julia ; jamais contente de son œuvre, artiste maternelle toujours déçue, à poursuivre, comme Léonard de Vinci, dans le portrait de la Joconde, le fugitif idéal.

LA RETRAITE A SAINT-POINT

1828-1829

J'aurais aimé à connaître la figure de Mme de Lamartine dans le bonheur, moi qui ne l'ai vue que dans la tristesse, ce groupe de la mère et de l'enfant, sous le regard du père, comme dans les Sainte Famille de Raphaël.

Elle devait être transfigurée, je l'imagine, à ce moment, par les courtes illuminations de son visage aux rares joies de ses années d'automne.

Ce bonheur de son printemps dut refléter toutes les lumières, résonner de tous les chants de l'aube. Le cœur de la jeune mère est alors un nid d'amour où les joies de la vie chantent à la fois, comme les oiseaux à l'aurore.

Elle laissa son mari aller seul à Paris, rendre compte de sa mission. Il y reçut toutes les félicitations et toutes les grâces du roi. Dans une lettre à sa mère, octobre 1828, il racontait tout ce bel accueil et lui faisait la confidence des charmantes surprises préparées pour sa femme. On se plaît à lire les attentions du mari, la jolie énumération des cadeaux secrets : « Superbe fourrure, manteau de velours, je ne sais quoi bleu de Chine, robe de popeline ravissante, une capote, deux bérets à jour, des gants, des souliers et une jolie voiture. Je suis ruiné, disait-il gaiement. »

Il quitta Paris pour jouir de son congé dans sa chère solitude de Saint-Point, mais il revenait avec une inquiétude prophétique sur la destinée des Bourbons. Il y passa les mois d'octobre, novembre et décembre, à faire des vers et des chemins, dans une vie rustique et poétique.

Je suis né parmi les pasteurs.

Las de la politique, avide de poésie, de bonheur de famille. « L'ombre de Dante m'apparaît et me reproche. J'ai un remords, un vautour poétique dans l'âme. »

Un jour de printemps, à Mâcon, en avril 1829, jaillit l'*Hymne au Christ*, sa plus religieuse et sa plus haute *harmonie*, couvée au fond de son âme. Il se plut à la lire à sa femme. Il lui confiait tout, il avait foi dans son impression, son jugement, sa sincérité. Elle avait le double don de sentir profond et de juger juste. Cette harmonie d'adoration, ce beau cri de foi :

O Dieu de mon berceau, sois le Dieu de ma tombe !

Cet élan de fidélité héroïque de la fin :

> Et, quand l'autel brisé que la foule abandonne
> S'écroulerait sur moi... temple que je chéris,
> Temple où j'ai tout reçu, temple où j'ai tout appris,
> J'embrasserais encor ta dernière colonne,
> Dussé-je être écrasé sous tes sacrés débris.

Cette poésie d'union de leurs deux âmes dans la même foi, aux pieds de ce crucifix qu'il avait chanté, la rendit heureuse ! L'accord dans la foi est le suprême amour !

Elle l'était pleinement à Saint-Point dans l'été de 1829. On sent dans une harmonie, *Bénédiction de Dieu dans la solitude*, née à ce moment, cette béatitude. Un jour donc il monta, avec son album, dans les bois, sous le chêne où il devait écrire *Jocelyn*, et redescendit à l'appel de la cloche, à l'heure du dîner. Il avait noté toute une harmonie de famille, la scène de bonheur et de paix racontée dans le commentaire de cette harmonie : la prose est digne de la poésie :

« Ma mère vivait et venait souvent habiter avec moi. Son âme, comme une journée d'été, s'embellissait des teintes du soir; sa piété sereine et toute composée de bénédiction, de reconnaissance et d'espérance, était involontairement communicative; sa présence éclairait, vivifiait, sanctifiait la maison.

« Un jour, elle était assise sous un grand cerisier dans le verger en pente, en face du petit balcon de bois que j'avais construit pour descendre de ma tour dans le jardin. C'était un dimanche après vêpres. Mon enfant jouait à ses pieds avec des fleurs et des oiseaux que les petites filles du village lui avaient apportés; ma femme lisait à côté; sa mère, excellente femme, plus âgée que la mienne, tenait à la main sa Bible reliée en maroquin noir, que les Anglaises pieuses lisent pour toute distraction les jours saints; à quelque distance un groupe de deux ou trois petites filles du village, regardaient avec timidité les dames étrangères, les chiens

couraient après les paons, la cloche de l'église carillonnait ; le
soleil, qui baissait vers la montagne, jetait sur la pelouse les
ombres dentelées des noisetiers. Cette scène de famille, de
campagne, de quiétude dans le bonheur, à l'ombre des murs
du clocher, me pénétra profondément... De ce sentiment
de bonheur au sentiment de reconnaissance qui en reporte
au ciel la bénédiction, il n'y a que le cri de l'âme. Ce
cri sortit dans cet instant de la mienne, et je commençai
ces vers devant ce groupe de ma mère, de ma femme, et au
doux gazouillement de mon enfant. »

Dans la même année et la même saison, sous les regards
et à la voix de son enfant, souriant dans son berceau, à
l'aurore, à sa mère, à son père, en extase, monta de son
cœur cette suave prière, *Hymne de l'enfant à son réveil :*

> O Père qu'adore mon père !
> Toi qu'on ne nomme qu'à genoux ;
> Toi dont le nom terrible et doux
> Fait courber le front de ma mère...

prière faite pour son enfant. La jeune mémoire de Julia devait la murmurer le matin, aux pieds de son père et de sa
mère, et plus tard tant de mères devaient l'apprendre à leurs
enfants. Ah ! sa mère devait pleurer de joie, quand elle
l'entendait dire, les mains jointes, les yeux levés vers l'enfant Jésus, souriant au-dessus de son berceau.

> Donne à moi sagesse et bonheur,
> Pour que ma mère soit heureuse !

Elle était dans la béatitude maternelle. Sa vie était une
harmonie en action. Elle vivait les yeux sur sa fille aux
cheveux blonds, jouant en paix avec tous les êtres, joyeuse
de sa jeune vie, des fleurs, des oiseaux, des chiens sur ses
genoux, dans l'innocence et le bonheur de l'Eden. Son
pinceau maternel fixait pour toujours sur la toile moins fra-

gile que sa vie, cette enfant adorable et adorée, destinée à rejoindre quatre ans après son petit frère mort. La mère évoquait l'enfant parti sitôt, essuyait une larme furtive pour ne pas attrister la petite sœur et souriait sous le baiser de sa fille.

Mais le bruit de la politique montait jusqu'à Saint-Point; l'arrivée de M. de Polignac aux affaires inquiétait le père. Il écrivait le 16 août 1829 à M. de Virieu : « Je crois maintenant à la possibilité d'une révolution qui emporte la dynastie. »

Appelé par le premier ministre au sous-secrétariat des affaires étrangères, pressé d'instances impératives, il refusa de s'associer à sa politique intérieure et extérieure. Il se retira l'automne à Montculot. Ses amis de l'Académie, en son absence, lui ménageaient une surprise d'honneur, et le nommaient. Il avait refusé de se présenter une seconde fois, malgré les assurances de succès données par MM. Lainé et Royer-Collard. Refusé à sa première démarche, il se tint à l'écart, dans sa dignité, approuvé par sa femme et sa mère.

Dans une autre compagnie plus modeste, l'Académie de Mâcon, à une séance publique, il eut un triomphe, présage d'un succès prochain à l'Académie française. C'était en août 1829. Mais il faut laisser parler sa mère dans sa joie pieuse : « Il faut pourtant que j'inscrive ici une grande jouissance qu'il a eue, cet amour-propre de mère, si peu écrasé encore. Dans une séance publique, donnée par l'Académie de Mâcon, il y a trois semaines, il y avait prodigieusement de monde, tout le conseil général, toutes les notabilités de la ville et des environs ; c'était imposant. On a lu beaucoup de choses fort intéressantes: M. de Lacretelle, un chapitre de *l'Histoire de la Restauration*; M. Quinet, jeune homme distingué par ses connaissances, un fragment d'un *Voyage en Grèce*; Alphonse devait dire

des vers, on les attendait avec impatience ; quand son tour
est venu, on a applaudi d'avance, on s'est écrié qu'on voulait le voir ; il s'est levé avec convenance et a commencé
par faire une petite improvisation en prose pour attirer la
bienveillance de ses concitoyens et dire combien il était sensible à leurs suffrages ; cet exorde a plu excessivement, les
applaudissements ont été très vifs. Puis il a dit une épître
à M. de Bienassis, dans laquelle il y a des morceaux de
poésies touchants, il a été souvent interrompu par les signes
les moins équivoques de satisfaction ! Nous avons été vivement émues, Marianne et moi, comblées de félicitations et,
je crois pouvoir le dire, de bonheur et d'orgueil, vraiment
il me semble que celui-là est un peu excusable. Dieu le
veuille ! Il voit bien que ce que je désire le plus de ce beau
talent, c'est qu'il tourne uniquement à sa gloire. »

Sa femme et sa mère attendries, dans l'enchantement,
quelle récompense pour le poète ! Sa mère s'en excusait
devant Dieu, dans sa piété. Puis elle rentrait de la fête
dans son humble vie et disait avec un pressentiment triste :
« J'aime à redire au Seigneur, dans mon allée du jardin de
Milly, sous l'ombre de cette maison qui a vu naître cette
chère famille, ce verset d'un psaume : « Seigneur, vous avez
« été mon attente, mon espérance depuis ma jeunesse, ne
« me délaissez pas aux jours de ma vieillesse ! Ne me re-
« tirez pas votre droite, lorsque mes forces viendront à
« défaillir. »

Et elle disait, dans cette page touchante : « Ce pauvre
enfant me comble de tendresse, c'est toujours lui maintenant qui vient à mon aide, dans mes jours de difficulté et de
détresse. »

S'il ne se tourmentait pas de son élection académique,
elle agitait ses amis, Lainé, Royer-Collard, Villemain,
Aimé Martin. Le 3 novembre 1829, dans sa retraite de
Montculot, malgré la colère de son père contre son refus

de quitter sa femme, son enfant et ses bois pour courir à l'Académie, il se recueillait dans une *harmonie* suprême, au titre primitif de *Job, Novissima verba*, ou *Mon âme est triste jusqu'à la mort.*

On aime cette indifférence du génie pour les honneurs, et cet amour de la poésie.

Par quel contraste étrange de sa poésie et de sa vie, par quel mystère, le poète heureux évoquait-il cette poésie désespérée des mensonges de la vie humaine, ce cri d'un nouveau Job, non plus écrasé sous l'écroulement de sa fortune, mais déchiré sous les tortures du doute, de la douleur, de la mort, de l'amour, de la vanité, de la gloire, des ténèbres, de la vérité, cette lugubre lamentation d'une magnificence funèbre, une nuit de novembre, cette sombre descente dans l'enfer de la vie, terminée par une ascension de l'abime à la manière des symphonies de Beethoven, sur les ailes de la conscience, une poésie d'agonie morale éclairée à la fin par une vision d'enfant qui devait, hélas! s'évanouir.

C'est que le poète est un voyant, qui, des félicités du présent, a la vision des malheurs de l'avenir.

Cette poésie, la plus grande du temps, une vraie épopée lyrique, tirée de son âme comme toutes les autres, vécue toujours, allait être le tocsin de la douleur des âmes au dix-neuvième siècle. Elle sonnait d'avance le glas des malheurs de leur propre vie. Les années heureuses allaient s'obscurcir; l'idylle s'achevait, et bientôt allait commencer le drame.

LA MORT DE LA MÈRE

1829

Le foyer a, parfois, les morts tragiques du champ de bataille.

Un malheur était proche, la douleur allait venir. C'était l'heure de Mme de Lamartine. Cette âme tendre et forte, dans sa faiblesse et ses souffrances de corps, allait porter une lourde épreuve. Elle était seule à Mâcon, en novembre 1829, son mari à Paris avec son ami M. de Virieu, pour remercier les académiciens de son élection à l'Académie française. Sa mère avait reçu la bonne nouvelle. Ce fut son dernier bonheur.

Le 16 novembre, un vendredi, jour néfaste ! Elle alla seule, selon son habitude, aux bains de l'hospice de la Charité. Mais ici il faut laisser la parole à sa belle-fille, à l'intime témoin, écouter d'elle le douloureux récit.

A M. le comte de Virieu.

Mâcon, dimanche 18 novembre 1829.

« *Lisez seul.*

« J'ai recours à votre amitié pour Alphonse dans la terrible circonstance où je me trouve... Il n'y a que vous qui puissiez préparer mon pauvre Alphonse à accoutumer sa pensée à l'idée affreuse que sa mère qu'il adore, est tombée, en un instant, de l'état de la plus parfaite santé à celui où elle est malheureusement à présent.

« Vendredi matin, elle est allée au bain seule, comme elle fait toujours. Elle a voulu réchauffer le bain, et trouvant que le robinet tournait difficilement, elle le souleva. L'eau qui s'est trouvée bouillante a rejailli tout à coup sur elle avec violence, la frayeur l'a saisie, et il paraît qu'au lieu de sortir immédiatement, elle perdit un peu la tête et ne pensait qu'à remettre le robinet. Pendant ces courts instants l'eau lui tombait sur le corps, et la frayeur de plus en plus s'est emparée d'elle ; à la fin pourtant elle est parvenue à sortir de la baignoire et à crier. Les femmes de la Charité sont accourues, l'ont couverte de coton et mise dans un lit.

« On vint me chercher de suite, ainsi que le médecin, M. Cortambert. Elle commençait à se remettre, lorsque

j'accourus... Je l'ai ramenée dans la calèche, l'ai mise au lit.
Malgré l'assurance qu'il n'y avait rien d'alarmant, je suis
restée auprès d'elle toute la nuit pour lui donner ses remèdes
à chaque instant. Hier matin, elle s'est calmée, il ne sur-
venait toujours point de fièvre, et tout semblait se bien passer pendant la journée. Sa fille Sophie l'a veillée ; la nuit a
été en apparence calme. Mais ce matin il est survenu un
changement extraordinaire, ses forces l'ont abandonnée tout
à coup.

« Toute la douleur d'Alphonse me tombe sur le cœur, et
je ne sais comment la supporter. Je n'ai d'espoir qu'en vous
pour lui adoucir cette terrible nouvelle.

« Le changement a été si soudain, d'hier soir à aujour-
d'hui, que nous sommes frappés comme par la foudre. Jugez
de ce qu'éprouve mon pauvre père qui a passé d'un état de
sécurité à celui de la plus vive alarme ! Mais c'est l'affliction d'Alphonse qui m'atterre. Ne le quittez pas, je vous en
conjure ! Usez de toute votre amitié ; je ne sais plus ce que
je dis tant je suis troublée.

« Mon pauvre Alphonse va être désespéré. C'est lui surtout qu'il faut soigner. Enfin tout espoir n'est pas perdu...
Fasse le Ciel que j'aie quelque chose de mieux à vous
mander !

« M. DE LAMARTINE. »

« Mâcon, 19 novembre 1829, lundi, 3 heures du matin.

« Tout est fini. C'est un ange qui est déjà au ciel. Mais
Alphonse que deviendra-t-il ? Je vous prie de prévenir
M. Alain, afin qu'il ne quitte pas Alphonse ni jour ni nuit...
Ah ! ménagez-le, de grâce ! Je tremble. Mon inquiétude est
au comble. »

Elle a deux souffrances à la fois : la tristesse sur la mère
morte, l'alarme sur l'époux bien-aimé. « Appelez Dieu à son

secours, comme je le fais jour et nuit... Quel retour pour
Alphonse ! » Elle pense bien à son père, ignorant encore
son malheur, à ses sœurs, mais c'est à lui qu'elle s'élance
de tout son amour. « Je n'ose penser à ce terrible voyage.
Je tâche de ne le voir qu'entouré de vos soins, de votre
amitié, des soins médicaux d'Alain. Enfin j'ai besoin de me
tranquilliser, et pourtant je tremble, et quel tourment de
ne pouvoir aller auprès de lui ! Je le voulais absolument,
mais on ne veut pas me le permettre. Enfin il faut passer ces
mortels jours d'attente. Adieu, que Dieu nous soit en aide !

« M. DE LAMARTINE. »

« 29 novembre 1829.

Et elle raconte toute la douleur du pauvre père, puis revient au fils éloigné. Comme elle veille de loin sur lui :
« Consolez mon Alphonse par la béatitude de sa mère. Elle
le représente même dans sa dépouille mortelle. Ne le quittez pas, et ne le laissez pas partir de Paris seul. »

Il arrive, accompagné de son ami, M. de Parseval, un
Samaritain de l'amitié, et il écrit à M. de Virieu :

« Je suis arrivé. Le retour a été aussi affreux pour moi
que le premier coup, et chaque jour je sens plus que j'ai
perdu la moitié de ma propre existence. »

C'est un soir, au retour d'une course, en descendant de
voiture qu'il trouva son ami debout, la figure morne, dans le
vestibule de l'hôtel. Puis entraîné dans sa chambre pleine
de cadeaux de fêtes préparés pour sa femme, ses sœurs, sa
mère, il reçut le coup mortel au cœur. Précipitée tout à
coup du bonheur dans la mort, elle avait expiré dans l'allégresse de sa foi, dans la béatitude, selon le mot ineffable de
sa belle-fille, comme un ange. Cette mère angélique était
morte comme mouraient les martyres et les saintes.

Il faut lire, dans l'épilogue du *Manuscrit de ma mère*, le

récit des dernières heures et des funérailles de cette mère adorable et adorée. Ce sont des paroles sacrées, elles sont allées au cœur de tous les fils en deuil. « Elle déroba à la douleur son âme presque tout entière pour la donner jusqu'à la dernière heure à ceux qui l'aimaient et à Dieu qu'elle voyait déjà à travers sa foi. Elle voulait s'unir encore une fois à lui par le sacrement dans lequel sa foi trouvait si souvent la possession anticipée de la divinité par la créature et de la créature par la divinité.

« On eût dit que son beau visage, enflammé par l'ardeur de la conviction et béatifié par cette union mystique, illuminait l'ombre de son lit plus que les cierges que les enfants de l'hospice agenouillés élevaient dans leurs mains derrière les rideaux. Un grand calme, un long silence, un doux sommeil, qui ravivèrent l'espoir, suivirent cette cérémonie des mourants ; fausse lueur ! elle ne se réveilla que pour expirer avec toute la lucidité de son cœur et de sa raison. »

Puis parlant du cher témoin dont il avait recueilli ces détails touchants : « Celle qui assistait dans l'ombre de la nuit tombante à cette agonie, et qui cherchait à me suppléer par sa tendresse, m'a souvent depuis redit littéralement les paroles entrecoupées de rêves qu'elle prononça de sa plus douce voix jusqu'à l'aurore.

« Puis retombant dans un sommeil qui semblait doux et qui était entrecoupé de sourires errants sur ses lèvres, elle n'en sortit que par quelques mots qu'on l'entendit balbutier vers la première aube. Oh ! que je suis heureuse ! Mon Dieu, vous ne m'avez pas trompée ! je suis heureuse ! et elle remit avec ce mot son dernier soupir à son Dieu. »

Son fils savait seul qu'elle avait désiré reposer au cimetière de Saint-Point à l'ombre des arbres où elle aimait passer les heures d'été, dans le groupe adoré de son fils, de sa belle-fille et de Julia. On avait déjà enseveli son cercueil dans le cimetière de la ville. Son fils, voulant accomplir le vœu de sa mère, fit exhumer, une nuit de décembre, son cercueil. Il fallut le ravir à la fosse à travers un linceul de neige. Le fils voulut revoir le visage de sa mère morte. Une servante dévouée le découvrit à la lueur des cierges. La mère apparut aux yeux de son fils à genoux, dans sa beauté transfigurée, le visage endormi dans la paix du ciel. Il lui donna le dernier baiser qu'on n'oublie plus. Puis on ferma le cercueil. Un sanglot répondit, et le fils veilla seul, avec la servante.

Vers minuit commença le voyage funèbre. Des paysans de Milly portèrent la bière sur leurs épaules, à pas lents, en glissant sur la glace et la neige de la route. Le fils suivit, seul, à pied, le corps de sa mère. Il avait défendu à sa famille de l'accompagner. En arrière de lui, un convoi de femmes et d'enfants de Milly marchait en silence, pour rendre honneur au fils et à la mère de charité du pauvre village.

A Milly, malgré la nuit, on était réveillé. Le groupe funèbre monta le chemin, aux lueurs des lampes de cuivre apparues aux mains des villageois, debout sur le seuil, puis entra dans la cour du manoir de famille, et fit halte au foyer, dans le vestibule où cette mère des pauvres gens pansait les blessés du sillon, comme une femme de l'Evangile.

Vers l'aube de ce jour d'hiver, le cercueil reprit son voyage, suivi par les villageois en deuil jusqu'au tournant de la colline, au-dessus de la maison et du jardin où cette mère priait. Puis on s'engagea dans le défilé couvert de neige et l'on atteignit, à grand'peine, la cime où se dresse une croix noire, appelée *la Croix des signaux*. Le fils, quoiqu'il ne l'ait pas dit, dut, avant de perdre des yeux l'horizon de Milly, arrêter ses regards sur le petit jardin où sa mère l'avait bercé. Mais la douleur a sa pudeur.

Tout l'horizon rempli de neige ressemblait à un vaste cimetière. Cette marche lugubre et pénible de ces huit paysans à travers les ravins, au bord des gorges, de ces porteurs se reposant, frayant, creusant leur chemin, dans ces hautes solitudes, le long des sapins noirs et des châtaigniers, ce fils en deuil enveloppé de son manteau, conduisant sa mère morte, les yeux brûlés de larmes, le cœur en prière et en souvenir, n'avait nul témoin. Mais, là-bas, au loin, dans la plaine, dans une chambre de la maison de famille, une femme suivait avec angoisse, de la seconde vue des yeux et du cœur, l'homme qui avait voulu, dans son courage, gravir ce calvaire de neige, accomplir seul, sans l'aide de sa compagne, ce périlleux et douloureux voyage.

Il fut long, le cercueil ne s'arrêta à Saint-Point qu'au crépuscule du soir. Il vint se reposer dans la chambre et sur le lit même où la mère avait reposé dans sa vie. Le fils veilla la nuit, près d'elle, de son cabinet ouvert : quand le cercueil est encore au foyer, il semble que la mort n'a pas tout pris. C'est le vide seul qui est la mort. Le fils consuma la nuit dans une veille de larmes, de souvenirs et d'effusions de grâce à sa mère.

Il trouva là dans sa chambre un souvenir, une attention touchante de sa mère. Pendant l'absence de son fils en Italie, elle avait entrepris un long ouvrage de tapisserie pour lui adoucir ses pas à son retour. Ici, il faut laisser la parole à son journal : « C'est un tapis de pied pour la chambre d'Alphonse à Saint-Point, ils penseront en le foulant aux pieds après moi que chacune des mailles a été dans son temps une pensée pour lui. Hélas! ce fragile tissu subsistera cent ans au moins, après que, ni moi ni eux, nous ne serons plus... »

Le matin, les paysans de Saint-Point, en habits de deuil, descendirent leurs montagnes, le cercueil reposa à l'église, et attendit là, sa sépulture dernière, la chapelle funéraire élevée par le fils, au seuil du parc et du cimetière, entre la vie et la mort, sous l'abri préféré, à l'ombre des arbres où sa mère lisait ses livres de piété, élevait son âme à Dieu, les yeux pleins d'amour sur ses enfants.

Et s'il faut une oraison funèbre à cette mère ineffable, quelle couronne plus belle à déposer sur son cercueil que la lettre de douleur, écrite par ce noble fils en deuil à son ami de Virieu, la veille de Noël !

« Saint-Point, 24 décembre 1829.

« Je t'écris du fond de cette solitude où je suis venu me recueillir quatre ou cinq jours absolument seul, la nuit même où j'y fis apporter la dépouille, la relique de ce que j'aimais et regretterai le plus sur la terre. Enfin je suis plus heureux, je la possède ici. Je puis prier, pleurer, gémir et me consoler sur son cercueil. J'ai l'espoir d'y dormir une fois avec elle. J'élève une chapelle. En attendant elle est dans une chapelle de l'église même, et il n'y a pas d'interruption à la prière sur son tombeau. J'ai organisé les choses de façon à ce que son âme ne fût jamais seule. Que j'ai pleuré ces jours-ci ! Mais ces larmes sont moins amères auprès de ce qui fut elle, dans le recueillement de l'église et du lieu qu'elle aimait, que sur la terre tous les dix ans labourée d'un cimetière de ville. Au moins à la douleur l'horreur n'est plus associée. Je suis content.

« Je m'en vais demain, comme je suis venu, à pied par un pied de neige sur nos montagnes. Je vais reprendre le courant de la vie, qui a bien moins de but et bien moins de délices depuis qu'elle ne la partage plus. Voilà une leçon, la plus forte que j'ai reçue ; le reste encore pouvait s'effacer, se réparer, s'adoucir, mais à ceci il n'y a pas de remède, il n'y a plus qu'un éternel souvenir qui me montre un immense vide, qui me dit : Tout s'évanouira aussi, pourquoi remuer ? Pourquoi travailler ? Pourquoi grandir devant les hommes ?

« Le comble de l'amertume pour moi, c'est de n'avoir plus Milly, ce berceau où nous fûmes si heureux avec elle et de ne l'y continuer. C'est une épine dans un pied blessé. Je suis forcé d'y passer toujours en venant ici, c'en est comme une fraction. Je vois cette maison à volets fermés, ce jardin, ces arbres tous plantés par elle, et je n'y puis mettre les pieds ; j'en ai le cœur déchiré.

« J'avais besoin de dire un mot à quelqu'un, et ce quelqu'un c'est toujours toi. Elle t'aimait avec enthousiasme, elle t'adorait aussi, pour le bien que tu m'avais fait et parce que tu m'aimais et que je t'aimais. Adieu. Je me remets à pleurer... »

Quel fils et quelle mère !

La mort des mères est un désastre. Outre son fils, ses filles, son mari, cette mort frappait aussi la belle-fille au cœur. Dès la première heure, elles s'étaient aimées ; elles s'étaient unies dans la même foi en Dieu, la même admiration pour le poète, le même amour pour le fils et l'époux, la même pitié pour les pauvres. Toutes deux avaient les vertus sacrées, la foi, l'espérance et la charité. La mère bénissait chaque jour cet heureux mariage ; elle était bien heureuse d'avoir donné à son fils une telle femme à l'âme si pieuse, à l'intelligence si haute, au si profond amour, douée de tous les dons de l'imagination, de l'esprit et du cœur. Sa grâce avait su ouvrir ce cœur fermé. Les jalousies, les défiances si fréquentes entre les belles-mères et les belles-filles aux âmes vulgaires, ne les avaient jamais effleurées. Cette mère à la tendresse suave avait tout de suite attiré, séduit, charmé la compagne d'élite de son fils ; elle avait aimé cette fille nouvelle comme ses filles ; elle s'était faite, à la fois, sa mère, sa sœur et son amie.

Son journal intime est rempli d'elle ; à tout moment, elle notait ses impressions de bonheur goûté près de cette fille de son cœur : « Je jouis bien d'avoir sa femme et lui auprès de moi tout cet hiver et je m'afflige déjà à l'idée de l'inévitable séparation... Mes enfants de Saint-Point sont enfin

partis pour leur grand voyage... Ah! que je me sens seule!
J'ai rangé les pots de fleurs que ma belle-fille Marianne
m'a bien recommandés en partant pour l'Italie. » Puis, à son
retour d'Italie, quelle joie et quel éloge ému de la mère et
de la fille ! » Sa pensée est sur elle, même au loin : « Alphonse, Marianne, sa mère et Julia, partis le mercredi 17
septembre 1828 pour Montculot, ont été reçus comme autrefois les anciens seigneurs. On était venu au-devant d'eux,
les femmes en blanc, les hommes tiraient des coups de fu-
sil. Ils ont rendu une fête très belle dans les jardins du château, qui se confondent avec les bois...

« Mes enfants vont passer l'hiver avec nous à Mâcon ; ils
sont maintenant à Saint-Point ; Alphonse m'a envoyé des
vers qu'il vient d'y composer et qui m'ont bien émue ; il dit
précisément ce que je pense ; il est ma voix, car je sens bien
les belles choses, mais je suis muette quand je veux les dire,
même à Dieu. J'ai, quand je médite, un grand foyer bien
ardent dans le cœur, dont la flamme ne sort pas ; mais Dieu
qui m'écoute n'a pas besoin de mes paroles. Je le remercie
de les avoir données à mon fils. »

« Mes enfants, mes chers enfants! Alphonse, sa femme,
devenue par sa tendresse et sa vertu une sixième fille pour
moi! Cécile et ses charmantes petites, troisième génération
des cœurs qui aiment et qu'il faut aimer ! Et puis celles qui
manquent et qui me suivent comme mon ombre au soleil
couchant, quand je marche dans l'allée de la méditation.
Hélas! ma Césarine, mon orgueil pour sa merveilleuse
beauté, ensevelie loin de nous, derrière cet horizon des
Alpes d'où je vois continuellement sortir son souvenir!
Hélas! ma Suzanne, cette sainte qui en portait l'auréole
avant l'âge, autour de son front, et que Dieu m'a enlevée
pour me laisser voir dans son souvenir une image de ses
anges de pureté. Morts ou absents! Me revoici seule
comme avant d'avoir porté mes fruits, les uns tombés à

terre comme ceux de ces arbres, les autres emportés loin de moi par le jardinier de l'Evangile. Ah! quelles pensées m'attirent, me poursuivent dans ce jardin et puis m'en chassent quand elles me remplissent trop le cœur et qu'il se fond en eau. Ah! c'est bien aussi mon *jardin des Olives!*

« O mon Sauveur, tout le monde n'a-t-il pas le sien? Hélas! oui! Il fut mon jardin de délices, comme dit le cantique de Salomon, et maintenant il est nu, il est dépouillé, il est mon jardin des Olives où je viens faire ma veille de la mort... »

Elle avait le pressentiment intérieur de son adieu prochain à ses enfants, elle écrivait cette page de tristesse, le 21 octobre 1829, à Milly, et le 29 novembre, un mois après, elle allait mourir!

Et pourtant rien ne pouvait présager cette mort. Comme a dit son fils : « Elle était si belle, elle paraissait si vivante, si jeune et si inépuisable de vie à venir... » Oui, mais elle avait une révélation mystérieuse de sa mort prochaine; la mort de ses deux filles l'avait frappée au cœur, et le bonheur de ses autres enfants ne la consolait pas. Elle le disait tout bas à son journal : « Je serais une heureuse mère si je n'avais pas perdu les deux fleurs de ma couronne : ah! quel vide leur disparition fait dans mon jardin quand je me promène le soir et que mon oreille et mon regard les cherchent! Il faut me détacher de plus en plus, bon gré mal gré, de ce monde; je sens le soir... » Ce mot mélancolique trahissait son pressentiment obstiné.

La femme du poète put lire ces confidences touchantes, ces tendresses secrètes pour elle, dans ce journal ouvert par la main du fils et mis sous les yeux de celle qu'elle appelait sa fille. Elle si craintive de n'être pas aimée comme elle aimait, elle lut avec des larmes de contentement, un bonheur attendri, combien cette mère l'aimait.

Elle avait été digne de l'affection de cet ange maternel,

elle avait comblé ses espérances. En plein accord de foi et d'action, de piété et de charité, elles avaient prié ensemble à l'église de Mâcon, de Milly, de Saint-Point, secouru les pauvres, les malades, dans la ville et les villages ; elles avaient passé dans les chemins en faisant le bien, anges gardiens des chaumières.

Elles avaient joui ensemble aux jeux des deux enfants, Alphonse et Julia, dans le jardin de Milly ; la grand'mère s'était vue revivre en eux, en leur ressemblance avec elle et son fils, née de cette filiation mystérieuse de la beauté et de l'âme de la mère à son enfant, à ses petits-enfants, par une sorte de grâce que Dieu fait à la femme, parce qu'elle a le plus aimé et qu'elle aime de son cœur immortel, toujours au delà, à travers toutes les vies à venir.

Elles avaient pleuré ensemble le premier enfant mort si jeune ; puis la grand'mère, si douce envers la douleur, avait versé au cœur de la mère ses consolations ; elle avait concentré ses espérances sur Julia et lui avait adouci le deuil de l'enfant qui n'était plus, par la vie de l'enfant qui restait encore sur les genoux de la mère.

Elle qui avait perdu, elle lui avait dit sans doute les paroles que sa fille retrouvait après sa mort dans son journal quand elle pleurait ses deux filles, Césarine et Suzanne : « J'ai la certitude absolue de les revoir ; quel bonheur qu'une foi comme la mienne ! Quand la religion ne ferait que donner cette foi dans la renaissance du passé et d'un passé si doux, qui est-ce qui n'a pas le sien ? il faudrait encore la bénir. »

Et maintenant cette vie à deux était finie ! Elle perdait en cette mère incomparable une amie maternelle, une félicité angélique dans le bonheur, un soutien, un ange gardien dans les épreuves à venir. Sa propre mère lui restait, mais elle ne lui suffisait pas depuis la séparation religieuse. Sa conversion au catholicisme l'avait affligée, elle en avait

gardé une tristesse sévère ; cette rigide protestante, en
cheveux blancs, n'avait pu pardonner à sa fille. Aussi sa
fille s'était-elle de plus en plus attachée à Mme de Lamartine, à sa douceur religieuse en pleine harmonie avec sa foi
et son amour. Un profonde affection unit ces deux femmes.
Malheureusement leurs deux vies furent trop tôt et violemment séparées par la mort tragique de cette mère, qui eût
été un refuge, un soutien puissant aux heures désolées,
quand elle revint d'Orient en ramenant morte son unique
enfant, et plus tard dans les luttes douloureuses de fortune.
Elle dut se souvenir alors de cette sainte parole du journal : « Apprendre à souffrir, n'est-ce pas apprendre à
vivre ? »

Elle dut aussi apprendre à mourir, à l'agonie sereine de
cette femme si douce envers la mort comme envers la vie,
quand, penchée près de son lit funèbre, dans sa veille de
dévouement, elle l'entendit exhaler, à la première lueur de
l'aube, les yeux au ciel, à ce présage d'immortalité, ce soupir de béatitude, comme si elle entrait de la mort dans la
félicité éternelle : « Oh! que je suis heureuse!... Mon
Dieu, vous ne m'avez pas trompée ! je suis heureuse! »

> Son visage était calme et doux à regarder ;
> Ses traits pacifiés semblaient encor garder
> La douce impression d'extases commencées ;
> Elle avait vu le ciel déjà dans ses pensées,
> Et le bonheur de l'âme, en prenant son essor,
> Dans son divin sourire était visible encor.

Son amour pour cette sainte mère s'accrut de toutes les
émotions, de toutes les larmes, de toutes les angoisses, de
toutes les bénédictions de cette mort. On n'aime jamais
autant dans la vie que dans la mort, dans le bonheur que
dans le malheur. Il se noue, dans les veillées suprêmes, des
liens impérissables entre les mains serrées, les regards éplo-
rés, les sourires attendris du dernier adieu. La douleur fait

aimer davantage. Il se fit entre ces deux femmes, à cette heure solennelle, entre cette mère mourante, victorieuse de son agonie, qui consolait cette fille de sa mort, une immortelle amitié.

Elle ne s'en allait pas tout entière, elle laissait, dans son journal à ses enfants, son âme vivante. Autrefois, les femmes, jeunes et mères, avaient l'habitude d'écrire leur mémorial. Les familles avaient ainsi leur histoire. Ces archives domestiques transmettaient, aux enfants les souvenirs, les traditions, les vertus, les exemples des ancêtres. Rien ne se perdait, rien ne s'oubliait de leur noble vie.

Après la mort de la sainte mère, et pour revivre avec elle, sa belle-fille se recueillit dans la lecture de ce pieux journal; elle lut, tout attendrie, ces pages de souvenirs, de bonheurs, de tristesses, d'examens de cette conscience toujours en face de Dieu, ces effusions de prières, de foi et d'adoration.

Sa mémoire en retint bien des paroles pour les appliquer à sa vie, elle écouta cette voix d'outre-tombe qui disait au cœur de cette jeune femme des maximes de piété : « Mon Dieu ! faites-moi donc enfin sentir le néant des biens de ce monde, afin que j'estime seulement les biens éternels... J'aime tant en idée les montagnes et la mer que je n'ai jamais vues pourtant ! Ceux qui sont nés en face de ces belles œuvres de Dieu doivent en avoir des imaginations plus grandes que nous et un sentiment plus immédiat de son infini !... » Elle sentit bien cette haute pensée, ce sentiment religieux de la nature, et les vœux élevés de cette mère pour ses enfants : « Dieu veuille les rendre riches en piété et en honneur. » Elle, aussi, avait le même amour pour Julia que cette jeune mère, en 1801, pour Alphonse enfant : « J'ai été ce matin assister à la messe. Je ne cherchais que ses beaux cheveux blonds au milieu de toutes ces petites têtes... » Elle regretta la coutume perdue de la prière en commun, à cette réflexion si chrétienne du journal : « C'est un usage bien touchant et bien utile, si l'on veut que sa maison soit, suivant l'expression de l'Ecriture, une maison de frères. Rien ne relève autant l'esprit des serviteurs que cette communion quotidienne avec leurs maîtres, par la prière et par l'humiliation devant Dieu, qui ne connaît ni grands ni petits... » Elle applaudit son jugement après une lecture de Jean-Jacques Rousseau : « Hélas! le génie n'est souvent, quand il ne repose pas sur le bon sens, qu'un premier accès de délire... » Elle se souvint des courses de charité faites avec cette mère des pauvres, à cette résolution et à ce récit : « J'ai été visiter une pauvre femme en couches, malade... J'ai pris la ferme résolution de ne m'épargner en rien pour soulager ces pauvres paysannes... » Elle s'entendit presque elle-même à cette acceptation religieuse de la fuite de la jeunesse : « J'ai un peu de feu au visage, je m'aperçois que mon teint se gâte, et je ne disconviens pas que cela m'est très sensible. Cependant, si c'est une humiliation, c'est peut-être aussi une grande grâce, parce que cela me détache du monde, en me rendant moins propre à y plaire aux yeux... » Elle retrouva ses impressions de la nature, et ses effusions de mère dans ce passage : « La nature me fait monter au cœur mille réflexions et une espèce de mélancolie qui me plaît; je ne sais ce que c'est, si ce n'est une consonance secrète de notre âme infinie avec l'infini des œuvres de Dieu! Quand je me retourne et que je vois du haut de la montagne la petite lumière qui brille dans la chambre de mes enfants, je bénis la Providence de m'avoir donné ce nid caché et tranquille pour les couver!... »

Elle, aussi, regardait la petite lumière de la chambre de Julia, en se promenant le soir, sur la montagne de Milly, et elle finissait comme la grand'mère : « Je finis toujours par une prière sans beaucoup de paroles, qui est comme un cantique intérieur que personne n'entend; mais vous, Seigneur, vous l'entendez, puisque vous entendez le bourdonnement de ces insectes dans cette petite forêt de bruyères que je foule sous mes pieds. »

Elle s'accusa elle-même à ces lignes : « Je suis extrême en tout, dans le monde, toute mondaine; dans la retraite, trop austère... » Elle murmura aussi cette résolution de contenir la passion dans les discussions de salon : « Je fais ce que je peux pour ne rien dire de contraire à l'esprit de charité et de paix que doit avoir une chrétienne... » Elle reconnut ses lassitudes morales à ce regret : « J'étais souverainement heureuse dans la solitude, j'y exprimais un charme inexprimable en m'élevant au-dessus de toutes les choses de la terre; et actuellement ce n'est qu'avec effort que je peux rappeler ce céleste enthousiasme... » Elle partagea ses angoisses de femme et de mère aux invasions de 1814 et 1815; ses désirs de foi positive pour le poète : « Car sa religion trop libre et trop vague me paraît moins une foi qu'un sentiment... » Elle fit son profit de cette juste et prudente réflexion : « Oh ! ce n'est pas l'âge avancé qu'il faut attendre pour travailler à son âme... » Et les conseils, les soucis, les inquiétudes, l'éducation, l'instruction de ses enfants, les tourments de la mère, comme elle s'y unit, elle si inquiète de Julia, si attentive, si dévouée à sa vie et à son âme ! Comme elle retrouva son esprit de modération et de justice dans les passions politiques à ces paroles de paix : « On voudrait nous voir partager les colères du parti royaliste, qui est le nôtre; mais cela n'est ni religieux ni royaliste; on ne ramène pas les hommes en les injuriant... » Elle, si sensible à l'amitié, si affligée de la mort de ses amis, elle redisait avec cette mère en deuil de la mort d'une amie : « Comme mon cœur se fendrait de tristesse, si je ne la revoyais pas dans le ciel ! »

Elle, si fidèle à la messe matinale, elle fut touchée de

cette sainte confidence du manuscrit : « J'ai pris cette année l'habitude d'aller à l'église dès le matin, avant le jour, entendre la messe ; il me semble qu'il faut d'abord dérober ces prémices de la journée aux tracas ou aux plaisirs du monde et rendre d'abord à Dieu ce qui est à Dieu et puis au monde ce qui est au monde. J'éprouve bien de la peine quelquefois à sortir ainsi par tous les temps, de la mollesse de mon lit et de la douce température de ma chambre pour aller à ce qu'on appelle ici la messe des pauvres et des servantes ; mais ne sommes-nous pas tous pauvres des grâces de Dieu, et toutes les servantes de nos pères, de nos maris, de nos enfants ? »

Ah ! que son cœur de mère pleura à ce regret de la grand'mère : « J'ai eu un moment d'espérance d'avoir un second Alphonse dans un fils du mien ; toute espérance est détruite. » Puis comme elle se dit aussi : « Je suis bien heureuse maintenant de celui que j'ai, mais bien plus de sa tendresse que de sa renommée, il sait aimer, c'est tout ce que j'en veux ; puisse-t-il aimer ce que j'aime dans ces croyances qui me donnent la paix ici-bas et la vraie immortalité en perspective !... »

Dans sa précoce douleur, elle sentit bien la tristesse de cette mère, veuve de deux filles mortes, et de son fils bien-aimé, loin d'elle, en Italie : « Comme ma maison si pleine de vie, de bruit et de mouvement, il y a quelques années, se vide ! Cela me fait penser à ces grands nids que je vois l'automne sur les ormes de la cour de Saint-Point ; au lieu des œufs et des petits, il n'y a plus que la neige, et le vent les emporte paille à paille ! Qu'est-ce de nous ? »

Elle trouva dans le récit intime les pressentiments secrets cachés à ceux que la mère aimait : « Les derniers pas sont ceux qui mènent au ciel, il ne faut pas les négliger. Je m'aperçois de ma vieillesse, les autres prétendent qu'ils ne s'en aperçoivent pas du tout et que j'ai ma figure de trente

ans ; mais les ombres grandissent derrière moi, comme dit
Virgile... »

Oui, les ombres descendaient. A un anniversaire de la
naissance de son fils, 21 octobre 1829, la mère se retirait
dans les derniers recueillements, et sa belle-fille s'arrêta en
pleurant, à cette suprême oraison :

« Aujourd'hui je l'ai senti plus que jamais et j'en suis
sortie baignée de larmes sans m'en être aperçue pendant que
je marchais dans l'allée ; il m'a semblé que toute ma vie se
ranimait pour repasser devant moi et devant lui, mon créateur et mon juge !

« Qu'il me bénisse dans mes enfants, dans mes amis, dans
tout ce qui m'a aimée et que j'ai tant aimé sur la
terre !... »

La lectrice, en larmes, ferma là le touchant manuscrit.
L'âme de la mère était là, l'âme de son fils, et aussi la
sienne. Cette mère angélique leur avait soufflé sa foi, son
cœur, sa poésie, son idéal. Leur vie s'y trempa pour jamais.

Au fond de presque toutes les grandes âmes de fils,
cherchez bien, vous y trouverez un écho de la grande âme
de leur mère. Celle des fils semble leur répercussion,
comme des hautes Alpes s'entend un chant montant de la
vallée profonde, grandissant daus son ascension, comme si
la voix plus puissante des torrents et des glaciers le reprenait et l'aidait à atteindre les hautes cimes.

Ainsi le cœur des mères monte au cœur de leur fils, il y
met son ineffaçable empreinte. Dans ces pages ravissantes
de simplicité et d'émotion du manuscrit de sa mère, on retrouve la voix plus grande de Lamartine. Il a mieux chanté,
mais pas de plus haut, que cette humble femme qui, pour
elle seule et ses enfants après elle, écrivait, le soir, ces
pages adorables où son âme religieuse rayonne de lumière
et de foi, et nous fait revoir tout entière celle qui fut la mère

de Lamartine, à côté de celle qui fut la compagne dévouée
et généreuse de sa vie.

LA RÉCEPTION A L'ACADÉMIE FRANÇAISE — LES HARMONIES

1830

LA RÉPONSE A NÉMÉSIS

1831

La vie a les changements à vue du théâtre ; hier, un deuil ;
aujourd'hui une fête.

Le 3 avril 1830, il y avait foule à l'Académie. C'était un
jeudi, jour de grande réception. La rotonde était pleine du
plus beau monde de Paris. Les plus nobles, les plus charmantes femmes du faubourg Saint-Germain, s'y pressaient
en toilettes de fête. Les tribunes étaient combles. On re-
marquait la belle duchesse de Broglie, la jolie Mme de
Sainte-Aulaire. Tout ce parterre d'élégance et de beauté
s'agitait et regardait sans cesse si la porte allait s'ouvrir.

Enfin elle s'ouvrit, le président de l'Académie, George
Cuvier, entra ; on admira sa tête magnifique. Puis apparut,
dans sa noblesse et sa grâce, sous son costume aux palmes
vertes, l'élu, le désiré, le beau poète, Lamartine.

L'élu se leva et lut, de sa voix de basse sonore, à l'accent
d'orateur, l'éloge du comte Daru. Pendant son discours,
une femme à la figure attentive, les yeux fixés sur l'orateur,
le visage éclairé de bonheur, toute vêtue d'élégance simple,
sans éclat, l'écoutait avec une joie recueillie. Elle suivait
d'une attention frémissante les impressions de l'auditoire.

Une autre femme manquait à la fête, sa mère qui avait
tant désiré ce jour et eût été si heureuse. Les premières
paroles de son fils furent pour elle.

Avant le discours, des amis du poète, enrôlés dans *la*

Congrégation, avaient tenté de l'attirer dans leur faction. Son intime ami, le duc de Rohan, le rencontrant sur la place du Carrousel, devant les Tuileries et le cabinet du roi, le supplia ardemment de refuser son adhésion à la Charte maudite, et le menaça de la défaveur royale et ministérielle, dans sa carrière diplomatique, s'il s'abstenait de donner un gage de sympathie à *la Congrégation*. Le poète lui refusa cette satisfaction, lui dit avec fermeté sa profession de foi politique, son renoncement à toute faveur diplomatique au prix de sa conscience. L'aimable duc de Rohan s'éloigna froissé. Mais Mme de Lamartine approuva.

On savait cette entrevue dans l'auditoire, aussi au moment de la péroraison, cet éloge de la Charte, les libéraux illustres, MM. Royer-Collard et Lainé, applaudirent le libéralisme éloquent de leur jeune ami, et lui firent un succès.

Cuvier fit dignement l'éloge du *Chantre de l'espérance*. La séance fut belle, ce fut une solennité poétique, un dialogue du génie de la poésie et du génie de la science, une fête d'Athènes. Aristote et Platon.

Après cette joie, Mme de Lamartine eut un deuil. Une tante bien-aimée, Mme Henry Churchill, fut frappée d'une fluxion de poitrine, soudainement, à Paris, chez sa nièce, vingt-quatre heures après son arrivée et mourut. « C'était une créature accomplie, écrivait Lamartine, et jamais je n'ai imaginé une mort aussi belle ! Il n'y a pas de sommeil après un jour de paix qui en approche. Cela fait envie. »

L'âme s'élève avec ces âmes si hautes ; après la mère, la tante, passant dans la mort comme des anges aux ailes ouvertes, et montant au ciel.

En juin, on rentra à Saint-Point, à la chère retraite. *Les Harmonies*, publiées chez Gosselin, au seuil d'une révolution, ces hymnes d'adoration arrivaient à une heure mauvaise. *Les Débats* publièrent des articles d'admiration

d'Aimé Martin, l'ardent ami. Le poète en jouit, aux eaux
d'Aix, avec sa femme heureuse. Elle aimait, entre toutes,
ces poésies religieuses, écrites près d'elle et pour elle, en
Italie, à Saint-Point, ces *Heures* de poésie. Elle relisait
ces souvenirs lyriques de sa vie italienne, de ses bonheurs
de jeune femme et se recueillait pieusement à cette harmonie : *Le tombeau d'une mère*, à ce cri d'immortalité :

> Heureux l'homme à qui Dieu donne une sainte mère.
> Qui peut douter sur son tombeau ?

La nouvelle de la révolution de juillet 1830 leur arriva à
Aix. Lamartine l'avait prévue, prédite à son ami ; il la reçut
a la fois avec sang-froid et regret. Il aimait les Bourbons,
mais non leur politique. Il venait d'être nommé ministre
plénipotentiaire en Grèce. Un poète ambassadeur à
Athènes, c'était beau. « J'irai à Paris donner mon adhésion
d'une main et ma démission de l'autre, adhésion comme citoyen politique qui préfère tout à l'anarchie, et démission
comme honneur qui ne permet guère de servir le lendemain un régime né des ruines d'une dynastie qu'on servait
la veille. » Et il porta sa lettre de démission à M. Molé,
ministre des affaires étrangères. Sa femme avait approuvé sa
conduite. Le roi dit au conseil en lisant la lettre : « Voici
enfin une démission donnée d'une manière honorable,
digne et délicate. »

Lamartine courut à Saint-Point, menacé de pillage par
des bandes de vagabonds courant le pays. Il était armé, et
les communes se levaient pour défendre le château. On
n'osa pas l'attaquer. Il avait pourtant des inquiétudes dans
ces premiers mois troublés de la révolution de 1830. Il
voulait éloigner sa femme, son enfant, les abriter à Genève.
Lui, resta sur la brèche. L'émeute du 19 octobre, où le
peuple poussa des cris de mort contre les ministres de

Charles X, lui inspira une ode politique *contre la peine de mort*. Ses amis, Aimé Martin, Lainé, M. de Martignac, le duc de Guiche, appelaient sa poésie au secours. Il y courut, il publia ses *Iambes* d'humanité. C'était un vrai discours en vers, de l'éloquence lyrique. On pouvait pressentir l'orateur. Il préludait déjà, par cette courageuse et clémente poésie, *contre la peine de mort*, à son grand acte de 1848, *l'abolition de la peine de mort*. La presse lâche et passionnée, les jeunes plagiaires de la Terreur de 93, qui demandaient les têtes des ministres, furent vaincus par cette généreuse et héroïque poésie. La jeunesse des écoles entraîna le peuple. Le poète sauva les ministres.

La passion était à l'ordre du jour. Venu à Bergues, en 1831, tenter une élection de député, il combattait sur les *huslings*. Sa femme, familière avec les mœurs électorales d'Angleterre, suivait la lutte avec une émotion courageuse. Le jour du vote, une émeute souleva la foule. Seul dans sa chambre d'hôtel, ses pistolets sur la table, Lamartine attendait. A midi, la maîtresse de l'hôtel lui remit une gerbe de journaux et de pamphlets. Il distingua et lut *Némésis*, aux cris de la foule acclamant son rival et huant son nom.

Alors, là, aux clameurs de l'émeute, l'indignation le souleva, exalta sa colère intrépide. La main sur les vers insulteurs, le courage tranquille, l'inspiration frémissante, il improvisa cette magnifique réponse à *Némésis*. Il l'achevait, quand un immense hourrah annonça la victoire du rival et sa défaite glorieuse. Il avait eu 181 voix contre 188. Il quitta la ville, poursuivi par les huées des partisans de son vainqueur, et les pierres jetées par des enfants.

Il lança ses strophes à Paris. Les ennemis mêmes les admirèrent. Elles coururent le monde comme plus tard les harangues de l'Hôtel de Ville. Ce n'était plus un poète seulement, mais un citoyen lyrique, une grande âme au sang-froid héroïque, digne de combattre pour la patrie.

Mme de Lamartine voyait grandir le poète et le citoyen, et son amour s'emplissait d'admiration. De retour à Saint-Point, après avoir jeté dans l'atmosphère embrasée de 1831, en septembre, sa *Politique rationnelle*, pleine de prophéties réalisées depuis, il revint, à la joie de sa femme, sous les bois et le charme inspirateur de l'automne, à la poésie, *cette fête de l'âme*, comme il disait à Mme de Girardin. Eugène Sue, alors à Saint-Point, eut la confidence du prologue de *Jocelyn*.

Chose charmante que la naissance de ce *Prologue*. Le poète prenait un bain. Pendant son repos rêveur, les vers jaillirent de son âme. Au sortir du bain, il les fixa sur ses belles feuilles de papier blanc, et les dit à sa femme, à Eugène Sue et à son ami Léon Bruys d'Ouilly. En jouant au billard, un soir, dans la salle de Saint-Point, il avait lancé le nom de Jocelyn et du poète, son ami ; il y rêva toute la nuit, et, le matin, dans une promenade à cheval, sous les bois, à côté de Léon Bruys, après la première confidence, à sa femme, du poème conçu la nuit, sous les étoiles, il lui déroula, au rythme du pas de son cheval, l'action du poème. Puis il dit à Léon Bruys : « Ecrivez le poème », et lui fit don du Prologue. Bruys refusa la tâche et le don.

Revenu à Milly, en décembre, il reprit au coin du feu le poème domestique commencé sous le chêne de Saint-Point. La maison de sa mère était bien la scène du poème. On sent que la *Première époque* y est née de ses souvenirs de jeunesse, des fêtes de village, de sa mère, de ses sœurs, de la vie domestique, au seuil de la Terreur. Son ami, l'abbé Dumont, le prêtre de *Jocelyn*, venait de mourir.

LE VOYAGE EN ORIENT

1832

L'année s'ouvrit dans la tristesse, le choléra, alors à Mâcon, prenait leurs heures et leur dévouement.

Julia les inquiétait. Sa poitrine délicate, ses crachements de sang les tourmentaient. On les rencontrait, dans les rues, tous les deux, promenant leur enfant adorée aux beaux jours de soleil.

Il lui fallait un soleil meilleur. Ils partirent le 14 juin. A Marseille, on fit une halte d'un mois, dans l'hospitalité. Le poète improvisa, dans une promenade en mer, ces strophes intimes et bibliques d'adieu, où il a chanté la grande cause de son voyage en Orient, son pèlerinage aux plus beaux et aux plus saints lieux du monde.

> « Je n'ai pas reposé ma tête sur la terre
> Où Palmyre n'a plus que l'écho de son nom,
> Ne fait sonner au loin, sous mon pied solitaire,
>   L'empire vide de Memnon...
> « Et je n'ai pas frappé ma poitrine profonde
> Aux lieux, où, par sa mort conquérant l'avenir,
> Il ouvrit les deux bras pour embrasser le monde
>   Et se pencha pour le bénir...
>   « Voilà pourquoi je pars... »

Au printemps, on partit pour ce beau pays d'Orient, à travers la mer si salutaire aux poitrines menacées, sur le brick l'*Alceste*, aux cabines étroites, des *cachots qui remuent.* Il regretta d'y enfermer sa femme et son enfant, « mais le sort en est jeté, » dit-il, *alea jacta est.* C'était le mot qu'il devait dire plus tard à son grand voyage pour la république, le mot de l'Arabe à Allah, de ce croyant fataliste à Dieu.

Il mit sa femme et son enfant sous la protection de sa mère. « S'il y a imprudence dans cette entreprise que nous avions souvent rêvée ensemble, elle me la fera pardonner là-haut, en faveur des motifs qui sont : amour, poésie, religion. »

La nuit, au clair de lune, seul sur le pont, les yeux sur celles qu'il aimait, il pria : « J'ai fait seul la prière du soir et de la mer pour cette femme qui ne calcule aucun péril pour s'unir à mon sort, pour cette belle enfant qui jouait pendant ce temps sur le pont de la chaloupe avec la chèvre qui doit lui donner son lait, avec les beaux et doux lévriers qui lèchent ses blanches mains, qui mordillent ses longs et blonds cheveux. »

Sa mère la contemplait aussi, la couvait de son amour et, de son pinceau poétique et maternel, fixait sa ravissante figure dans cette scène de grâce et de tendresse avec les animaux, ces amis de l'enfance.

Le 15 juillet, on perdit de vue la terre de France, on entra dans la pleine mer.

C'était le soir, l'heure était solennelle. Il y a toujours une impression de crainte et de tristesse au moment où la patrie disparaît sur cet immense désert de la mer. L'homme ne voit plus la rive natale, et ne voit pas encore la plage où il aspire. Il vogue dans la solitude et l'abandon sur cet infini de l'abîme, il a une émotion de terreur et lève les yeux aux étoiles. C'est l'heure triste et religieuse du voyage, la séparation suprême. On monte du pilote humain qui tient la barre debout sur l'azur sombre de la mer et du ciel, au divin pilote, qui conduit nos destinées.

A l'heure du couchant, au moment où le soleil allait disparaître à l'horizon, sous la mer, le capitaine dit tout haut : « messieurs, la prière ! » Alors le plus jeune matelot chanta l'*Ave maris stella*.

Le marin est religieux ; on ne doute pas sur la mer. Tous s'unirent à la prière, le père, la mère et l'enfant. Puis elle cria tout à coup, les yeux sur l'Orient : « Un incendie en mer ! » C'était la lune qui s'élevait tout embrasée des eaux, tandis que, à l'occident, le soleil se couchait sur un lit de pourpre et d'or. Le poète, ému de ce spectacle magnifique, écrivit un hymne à Dieu, pendant que les matelots, entrant dans la nuit, disaient : Dieu soit avec nous !

Le 1er août, une frégate anglaise remorqua le brick sur la mer houleuse. Le soir, le calme descendit. Vers minuit, dans le grand silence de la frégate étoilée de lumières, une musique s'éleva et s'étendit sur la mer. C'était un concert des marins anglais, donné en l'honneur du poète français, du grand musicien de la poésie. Sur les eaux endormies les harmonies résonnèrent et enchantèrent la nuit. C'était une fête idéale. Ces mélodies de la patrie réveillèrent les souvenirs des voyageurs, accoudés sur la lisse du brick et recueillis dans l'extase.

Le soir fait penser et attendrit. « Hélas ! quand je regarde autour de moi, il y a déjà bien du vide ; Julia, Marianne, comblent tout à elles seules. Mais Julia est encore si jeune. La personne qui aurait joui le plus de mon bonheur en ce moment, c'est ma mère. »

Le 7 août, vers six heures du soir, sous les rayons du couchant, se dressèrent les côtes de la Laconie, aux teintes de pourpre violette et de lilas. La Grèce apparaissait digne d'elle, dans la solennité et l'illumination du soir. « Julia et sa mère sont accoudées tout près de moi sur les haubans. La figure de l'enfant rayonne à tous les aspects, à tous les noms, à tous les faits historiques que sa mère lui raconte à mesure ; ses yeux flottent avec les nôtres sur toutes ces scènes dont les drames merveilleux lui sont déjà connus. Il y a du génie dans son regard, on y voit la pensée profonde, vivante, chaude, rapide, d'une âme qui éclôt sous l'âme ardente et aimante de sa mère. Elle semble jouir autant que nous et surtout parce qu'elle nous voit intéressés et heureux, car l'âme de cette enfant vit de la nôtre ; une larme vient dans ses yeux si elle me voit triste et rêveur ; ses traits sont un reflet simultané des miens, et le sourire de toutes nos joies n'attend jamais un sourire pareil sur ses lèvres. Qu'elle est belle ainsi ! »

Cette contemplation paternelle, cette scène de bonheur ravit et serre à la fois le cœur, à la pensée involontaire de la mort menaçant le père et la mère, comme un nuage à l'horizon.

Le 8 août, on doubla le cap Sant'Angelo. A la cime du cap, on vit un ermite debout sur ce nid d'aigle. Il s'agenouilla en prière pour les voyageurs passant dans la houle, sous le coup de vent déchaîné des gorges de la Laconie.

Le cap doublé, la mer s'apaisa. On jeta l'ancre devant Egine. Les beaux noms, Salamine, le Parthénon, les grands monuments et les grands souvenirs défilèrent devant les yeux et l'imagination ; le mont Pentélique, la montagne des marbres divins, le mont Hymette, le mont des Abeilles, et avec eux toutes les grandes ombres, les génies et les héros.

La mère, sa fille sur ses genoux, lui montrait du doigt tous les beaux rivages de la Grèce, lui ranimait toutes les scènes de l'histoire, lui peignait, lui nommait ses grandes figures, les faisait revivre à l'imagination de l'enfant enchantée, souriant à sa mère.

Le 20 août, on aborda au Pirée, le matin. La caravane des voyageurs se rendit à cheval à Athènes. La ville n'était qu'une ruine dévastée par la guerre. On monta au temple de Thésée, au Pnyx, la haute tribune de Démosthène, devant la mer Egée et du peuple, et aux Propylées, au Parthénon. De ce haut piédestal, on embrassa tout l'horizon historique d'Athènes antique au-dessus de la bourgade moderne, l'Ilissus, le Pirée, la mer, les îles de Salamine et d'Egine. Là, l'imagination du poète évoqua la fête du passé, les Panathénées, la procession du peuple montant par la voie sacrée au temple de Minerve, pleura le Parthénon mutilé, blessé des boulets turcs, vide de sa frise et des métopes, des statues divines pillées par un pirate anglais, exilées du soleil d'Athènes sous le brouillard de Londres. Quelle magnifique scène, ce poète debout devant le Parthénon, ressuscitant le temple, les fêtes de la Grèce à ce groupe émerveillé, ses amis, sa femme et son enfant !

Assis sur les degrés de marbre, le poète écrivit là ses pensées religieuses sur les ruines des temples et des cathédrales que Dieu laisse périr, pour obliger le génie de l'homme à se dépouiller de ses superstitions, à trouver un art plus digne, plus céleste encore, à l'adorer davantage en esprit et en vérité.

On dit adieu à Athènes le 23 août. Aux Cyclades, la nuit fut orageuse, agitée du roulis dont souffrit l'enfant, dans les bras de sa mère et de son père. « Nuit douloureuse ! Combien de fois je frémis en pensant que j'ai mis tant de vies sur une seule chance. Que je serais heureux si un esprit céleste emportait Julia sous les ombres paisibles de Saint-Point ! »

Enfin, le 5 septembre, apparut dans l'azur du ciel la cime blanche et ensoleillée du Liban, la terre désirée ! « J'allais enfin faire reposer tout ce que j'avais de plus cher au monde: ma femme et Julia. »

Beyrouth, sous Auguste, portait le nom de *Felix-Julia*. Ce nom de bon augure pour l'enfant adorée, amenée là par son père et sa mère, semblait leur donner l'espoir et les rassurer. Hélas ! il devait être une cruelle ironie de leur espérance.

Avant le soir, on aborda enfin, et M. Jorelle, gérant du consulat de France, leur ouvrit son hospitalité. La soirée fut délicieuse. La femme de M. Jorelle, vêtue de son beau costume arabe, enivra les yeux. Sur sa prière, le poète improvisa des strophes délicieuses à cette beauté d'Orient :

Rien d'aussi poétique et d'aussi frais que toi.

Pendant ce temps, sa mère tressait les longues boucles des cheveux blonds de Julia et lui nouait son châle en turban sur la tête. Et l'enfant souriait à la mère et au père dans ce premier beau soir d'Asie !

Après un voyage en mer, la terre est une délivrance. Cette longue, périlleuse traversée de soixante jours avait été une épreuve cruelle pour l'enfant. La vie de mer fait les héros et les saints. Le poète s'y était trempé dans son élément, sa femme aussi, mais la pauvre enfant avait souffert.

On s'abrita dans un groupe de cinq maisons, au pied du Liban, un nid d'aloès, de mûriers, de figuiers et de platanes, en vue de la montagne et de la mer.

Mᵐᵉ de Lamartine, aidée de Julia, peignit les murs à fresque, pendant la visite du poète à lady Stanhope et à l'émir Beschir, dans son palais de Ptédin. Sa renommée l'avait précédé dans la Syrie. On savait l'arrivée de ce grand voyageur d'Europe, et l'imagination orientale l'appelait déjà l'*Emir Frangi*. La cour de ses villas était remplie d'Arabes descendus des montagnes, de moines maronites, de sheiks druses, d'hommes, de femmes, d'enfants, de malades. Les conseils du médecin de Julia, les remèdes donnés par le généreux étranger, les soins, les bontés de sa femme, ajoutaient au prestige du prince des Francs.

Il descendit conter à sa femme, à Julia, son excursion dans les montagnes, au pays des Druses. Il rentrait dans l'enthousiasme. C'était la magnificence de l'Orient, la végétation luxuriante, les villages mauresques, les couvents semblables à des forteresses, une race d'hommes et de femmes noble et fière, d'une beauté superbe ; des chevaux merveilleux, amis de l'homme, un peuple à cheval. Il se sentait là dans son vrai pays de race et d'âme. C'était aussi un Arabe par son culte de la prière et son amour du cheval : il l'aimait comme un ami. Dans un autre âge de poésie héroïque, il eût été un chef de peuple, un poète, un prophète d'Orient, comme David. Il charma ses hôtes, restés en bas, dans la plaine ; il avait vu les splendeurs du Liban, la côte embrasée de lumière et la mer qu'admirait David : *Ecce mare magnum.*

Mme de Lamartine resta seule avec Julia, gardée par des cavas du gouverneur de Bayruth. Le poète était parti, avec ses trois compagnons et une caravane pour Jérusalem, accomplir son grand pèlerinage. La mère et l'épouse s'agitait entre deux inquiétudes, la poitrine de sa fille, la vie de son mari. Elle savait les périls du voyage. Elle se tourmentait et se résignait entre l'angoisse et l'espérance. Elle n'avait pas voulu arrêter le poète dans ce voyage, le grand rêve de sa vie. Il allait féconder son génie dans la nature de l'Orient, chercher les solennelles leçons de l'histoire, écrites dans les ruines des cités et des temples, et porter son adoration au tombeau du Christ.

Un mois s'était passé. Elle avait écrit une lettre de rappel, et Julia avait ajouté un mot de volonté et de prière à son père de renoncer à son voyage en Egypte. Il avait reçu la lettre sous les remparts de Jérusalem. Le 3 novembre, il arrivait en hâte à sa maison de Beyrouth. « Je laisse la caravane défiler lentement sous les pins ; je lance *Liban* au grand galop, et j'arrive, le cœur tremblant d'inquiétude et de joie dans les bras de ma femme. Julia était à s'amuser dans une maison voisine avec les filles du Prince de la montagne : elle m'a vu accourir du haut de la terrasse ; je l'entends qui accourt elle-même en disant : « Où est-il ? Est-ce « bien lui ? » Elle entre, elle se précipite dans mes bras, elle me couvre de caresses, puis elle court autour de la chambre, ses beaux yeux tout brillants de larmes de joie, élevant ses bras et répétant : « Ah ! que je suis contente ! « oh ! que je suis contente ! » et revient s'asseoir sur mes

genoux et m'embrasser encore... » Il conta à sa femme, à
son enfant, son voyage. Elles écoutaient avides l'émouvant
et beau récit.

La longue route par les puits de Salomon, les ruines de
Tyr, les grands aigles prophétiques, posés toujours sur les
rochers, les débris de Césarée, le chacal entré sous sa tente
pour dévorer son lévrier, les plaines de Zabulon, la fraîcheur, la verdure de la Galilée, à sa grande surprise, dont
on lui avait fait une terre brûlée, nue et sans arbres, le lac
charmant de Génézareth, son pèlerinage à Nazareth, sa
prière à genoux, et son baiser à la terre sacrée, ses nuits
sous la tente, au clair de lune, son ravissement devant les
collines ombragées de chênes verts, de caroubiers noirs, de
térébinthes, les haltes de la caravane à leur ombre, les
plaines, les montagnes de la terre de Chanaan, son ascension
au Thabor, sa visite à tous les lieux saints de l'Evangile, à
Emmaüs, à Tibériade, à Capharnaüm, à la montagne du
Sermon des béatitudes, sa montée au Carmel, la visite du
poète arabe, le défi de poésie où les deux poètes chan-
tèrent la belle jeune fille assise au bord de la fontaine, l'hospitalité arabe, la beauté de Jaffa, les escortes protectrices
dues à Ibrahim-Pacha et à lady Stanhope, sa station au
couvent de Saint-Jean-Baptiste, puis son pèlerinage à Jérusalem ravagée par la peste, son silence de mort, sa veille au
mont des Oliviers, au tombeau de David, sa prosternation
au tombeau du Christ, et sa régénération intérieure, après
sa prière solennelle au Sauveur, au divin ami.

Puis son voyage à Jéricho, au Jourdain, à la mer Morte,
et le retour à Jérusalem, à la ville morte, et les pieuses stations aux scènes consacrées de l'Evangile, au Cédron, à la
vallée de Josaphat, à la Grotte de Gethsémani, au tombeau
de la Vierge, ses contemplations à tous les lieux immortels
de la Terre Sainte.

Le matin du 10 novembre, le père et l'enfant, à cheval,

montèrent la colline de San-Dimitri, par de petits chemins,
à l'ombre des nopals, des cyprès, des oliviers, des citronniers, des orangers. Ils s'assirent sous des palmiers, et s'a-
musèrent à voir glisser d'arbre en arbre les voiles ensoleillées des navires sur la mer bleue de Syrie. Ils déjeunèrent
sous un nid de lianes, près d'une caverne où deux gazelles
s'étaient réfugiées. Ils voyaient les moines maronites labou-
rer, puis arrêter leurs bœufs au son de la cloche, s'agenouiller la tête au ciel.

La scène était suave, les rayons, les ombres, l'azur, l'air,
les parfums caressaient les deux voyageurs. Ils marchaient
dans l'enchantement : « Elle était tout émue, toute rayonnante, toute tremblante de ravissement et de volupté intérieure, et moi, j'aimais à graver de tels spectacles dans son
imagination d'enfant. » Ils entrèrent dans un monastère, et
virent des fenêtres le magnifique horizon, le Liban dans le
ciel, la plaine, le fleuve de Beyrouth, la forêt de pins, puis
la mer couverte de voiles blanches comme des cygnes.

Ils descendirent et tombèrent au milieu d'une tribu de
Kurdes, campée sous les pins parasols. Le père regardait la
scène, puis son enfant. « Je suivais Julia, qui se retournait
souvent vers moi avec son beau visage tout coloré d'émotion et de fatigue, et je lisais dans ses yeux, dont le regard
semblait m'interroger, ses impressions mêlées de terreur,
d'enthousiasme et de plaisir. »

Le soleil se couchait dans les eaux, quand ils rentrèrent
par la forêt de pins sonores où bruissait la symphonie de la
mer. « Là, Julia, retrouvant la voix, se tourna vers moi, et
me dit avec ivresse : « N'est-ce pas que j'ai fait la plus belle
« promenade qu'il soit possible de faire au monde ? Oh ! que
« Dieu est grand ! et qu'il est bon pour moi de m'avoir
« choisie pour me faire contempler si jeune de si belles
« choses ! »

La nuit, quand le père et l'enfant descendirent de cheval

au seuil de la maison où la mère les attendait, Julia tout
heureuse s'élança dans les bras de sa mère, en rêvant d'autres promenades dans cet Eden. Hélas! ce devait être la
dernière !

LA MORT DE JULIA

1832

Il est des maladies fatales, aux lueurs trompeuses de guérison, semblables aux lampes mourantes. Le père écrivait,
le 12 novembre, à M. de Virieu : « J'ai retrouvé Julia bien
rétablie. Je lui ai fait construire une étable à vaches donnant sur une fenêtre et ouvrant sur son lit. Cet air onctueux
et la bonté de l'air l'ont remise complètement. Je vais la
garder pendant quinze jours que ma femme veut employer à
aller voir et dessiner les ruines de Balbek, auprès des-
quelles *Rome n'est rien*. »

La mère ne partit pas. Soit vague inquiétude au moment
du départ, soit pressentiment survenu dans la sécurité d'un
moment, soit doute des apparences de guérison, soit voix
secrète du cœur de la mère, soit tristesse de quitter sa fille,
la mère resta avec le père.

Qui n'a senti à la seule pensée de la mort d'une enfant
unique des frissons de terreur ? Que sont-ce donc les tortures, en face d'une enfant malade, que la science d'un médecin ami, que l'amour d'un père et d'une mère ne peuvent
sauver ? Julia n'avait pas onze ans accomplis ! Au matin de
la vie, elle touchait déjà au soir !

Je vois ces trois infortunés, à ce drame de leur vie, avec
l'intuition du cœur. Du 12 novembre au 1er décembre, les
jours s'écoulèrent, traversés d'espoirs et d'inquiétudes, de
rayons et d'ombres. Le 2 décembre le mal s'aggrava, la

crise fatale attaqua la poitrine de l'enfant. En vain, le père et la mère, aidés de la jeune servante anglaise, veillèrent les jours et les nuits, penchés sur l'enfant couchée dans son lit, petit encore comme un berceau, alarmés par sa toux déchirante, dans la fièvre de l'angoisse, sous la sueur froide du désespoir, refoulant leur douleur au dedans, retenant leurs larmes, cachant leur désolation sous des sourires. Pauvre père, pauvre mère à l'agonie, devant l'enfant sans agonie, ignorante de la mort, toute à l'illusion de la vie, les yeux brillant de l'éclat trompeur des poitrinaires, plus belle, plus tendre, plus adorable que jamais, prodiguant, sans le savoir, ses derniers sourires, ses dernières caresses, échangeant, avec son père et sa mère, ses derniers baisers, puis l'ange expirant dans leurs bras, et les deux suppliciés précipités avec elle dans la mort !

Ils tombèrent anéantis ; loin de la famille et du pays, dans l'affolement du désespoir, devant leur enfant morte, tuée là, dans cette terre sainte, où le Christ avait rendu sa fille à Jaïre, dans cette terre des résurrections.

Dieu a des mystères terribles. Les morts d'enfants semblent des cruautés de la Providence. Ecrasés sous le coup de foudre, leur foi intrépide n'accusa pas Dieu. Après le vertige de désespoir des premiers jours, la résignation unit ces deux cœurs blessés à mort.

Pourtant le père ne put écrire à son ami, M. de Virieu, que le 12 décembre cette lettre de désespoir et de résignation. On ne peut que pleurer avec lui, et admirer ses lettres si religieuses.

« Mon cher ami, tu seras le premier à mêler une larme aux miennes : nous n'avons plus d'enfant ! L'ange céleste qui fut le nôtre vient de nous être enlevé en cinq jours de maladie de poitrine. Le 6 décembre, à deux heures de la nuit, elle est montée au ciel de mes bras où elle a rendu son âme pure et parfaite à son Créateur... Nous ne vivons plus. Nous croyons encore à un rêve de bonheur, puis de désespoir. Cependant c'est ainsi, et voilà tout le bonheur et tout l'espoir, et tout l'intérêt et tout le charme de notre vie détruits à jamais. Il n'y a de réponse à cela que dans le ciel, et Dieu seul peut parler. Il le fait, et j'espère, car, quoique dans l'horreur du premier sentiment de ce plus fort coup de ma vie, je ne prie pas, je tâche de conformer ma volonté à la volonté divine, seul culte que je puisse avoir désormais.

« Je revenais d'un voyage de cinquante jours, je la retrouvais brillante en apparence de santé, ravissante de caractère et d'âme. Elle était adorable de sensibilité et de vertu et de tendresse pour nous, et d'intelligence supérieure. J'avais pris toutes les précautions humaines pour remettre sa poitrine toujours menacée depuis deux ans... Tout a été vain. — Elle n'a heureusement pas vu la mort, elle n'a vu que le visage de son père et de sa pauvre mère s'efforçant de la lui dérober... »

Puis, dans une lettre de janvier 1833 : « Ma femme a bien de la peine à vivre, et son désespoir augmente au lieu de diminuer par les jours... Mon âme est frappée plus à mort qu'elle ne le fut jamais.

« Nous avons décidé ma femme à venir à Jérusalem, où la vue des lieux saints lui promet quelque religieuse consolation... »

Puis encore, le 8 janvier : « Rien de nouveau depuis le jour affreux, que des jours plus sombres et plus tristes que tous ceux passés en ma vie. Nous restons où nous sommes, frappés de stupeur, attendant le printemps... Je tâche de soutenir ma malheureuse femme. »

Le 10 janvier, il écrivait à sa tante Mme du Villars : « Nous n'avons pas quitté la maison et la chambre où elle s'est envolée de nos bras au ciel : Marianne n'en est encore sortie que pour descendre une ou deux fois avec moi au soleil dans les jardins... Ses douleurs physiques, qui avaient disparu depuis quelques années, l'ont reprise un peu. Cependant son extrême religion la soutient, et lui donnera, j'espère, la force nécessaire pour arriver sinon à une consolation impossible, au moins à une résignation qui lui rende l'existence supportable...

« Il est si doux d'entendre une voix de famille de si loin et dans l'abîme de douleur où nous sommes. Cette lettre est pleine de votre affection pour nous, et vos pressentiments ne devaient que trop se réaliser ! Combien je déplore ce voyage ! Puisque je devais subir ce coup, combien j'aurais préféré qu'il nous eût frappés auprès de notre famille et que ma femme eût eu des cœurs où épancher le sien dans ce moment terrible où tout ce qu'on a de cher n'est pas encore assez pour nous retenir à l'existence ! Quant au coup même, j'ai la triste consolation de ne pas l'attribuer au voyage et la pénible certitude qu'il nous aurait également atteints à Mâcon... La seule consolation que je puisse offrir à Marianne et qui puisse occuper son esprit quelques minutes, c'est d'employer son existence à faire quelque bien autour d'elle et de convertir en soins et en bien-être pour les autres le désespoir où nous sommes à jamais condamnés. »

La généreuse douleur de ces deux grandes âmes leur inspirait la consolation de la charité. Mais, à cette heure, la mère était à terre et comme morte de la mort de son enfant. A sa pauvre femme désespérée, Lamartine prodiguait les plus délicates tendresses. Plus fort, il la soutenait ; comme le chêne de Jocelyn, la hache au cœur, il la recouvrait de sève et d'écorce ; le père blessé devait revivre, par le génie, pour les grands poèmes de l'âme et les grands héroïsmes à la patrie.

A cette heure désolée, il voulait revoir sa famille, mais il redoutait le retour pour la pauvre mère. « Marianne est

partagée entre ce désir et l'horreur que son imagination
éprouve à rentrer dans nos maisons vides et à retrouver si
tristes et si dénuées d'intérêt toutes les places, à Milly et à
Saint-Point, que cet ange animait et remplissait pour elle
et pour moi. »

Elle resta abattue plusieurs mois, du 6 décembre au
28 mars, dans son foyer d'emprunt, visitée par leurs amis
improvisés de Beyrouth, et entourée de l'amitié fraternelle
de M. Amédée de Parseval, qui l'aimait en silence, sans
paroles, mais en actes de bonté.

Le 28 mars, elle se résigna à partir pour le grand voyage
à Jérusalem, la ville du Crucifié. Une caravane de 26 chevaux, dix Arabes à pied, accompagnaient les voyageurs. On
monta le Liban, et on descendit à Balbek, à la merveille du
désert. *Balbek! Balbek!* crièrent les guides. Elles apparu-
rent au soleil couchant, les ruines gigantesques et mystérieuses, les débris des temples, sur leur plate-forme colos-
sale, comme une cité de géants.

Le poète, silencieux depuis les mois de deuil, reprit la
voix devant ces prodiges de pierre. Il reprit son récit de
voyage interrompu. Balbek lui donna la vision du passé, et
lui inspira le poème colossal de *la Chute d'un ange*. Il alla
seul, à minuit, sur la montagne des temples, penser, pleurer
et prier. Que de méditations et de tristesses passèrent dans
cette veille de nuit! Assis sur ces ruines éclairées de la
lune, le grand voyageur d'horizon et d'idées, arrêté là,
sentit une émotion solennelle lui monter à l'âme; lui aussi
avait déjà des ruines dans sa vie, et était prédestiné à d'autres ruines. Le matin, il nota en vers sa méditation de nuit
à Balbek :

> Il a laissé tomber et perdre dans la route
> L'étoile de son œil, l'enfant qui, sous sa voûte,
> Répandait la lumière et l'immortalité!
> Il mourra sans mémoire et sans postérité.

Et maintenant, assis sur la vaste ruine,
Il n'entend que le vent qui rend un son moqueur.
Un poids courbe son front, écrase sa poitrine :
Plus de pensée et plus de cœur !

DE BALBEK A JÉRUSALEM

1833

L'imagination est encore dans cette seconde partie du voyage, mais le cœur n'y est plus. Tout a changé pour tous deux, avant et après la mort de l'enfant, l'heure du bonheur est passée, l'heure des larmes est venue.

Ils partirent pour Damas, par les gorges de l'Anti-Liban. A une brèche de la montagne une apparition magique les saisit. Au milieu du désert, dans une immense oasis de forêts de sycomores, de vergers, une grande ville, arrosée de sept branches d'un fleuve, aux remparts de marbre jaune et noir, aux tours carrées et crénelées, aux coupoles, aux minarets s'élançant par milliers au ciel, une ville des *Mille et une nuits!* C'était Damas, la cité fanatique et merveilleuse. On y entra avec prudence, les voyageurs déguisés sous leurs costumes turcs, Mme de Lamartine cachée sous un costume arabe, couverte d'un long voile de toile blanche.

Après un séjour de cinq jours, on reprit la route de Beyrouth, la nuit du 7 avril fut terrible; une tempête les assaillit dans le Liban; la vallée pastorale d'Hamana les reposa le 9, cette vallée de beaux villages et de grands monastères, plus belle que les vallées des Alpes, parce qu'elle a, entre le ciel, le désert et la mer, l'horizon complet des trois infinis, qui font du Liban, selon la belle parole du poète : « Des montagnes de pierres, de poésies et de ravissements. »

Pendant qu'il contemplait le Liban, campé sous sa tente, un courrier arriva de Beyrouth. Il ouvrit les lettres, c'était une grande nouvelle, son élection à la Chambre des députés, par Bergues, la ville habitée par sa sœur. Il la reçut avec douleur. Le père en deuil était dégoûté de l'action, il ne désirait plus que la solitude et le recueillement près d'un cercueil.

On arriva le 10 avril à Beyrouth. La mère et le père allèrent pleurer et prier près du cercueil de l'enfant déposé dans un caveau du couvent franciscain, en attendant le retour à Saint-Point. Le brick *l'Alceste*, destiné au transport du cercueil, n'était pas encore revenu. Un autre brick, *la Sophie*, fut affrété pour ramener le père et la mère, leur épargner la douleur du retour près de leur enfant morte.

Pendant les préparatifs, une nouvelle excursion éloigna les voyageurs. Ils montèrent par la côte, à Eden, dans le Liban. Le sheik les attendait au seuil de son château mauresque, avec toutes les grâces de l'hospitalité.

Le poète voulait monter aux cèdres de Salomon :

> Je n'ai pas entendu dans les cèdres antiques
> Les cris des nations monter et retentir.

Mais les sentiers étaient comblés de neige; l'ascension impossible. Le poète persista. Il laissa sa femme à Eden, puis monta, suivi du fils de sheik et de quelques cavaliers. Il ne put les voir qu'à distance, il ne put toucher aux arbres sacrés, en cueillir des rameaux. Hélas! l'Orient est le pays des ruines en toute chose, des arbres, comme des monuments, des peuples, des empires et des religions! De ces ancêtres végétaux, il ne restait plus que sept vieillards. Les cèdres s'en vont.

Parti le 11 avril, on était de retour le 12 à Beyrouth. Le brick, *la Sophie*, était prêt. Les hôtes firent leurs derniers saluts à leurs amis d'Orient, don de plusieurs chevaux, et dirent adieu à cette terre de splendeur et de malheur, où ils avaient tant espéré, et d'où ils rapportaient le désespoir.

« Au point du jour, le 15 avril 1833, nous sortons de la maison où Julia nous embrassa pour la dernière fois, et nous quitta pour le ciel! Pavé de sa chambre baisé mille fois et trempé de tant de larmes : cette maison était pour moi comme une relique consacrée. Je l'y voyais encore partout! oiseaux, colombes, son cheval, le jardin, les deux belles filles syriennes qui venaient jouer avec elle... »

Le brick longea la côte déjà parcourue à cheval par le poète, et jeta l'ancre à Jaffa. « Ma femme ne veut pas passer si près du tombeau sacré sans aller y porter quelques gémissements de plus... » Il resta seul à Jaffa, écrasé sous sa douleur. C'est là qu'il écrivit ces strophes de lamentations, *Gethsémani*, pendant que sa femme allait pleurer à la grotte d'agonie du Christ.

Il faut lire ce vivant récit, plein de pages émouvantes où se révèlent le talent, l'âme, la largeur d'esprit de Mme de Lamartine. Catholique orthodoxe, fidèle à ses dogmes sévères, on pourrait croire à des jugements étroits sur le culte des musulmans. On est surpris, au contraire, par son équité, son ouverture à tout comprendre, sa tolérance religieuse.

Elle s'était arrêtée à Ramla. C'était un vendredi, jour de cérémonie pour le culte musulman. Elle assista au spectacle des derviches tourneurs, ces étranges dévots qui semblent sentir dans leur tourbillon le vertige de l'infini. Toute religion a ses exaltés. Mme de Lamartine, loin de condamner les folies de cette valse sacrée, en chercha la raison pieuse, Écoutez cette page admirable : « Nous faisons de tristes réflexions sur la faiblesse de la raison humaine, qui cherche à tâtons, comme l'aveugle, sa route vers le ciel, et se trompe si souvent de chemin. Ces bizarres extravagances, qui dégradent en quelque sorte l'esprit humain, avaient cependant un but digne de respect et un noble principe. C'était l'homme voulant honorer Dieu; c'était l'imagination voulant s'exalter par le mouvement physique et arriver, comme elle y arrive par l'opium, à cet étourdissement divin, à cet anéantissement complet du sentiment et du moi qui lui permet de croire qu'elle s'est abîmée dans l'unité infinie, et qu'elle communique ave Dieu. »

Elle rencontra tout le long de la route des pèlerins comme elle, revenant de Jérusalem. Un enfant malade porté en litière au milieu de ses parents en larmes, déçus dans leur espoir de guérison miraculeuse, l'émut et la replongea dans son désespoir : « Hélas! moi aussi je pleurais, j'avais espéré et prié comme eux, mais plus malheureuse encore, je n'avais plus même l'incertitude sur l'étendue de mon malheur!... »

Le lendemain de son arrivée à Jérusalem, à l'aube, elle fit son pèlerinage aux lieux saints, accompagnée de ses amis de voyage, soutenue par Amédée de Parseval, le Cyrénéen de l'amitié. Elle suivit ainsi la Voie douloureuse. Elle pleura au Calvaire, au tombeau où la Mère du Christ avait pleuré. « S'il est des lieux dans le monde qui ont la douloureuse puissance d'éveiller tout ce qu'il y a de tristesse et de deuil dans le cœur humain, et de répondre à la douleur intérieure par une douleur pour ainsi dire matérielle, ce sont ceux où j'étais. Chaque pas qu'on y fait retentit jusqu'au fond de l'âme comme la voix des lamentations, et chaque regard tombe sur un monument de sainte tristesse qui absorbe nos tristesses individuelles dans ces misères ineffables qui furent souffertes, expiées et consacrées ici!... » Quelle page de piété, d'onction, d'adoration au parfum d'encens!

De Jérusalem, du tombeau, elle se rendit au berceau, à Bethléem. Elle vit sur la route l'olivier d'Élie, la fontaine où l'étoile apparut aux mages, Rama, d'où sortait la voix déchirante qui retentissait dans mon propre sein ».

Les couvents sont les asiles des pèlerins. Le couvent latin lui ouvrit sa porte, elle entendit la messe à la chapelle de la Crèche.

Elle revint par le jardin de Salomon, du *Cantique des Cantiques*, à Jérusalem, alla dire un adieu funèbre au tombeau sacré, fit le tour des murs de la ville sainte, la salua une dernière fois, et le 26 avril rentra à Jaffa.

Elle écrivit le récit de son pèlerinage sur la prière de son mari. Il le recueillit dans son *Voyage en Orient*, et l'encadra dans ses pages d'or, comme un texte sacré dans les fleurons d'un missel. Il était digne de cet honneur. Ce n'est pas seulement un cœur de femme qui a senti, c'est une grande âme qui a pensé, écrit et prié.

LE RETOUR

1833

Ils sont partis par une tempête, présage de leur destinée. L'orage de la mer accompagnait l'orage de la douleur. Près de Rhodes, ils rencontrèrent le navire qui emportait le cercueil. Le père et la mère suivaient des yeux en larmes le navire funèbre qui avait porté l'enfant vivante en Orient, et la ramenait morte.

Le 20 mai, ils arrivèrent à Constantinople, la ville enchantée ; mais l'âme était ailleurs, toujours fixée sur ce navire en deuil, à l'ancre, sous la garde du père et de la mère. La beauté, le bruit de la ville les importuna. En mer, ils étaient seuls avec leur deuil. « Hélas ! c'est que je lis dans les yeux de ma femme bien plus encore que dans mon cœur. La souffrance d'un homme n'est rien auprès de celle d'une femme, d'une mère ; une femme vit et meurt d'une seule pensée, d'un seul sentiment. La vie, pour une femme, c'est une chose possédée ; la mort, c'est une chose perdue ! Un homme vit de tout, bien ou mal ; Dieu ne le tue pas d'un seul coup. »

« Revoir si vide ce qu'un être si charmant remplissait de bruit, de joie et d'espérance ! écrivait-il à son ami, M. Aubel, c'est trop fort pour le cœur d'une mère... »

En vain, ils voyaient le plus beau spectacle de la terre ; leur cœur n'était pas là, leur cœur était sur la mer, sur l'enfant endormie au cercueil, qui revenait seule.

Ils prirent la route de terre. Dans un village de Bulgarie, le poète tomba malade de chagrin et de fatigue, et fut dix-huit jours en danger de mort. « Admirable dévouement de ma femme qui passe quinze jours et quinze nuits sans fermer les yeux, à côté de mon lit de paille... Je sens mon état, je pense nuit et jour à ma femme abandonnée, si je venais à mourir, à 400 lieues de toute consolation, heures affreuses. Je fais appeler M. de Capmas, et lui donne mes dernières instructions en cas de ma mort ; je le prie de me faire ensevelir sous un arbre que j'ai vu en arrivant au bord de la route, avec un seul mot écrit sur la pierre, ce mot au-dessus de toutes les consolations : Dieu. »

A peine au sortir de la mort de sa fille, la pauvre mère redouta la mort du père. Cette perte nouvelle, sur une route déserte, fut épargnée ; mais elle souffrit toutes les angoisses de la terreur.

Quel retour funèbre ! Les deux voyageurs en deuil rentrèrent en octobre à Mâcon. la nuit. C'était aussi la nuit pour leur vie, le désespoir. Ils trouvèrent les tendresses, les pitiés du père, des tantes, de la sœur, qui les attendaient. Quand la mère entra dans la chambre vide de l'enfant. revit les jouets abandonnés, ses poupées chéries, bercées tant de

fois dans les bras de Julia en ses jeux de petite mère, ses
robes suspendues qui l'attendaient pour la parer à son
retour, ses cahiers écrits sous le regard maternel, ses petits
livres de poésie et de prière, tous ces objets morts, si
vivants autrefois, animés par l'enfant, tous ces chers souvenirs, toutes ces choses légères devenues sacrées par la
mort, elle eut un saisissement de douleur ; tout son cœur
pleura.

Elle resta seule quelques jours, Lamartine dut la quitter,
la laisser dans la maison où Julia était née; il l'abrita dans
le nid chaud de sa famille, puis repartit, en lui cachant la
mission triste de son voyage. Il allait à Marseille, le pauvre
père, seul, en secret, dans son courage et sa pitié pour la
mère, recueillir et ramener le corps de son enfant. De
Monceaux, il écrivit à M. de Virieu, le 7 novembre, au mois
des morts : « C'est hier que je suis arrivé de Marseille, où
j'étais allé chercher tout ce que la mort pouvait me rendre.
Arrivé de nuit, j'ai été, à Saint-Point, reporter un moment
dans notre chambre vide, ce qui la remplissait jadis de vie,
de bonheur, d'avenir, et le jour venu, j'ai porté de mes
propres mains et déposé ce cercueil sur celui de ma mère...
maintenant tout est fini, et je suis revenu me renfermer
avec ma femme à Monceaux... Sois béni pour les lignes que
tu m'envoies... »

Heureuses les âmes qui ont des amitiés si compatissantes
dans leurs douleurs. Mme de Lamartine n'avait pas d'amitié
intime de femme pour la secourir. Elle était seule, avec
Dieu. De Monceaux, elle alla à Saint-Point, à Milly, revoir
les chambres de Julia, retrouver ses traces, pleurer et
prier sur sa tombe, s'asseoir au jardin de Milly, et regarder
sans fin ces petits carrés où l'enfant semait ses fleurs,
séchées en son absence, et mortes comme elles de l'hiver...

Avide de retraite dans les larmes, elle savait pourtant
qu'il faudrait quitter bientôt cette vie de recueillement

triste à la campagne, rentrer dans le monde et le bruit, suivre Lamartine à son nouveau devoir. En aurait-elle la force ?

Ceux qui ont perdu un être cher, — et qui ne porte en soi une de ces morts qui brisent la vie ! — connaissent la lourde tristesse de ces jours mornes qui suivent la rentrée au foyer vide de tout ce qui le remplissait. L'âme reste comme dans un rêve douloureux dont elle ne s'éveille plus. Rien ne leur dit plus rien que le ciel, le grand refuge où les berceaux et les bonheurs emportés sont recueillis, gardés et rendus par le divin Père des destinées. Les fleurs mêmes ne leur disent plus rien, si ce n'est pour être portées à ces petits jardins funèbres que tant de mères parfument des roses les plus blanches.

Il est des mères qui vivent de leur douleur même, et, de leurs battements de cœur vibrants, font de beaux vers, fleurs de tombe aussi, données à l'enfant perdu. Il en est d'autres qui en meurent, repliées sur leur blessure, y croisant leurs deux mains pâlies ; muettes, elles repassent dans leur cœur toutes les choses du passé, poignantes et douces, qui ont fait leur vie et qui font leurs larmes. Souvenirs égrainés un à un comme les grains d'un interminable rosaire qu'elles ne veulent jamais finir.

Mme de Lamartine était de celles-là. Peu à peu, la trame de sa vie déchirée se reprit aux devoirs, aux résignations, aux élans du sacrifice tourné en haut. A la femme même, lorsqu'elle n'est plus mère, il reste à se dévouer aux déshérités de la terre, à donner sa vie à celui qui partagea ses joies et ses douleurs de mère ; il est désormais le point central de son existence ébranlée.

Mme de Lamartine était une de ces natures concentrées et profondes qui se referment à jamais sur un souvenir et gardent leur douleur comme en un sanctuaire. Elles seules y pénètrent aux heures à elles, où la prière, ce battement intime, monte du cœur de l'homme à celui de Dieu, et redescend du ciel en force et en paix reconquise.

Les fils brisés se renouèrent sous la main du divin tisserand, la déchirure resta presque inaperçue pour l'œil qui ne sait pas descendre jusqu'aux profondeurs où le fil fut brisé ; la vie reprit son cours comme ces sources cachées sous les branches touffues des aulnes et des trembles, dont les lianes pendent sur ses eaux et les voilent sans en interrompre le cours. Ses larmes continuèrent à couler en secret. Vingt ans après je les retrouvais les mêmes ; ces natures-là restent inconsolées ; leur foi les soutient, un double grand amour les sauve : l'un remonte au ciel, où elles rattachent désormais cette fibre rompue de leur cœur ; l'autre les garde à la terre, où elles donnent tout ce qui leur reste de vie, de généreux acrifice et de généreux amour.

Les douleurs religieuses, pleines des certitudes de *l'au-delà* dans l'immortalité, regardent plus en haut, où l'avenir attend, qu'en bas, où le vêtement bien-aimé de celle qui fut leur enfant garde à leur souvenir, immortel aussi, sa forme charmante, sous les horreurs de la destruction et les visions du désespoir.

Mme de Lamartine regarda de plus en plus haut et reprit sa route non pour elle, mais pour *lui* qu'elle devait suivre pas à pas dans ce long chemin, dur souvent, creusé de précipices, d'autant plus dangereux pour le génie. Plus l'imagination vole haut, plus il y a à redouter les mirages et les chutes ; plus le front monte au-dessus des foules, plus il y a à craindre qu'il se heurte, ne fût-ce qu'aux nuages ; plus le cœur est grand, plus y a de place pour la douleur. Leurs deux cœurs étaient grands ; ils devaient donc s'emplir de beaucoup de douleurs.

Le cœur de mère de Mme de Lamartine était mort, là-bas, en terre sainte ; elle était revenue le mettre au tombeau, dans cette chapelle de Saint-Point, où elle devait le rejoindre un jour. Il lui restait son cœur de femme, elle le donna d'autant plus tout entier. Elle était mère et c'était fini, elle n'avait plus à l'être, Dieu avait pris sa place, et son enfant était à l'abri. Elle se fit providence, dévouement de toutes les heures, lumineuses encore ou sombres, pour son cher génie. Elle pressentait sa carrière à parcourir, l'essor de plus en plus grand de sa gloire. Elle ne voulut être ni entrave ni ombre. Son instinct personnel, celui inné de tout être blessé, devait être solitude, silence, recueillement dans le passé.

Elle immola ce cœur même qui demandait à pleurer, elle mit ses pas dans ceux de son mari, et son âme dans son âme, et vaillante, dévouée jusqu'à la mort, elle recommença la montée de la vie, cette montée si éblouissante de gloire, — pourtant si rude, à qui porte au cœur des blessures cachées, — il lui restait tant à souffrir !

Les dons du génie et la gloire se payent cher, elle ne l'ignorait pas, elle devait me l'écrire trente ans après dans une lettre qu'on lira plus tard. Elle ne dut pas, dès lors, se faire d'illusion sur leurs deux vies emportées tour à tour de la cime aux abîmes. Dans les années glorieuses, peu de femmes ont eu autant qu'elle à subir le flux et le reflux de cette grande mer, la vie, montante et descendante, les portant, elle et son grand amour, jusqu'aux cimes des vagues ensoleillées et les rejetant d'un bond dans les profonds abîmes.

La vie politique la plus mouvementée et la plus douloureuse pour elle allait commencer. Dit-elle en elle-même ce que tant de femmes auraient dt, à sa place, à la destinée ? Que ne restât-il poète et rien que poète ! Et même père obscur, heureux, tranquille, tous deux perdus dans « un pli de leur vallée en fleurs », si Dieu leur avait laissé leur enfant.

Des trésors poétiques nous seraient quand même restés,

d'autant plus grands, quoique l'âme ne chante bien son plus
beau chant qu'à cette rafale de la douleur. Il faut que la
menthe et le thym soient foulés pour donner toute leur
senteur; ainsi de l'âme des poètes, il faut que Dieu et les
hommes, aux mains bien plus rudes, la foulent et la brisent
en tous sens, afin que s'en exhale tout leur parfum.

DEUXIÈME ÉPOQUE

ES ANNÉES GLORIEUSES

(1834-1851)

LA POLITIQUE ET LA POÉSIE

1834-1842

Mme de Lamartine ne put se reposer dans sa douleur. Des émotions nouvelles allaient la saisir; elle aurait aimé garder son mari pour elle et la poésie, mais son abnégation ne voulait pas détourner le génie de sa destinée politique. Elle s'en tourmentait. Allait-il à une défaite ou à une victoire ? Elle savait son regret de son élection, ses appréhensions dans une assemblée d'esprits vulgaires, de sots railleurs prêts à renvoyer le poète à ses nuages, ignorants de la belle légende antique, Apollon, poète et héros, dieu de la lumière et vainqueur de l'hydre, comme Lamartine devait l'être en 1848.

Sa douleur au cœur, elle revivait mal. « Ma maison, disait Lamartine à M. de Virieu, est une maison de deuil et de tristesse. »

A la Chambre, il avait répondu à la question : Où siége- rez-vous ? « Au plafond. » Il disait vrai. Il planait sur l'arène. Mais il descendait pourtant, pour y lancer des vérités. « Le remède contre les émeutes, c'est la charité dans les lois. »

A Saint-Point, Mme de Lamartine le vit avec bonheur retourner sous le chêne, et reprendre *Jocelyn*. Il avait vendu à Paris 100,000 francs comptant son *Voyage en Orient*, et comme il disait : son joli petit poème du journal d'un vicaire. Ainsi son voyage en Orient, tant calomnié, se trouvait payé. Il ne fut pas la cause de sa ruine.

Il était revenu d'Orient et du tombeau du Christ, dans un grand renouvellement d'âme. Sa femme s'en troublait. « Les hommes ont trop mêlé d'humanité à l'idée divine. » C'est le moment où son génie ouvrait ses ailes aux hautes aventures, en poésie, en politique, en religion.

Un soir de décembre, Lamartine lui conta un entretien. M, de Talleyrand lui avait dit avec son accent d'oracle : « Vous êtes entré dans les affaires admirablement. — Moi, mon prince, dans les affaires, vous vous moquez. — Trêve de modestie... Vous êtes entré dans les affaires de ce pays- ci plus qu'aucun homme depuis Juillet, plus profond, plus juste et plus avant que qui que ce soit. Les choses marchent, et vous, vous marchez vite... vous ne pouvez manquer d'être au cœur du pays. » L'oracle prédisait vrai. Ainsi, deux fois, en poésie et en politique, M. de Talleyrand avait été bon prophète pour Lamartin.

Ses paroles de tribune avertissaient la politique de juillet : « Malheur aux gouvernements qui rangent les bons senti- ments dans l'opposition ! »

En avril 1835, parut le *Voyage en Orient*, Mme de Lamar- ne le lut avec des larmes. C'était son livre préféré, son

livre à elle, le livre de son cœur. Le récit était plein d'elle.
Elle y sentait l'amour d'automne sacré par la douleur et y
retrouvait son enfant.

Le voyage en Orient avait été la grande, l'heureuse et
douloureuse époque de sa vie, à la fois douce et amère, par
le bonheur de la vie intime, en tête à tête, seule avec lui et
son enfant, et par sa mort. Jamais ils n'avaient vécu si unis
par l'espoir, l'enchantement et la douleur. Les larmes ra-
vivent l'amour.

Elle s'enivra de ce livre.

Elle recueillait l'écho de ses touchants discours pour les
enfants trouvés. Il avait été obligé de la quitter, de la laisser seule et triste à Saint-Point, pour aller combattre les
lois de Septembre : *la dictature du silence*.

Content de son nouveau rôle, il disait à M. de Virieu
que l'éloquence était plus en lui que la poésie. Revenu à
Saint-Point, il reprenait la poésie, à la joie de sa femme.
Il copiait avec elle les vers de *Jocelyn*, écrits sur des pages
d'album et les marges de son Pétrarque. « C'est ma poésie
de seize ans », disait-il à son ami, Antoine de Latour. Il
menait, à côté de sa femme, une vie de poète et de paysan,
plantait des arbres et créait des vers qui devaient grandir
ensemble.

Le 17 février 1836 parut *Jocelyn;* ce poème de *style domestique et évangélique*, selon son mot, eut un succès d'enthousiasme ; il prit le cœur des femmes, il ravit et fit
pleurer. Vingt-quatre mille exemplaires en vingt-sept jours,
sept éditions en Belgique, en Allemagne. Il réalisa pour la
première fois l'idéal *pur des vers;* il avait uni la beauté de la
poésie à l'intérêt du roman.

Mais une femme entre toutes l'aima, Mme de Lamartine ;
c'était son poème à elle, il fut sa fête de cœur, et avec le
Voyage en Orient, son livre bien-aimé. Il l'avait écrit pour
elle, le lui avait dédié. Il avait placé en janvier 1836, en tête

du poème, cette suave dédicace en vers, ces strophes
d'amour chaste, cette couronne de gloire intime au front de
la mère de Julia :

A MARIA-ANNA-ÉLIZA

Doux nom de mon bonheur, si je pouvais inscrire
Un chiffre ineffaçable au socle de ma lyre,
C'est le tien que mon cœur écrirait avant moi,
Ce nom où vit ma vie et qui double mon âme !
Mais pour lui conserver sa chaste ombre de femme,
    Je ne l'écrirais que pour toi.

Lit d'ombrage et de fleurs où l'onde de ma vie
Coule secrètement, coule à demi tarie,
Dont les bords trop souvent sont attristés par moi,
Si quelque pan du ciel un moment s'y dévoile,
Si quelque flot y chante en roulant une étoile,
    Que ce murmure monte à toi !

Abri dans la tourmente où l'arbre du poète
Sous un ciel déjà sombre obscurément végète,
Et dont la sève monte et coule encore en moi,
Si quelque vert débris de ma pâle couronne
Refleurit aux rameaux et tombe aux vents d'automne,
    Que ces feuilles tombent sur toi !

Elle jouissait du succès de *Jocelyn*; les deux petits volumes étaient sur les étagères de toutes les femmes. Elle
achevait l'embellissement de Saint-Point par la galerie gothique, revenait à Paris en 1837, entraînée par le courant
politique de son mari, applaudissait son duel de tribune
avec Arago, le proscripteur des langues mortes, ces immortelles filles de la Grèce et de Rome, cette parole digne de
Platon : « Le beau est la vertu de l'esprit. »

Dans sa tendresse pour les chiens et les oiseaux, elle
regretta, avec son mari, la mort de Fido : « Mon ami Fido,
disait-il à M. de Virieu, est mort entre mes pieds, après
treize ans d'amour et de fidélité, après avoir été le compa-

gnon de toutes les heures de mes années de bonheur, de
voyages, de larmes. »

Elle ne souriait pas de ces amitiés, les plus fidèles de la
vie ! Elle vivait en son mari, admirait ses lettres religieuses
à son ami : « Le travail, l'affection, la prière, la résignation,
cette prière en action, ce *Pater* en effet, cette volonté
adorée, voilà les remèdes tout-puissants, le mode de la
prière selon la foi sincère et non conventionnelle. Ton
fardeau sera soulevé par la main de celui qui nous l'im-
pose. »

Son fardeau, à elle, était soulevé par sa foi. Mais elle ne
voulait pas être consolée.

Revenue à Monceaux, elle perdait sa femme de chambre
anglaise, plus qu'une servante, presque une amie : « Notre
compagne de voyages, de vie et de douleur, que nous aimions
comme notre enfant, enlevée après trente-deux jours de
fièvre pernicieuse dans nos bras. »

Ils l'ensevelirent et la conduisirent à Saint-Point. Son
cercueil fut placé près de l'enfant qu'elle aimait, dans l'hospitalité du tombeau de famille et la fraternité de la mort.

Le 6 novembre, une triple élection vint les réjouir. Il se
remit à la poésie. Il confiait son péché à Mᵐᵉ de Girardin :
« Je fais en secret des vers par milliers, entre quatre heures
du matin et le jour. Si les électeurs le savaient !... »

Sa femme emporta son poème achevé de la *Chute d'un
Ange* à Paris. Elle se promenait, chaque jour, à cheval, à
côté de lui, au bois de Boulogne, comme dans les forêts du
Liban. Mais l'enfant n'était plus là !

Puis il montait à la tribune, après cette course à cheval
avant la séance. Devenu maître de son instrument, il avait
conquis la parole, il improvisait ; il disait plaisamment :
« C'est Mauguin qui m'a appris à parler. »

Royer-Collard lui donnait son haut suffrage, et lui, le lui
rendait : « C'est le rocher, et nous sommes les vagues. »

A Saint-Point, en juillet, il méditait, avec sa femme, des poëmes nouveaux de sa vaste épopée : *l'Ouvrier, le Paysan, les Pêcheurs ;* faisait des corrections de chasteté d'images et de style dans la *Chute d'un ange,* à la prière de sa femme, mais pas au livre primitif du prophète. Tout en regrettant son audace, elle respectait sa pensée religieuse.

Elle avait eu des amis d'élite : l'abbé Cœur, Edgar Quinet, le baron d'Eckstein, le baron *Sanscrit,* selon le mot de Lamartine, l'ami l'enfance, M. Guichard de Bien-Assis. Sa large sympathie aimait tous les grands esprits.

En janvier 1839, la politique était brûlante. C'était le combat de la coalition. Mme de Lamartine avait, à cette heure, des contentements en politique. Elle avait su la prédiction du solennel Royer-Collard à son mari, le jour de son départ de Paris : « Vous avez de bien grandes destinées! et les plus grandes, entendez-vous, monsieur ? Vous êtes le seul homme honnête et public de l'avenir. C'est vous qui détruirez ces gens-là ; mais avant ils auront détruit bien autre chose! »

Chateaubriand, lui-même, daignait approuver Lamartine. C'est sans doute, à ce moment, qu'il écrivait, dans ses *Mémoires d'outre-tombe,* ces lignes de gloire pour Lamartine et de dédain pour Thiers : « Son nom passera, quand vingt vers de Virgile, de Racine et de Lamartine porteront leurs noms à la dernière postérité. »

Mme de Lamartine, témoin de sa popularité dans son pays, voyait la justice rendue à ce défenseur généreux de la royauté de Juillet, dans la lutte acharnée où, seul contre les plus grands orateurs, il livrait le combat de l'ordre et de la paix, du bon sens et du patriotisme, par chevalerie, et la tentation de montrer sa puissance à ce gouvernement ingrat qui trahissait et combattait aux élections son défenseur.

Les Recueillements avaient paru au printemps de 1839.

Mme de Lamartine relisait, à Saint-Point, dans leur horizon, sur leur scène, ces poésies écloses presque toutes à Saint-Point même. Inclinée sur ces pages, elle lisait, dans l'émotion, le cantique inspiré par la mort de Mme la duchesse de Broglie, cette assomption de la mère et de la fille du poète près de l'amie.

Les strophes à M. de Genoude l'emportèrent sur leurs ailes ; elle s'arrêta à ce vers d'audace religieuse :

Que Dieu ne resterait caché dans nul mystère

vers révélateur de la religion de lumière où il aspirait depuis son pèlerinage en Orient.

Au nouvel épilogue de *Jocelyn*, l'apothéose des deux amants, elle glissa vite ; là n'était pas son cœur. Mais arrivée aux vers consacrés à Julia, elle s'arrêta et lut toute en larmes :

Je la vois devant moi, la nuit, comme une étoile,
Dont la lueur me cherche et vient me caresser,
Le jour, comme un portrait détaché de la toile,
        Qui s'élance pour m'embrasser !

Je la vois s'enfuyant dans mon sein qui l'adore.
Faire éclater de là son rire triomphant ;
Ou, du sein de sa mère, à mon baiser sonore,
        Apporter ses lèvres d'enfant !

Tout son cœur pleurait. Aussi ne put-elle lire plus avant.

Elle reprit sa lecture à la pathétique poésie sur la maladie d'un ami, un psaume d'amitié. Le *Toast* de fraternité entre les races anglaise et bretonne la fit vibrer à ses *hourras* pour l'union et la paix du monde. La poésie : *A une jeune fille poète*, la charma et l'attendrit. Elle savait si bien les misères des jeunes ouvrières secourues par elle, en secret, dans son asile de charité, ce contraste amer de la jeune fille qui coud pour d'autres la robe de soie des fêtes.

Le radieux *Cantique sur un rayon de soleil* sécha ses larmes. Poésie de douceur et de grâce s'exhalant en hymne de ce nid de rossignols caressé par le soleil et par Dieu.

Le Tombeau de David réveilla ses émotions d'Orient. Les stances sur un ami mort, de Vignet, la pénétrèrent de mélancolie. *Utopie!* la transporta dans sa vision d'avenir aux immenses félicités. Y croyait-elle? Son cœur avait le droit du doute. La vie avait déjà si souvent trompé la poésie.

Elle fut heureuse des strophes inspirées par le tableau de son maître et ami, Decaisne. Puis, à la fin du volume, le glas de *la Cloche du village* lui sonna au cœur les lamentations du tombeau et l'abîma dans la douleur.

Ah! elle sentit bien *les Recueillements,* ces poésies palpitantes des douleurs et des pitiés humaines, aux sublimes accents, agitées de pensées nouvelles, trempées au feu de la vie. Certes, elles étaient plus vibrantes, ces poésies de l'âge mûr. *Les Méditations, les Harmonies,* leurs jeunes sœurs, n'avaient pas ce timbre de bronze. Le style du *Lac* a l'azur de l'eau, le style de *l'Infini dans les cieux* a la splendeur de l'éther, le style des *Recueillements* a l'accent de l'airain, le sanglot sonore de *la Cloche de village.*

Ces poésies lui allèrent au cœur; la mémoire de sa fille y pleurait sans cesse. Elle les aima comme un sanctuaire de poésie. Elle ne comprit pas l'indifférence du public. Elle souffrit de voir ces poésies inconnues et méconnues. Les esprits, agités par la politique, ne lurent pas *les Recueillements.* Peut-être trouva-t-on trop grave cette poésie de prophète. C'était l'aigle et non plus le cygne. On regrettait *Jocelyn,* on désirait *les Pêcheurs.* En poésie, comme dans la vie, l'homme préfère l'amour à la prière.

Une autre femme, Mme Sand, les lut, sentit la portée, la puissance, le haut vol de cette poésie d'aigle, et elle le dit plus tard dans un beau et profond article : *Lamartine uto-piste !* Mme de Lamartine aimait sa politique héroïque, seul contre tous. Elle, un caractère dans une femme, honorait en lui un caractère.

Le 8 mai 1839, le soir, après un dernier discours d'homme de gouvernement, elle apprit que le grand juge, Royer-Collard, lui avait dit, à sa descente de la tribune : « Monsieur, respectez-vous ! Vous avez la plus belle parole du pays et la destinée la plus haute du gouvernement représentatif. Encore une fois, respectez-vous ! Votre passé poétique a été beau, mais je crois votre avenir politique aussi beau et plus utile... »

Il justifia Royer-Collard, le 1er juillet 1839, dans deux discours, splendides et prophétiques comme l'Orient lui-même. Mme de Lamartine y retrouva *les Médilations* du grand voyageur dans ces images profondes de vérité : « En Orient, le grand homme mourant replie son génie après lui, comme il replie sa tente... Il parlait d'Ibrahim-Pacha, ce héros sans peuple. « Il est de la race de ces hommes qui ne s'arrêtent que quand ils tombent comme Alexandre ou Gengis-Kan. »

La politique les enleva à leur retraite. La grande question d'Orient l'entraîna à la tribune le 11 janvier 1840. Ses prédictions s'étaient réalisées. L'empire turc vaincu, Ibrahim vainqueur à Nézib, Mahmoud mort de désespoir.

Le prophétique orateur triomphait, montrait l'empire turc à l'état d'image morte : « un turban posé sur la carte et gardant la place vide d'un empire », la coalition européenne, la grande politique à suivre par la France, et il terminait par cette grande parole d'espérance : « Je sais que la France n'ajournera pas éternellement sa fortune et que la vérité a fait alliance avec le temps. »

Mme de Lamartine s'associait ardemment à ses discours comme à ses poèmes, à sa politique comme à sa poésie. Elle n'avait pas l'indifférence de Mme de Chateaubriand pour les œuvres de son mari. Restée à Paris *pour les œuvres de son état charitable*, elle le rejoignit, et s'en allèrent au Midi, aux belles plages d'Hyères.

Il s'y reposa à peine, et revint vite au devoir, à son père mourant, un Juste, un caractère antique, à la politique perdue par Thiers. Il courut au péril. En l'absence de la tribune, il lança quatre articles sur la question d'Orient et contre Thiers. Le ministère tomba, la paix fut sauvée.

Les heures brûlaient. Le ministère du 29 octobre fut formé à grand'peine. Lamartine refusa les ambassades de Londres et de Vienne. Il avait mérité un grand ministère. Il n'eut pas sa récompense. Mme de Lamartine en fut blessée, mais lui, ne garda pas rancune, et le 1er décembre, seul, devant le refus des ministres de répondre à un discours foudroyant de Berryer, il affronta la tribune, ramena l'Assemblée en déroute et gagna la bataille. Ce fut une improvisation héroïque. Chateaubriand, Royer-Collard, étaient là, et dirent de lui : « Il a été au delà de notre pensée. »

Puis il se prépara à un nouveau combat contre les funestes fortifications de Paris. Il les jugea, dans une lettre à M. de Virieu, d'un mot prophétique réalisé en 1871 : « La fortification de la guillotine et de la Convention assiégée. »

Il les combattit au grand jour, les 21 et 28 janvier 1841, dans des discours vraiment inouïs de seconde vue, dont la guerre de 1870 et la Commune de 1871 devaient réaliser les prévisions. Il était triste. Sa dernière lettre à M. de Virieu disait : « Je ne me console qu'en priant Dieu souvent et toujours. »

Il allait perdre son ami d'enfance, son fidèle ami de toutes les épreuves. M. de Virieu mourut en avril. Ce fut pour lui une perte affreuse, profonde pour Mme de Lamartine. Ils perdaient une providence d'amitié.

Lamartine sortit de sa tristesse à l'appel d'une infortune.

Un ami dans la détresse lui demanda 500 francs. La bourse de Lamartine était vide. Il prit un moyen charmant pour la remplir. Il venait de composer, au printemps de 1841, *la Marseillaise de la paix*. Il l'offrit à Buloz pour 1,000 fr. Buloz les lui adressa par retour du courrier, et l'ami fut sauvé.

On dira peut-être que ces pages consacrées à Mme de Lamartine sont pleines de Lamartine. Il apparaît toujours dans la lumière, et elle reste à l'ombre. L'ombre est la destinée de la femme. Mais sous cette ombre, Mme de Lamartine exerçait une action invisible, mystérieuse et profonde comme ces sources souterraines qui tracent un sillage de fraîcheur à la surface, tout en se cachant.

Son âme était sans cesse mêlée à toutes les pensées, à toutes les œuvres de son mari, sa vie à sa vie. Elle vivait de lui, en lui et pour lui. Mais elle ne laissait pas éteindre sa personnalité, son âme au souffle du cher génie. Comme Charlotte de Laval, la femme de Coligny, elle avait sur Lamartine une haute action intérieure.

Elle apprit la foudroyante nouvelle, la mort du duc d'Oréans, et, navrée, courut à Paris avec son mari. Il rédigea, le 12 août, la noble adresse au roi : « Vous avez perdu un fils, la France a perdu un règne. »

Dans la loi de régence, il fut le chevalier de la duchesse d'Orléans, seul contre tous, contre les imprévoyants. La femme supérieure, placée près de lui, lui révélait combien une femme était digne du pouvoir. Si on l'eût votée alors, peut-être la régence de la duchesse d'Orléans eût été possible en 1848. Il combattit en vain.

Accompagné de la grave approbation de sa femme, il revint de ce glorieux combat à Mâcon, en pleine fécondité. Elle sentait en lui des souffles précurseurs d'une évolution nouvelle. Le génie a ses tremblements de terre comme la nature.

L'ATELIER ET LA TRIBUNE

1843-1845

Le 20 mars, je vis pour la première fois la noble femme, ma grande et intime amie future, Mme de Lamartine. Dargaud me présenta. Je m'inclinai, plein de sympathie respectueuse. Je connaissais son âme supérieure par son beau récit du pèlerinage à Jérusalem, dans le *Voyage en Orient*.

La figure était digne de l'âme. Je fus saisi de l'expression. Elle imposait le respect. Le visage ovale de cette maigreur de race, signe de noblesse, encadré d'épais bandeaux brunis, aux yeux voilés, avait une dignité triste. Depuis le coup de foudre de la mort de ses enfants, sa figure, creusée par la douleur, avait gardé la trace des larmes. Ses yeux avaient la couleur glauque de la mer de son pays. Point de corps à peine, une taille élancée, une longue et svelte femme à la robe à longs plis, comme les statues religieuses du moyen âge, posées sous les ogives des cathédrales.

Elle avait de sa race la raideur anglaise, une froideur sévère en apparence, tempérée par le son de sa voix. La langue française, dans sa bouche, avait une singulière douceur. Assise à côté d'une nièce anglaise, elle causait avec Dargaud. Pour moi, je n'osais parler. Je sentais une nature fermée, prudente à s'ouvrir, une femme intérieure aux sentiments graves, en contraste avec la nature ouverte, la sympathie facile de son mari, une fleur d'âme lente à éclore.

Elle se tenait dans son atelier, son salon intime, déjà décrit dans mes *Souvenirs*. J'y ai omis trois de ses œuvres, un portrait de ses deux jeunes nièces, Mlles Alphonsine et Cécile, filles de sa belle-sœur, Mme de Cessiat, un portrait de sa servante, Marguerite, une belle Mâconnaise à la figure italienne. Elle lui avait donné le costume des pêcheuses de Procida. Puis une charmante pendule en marbre blanc, sculptée par elle. Elle y avait groupé une gracieuse nichée de douze enfants, représentant les heures ailées, rapides, légères. Hélas ! depuis longtemps, les heures étaient lourdes pour elle.

Le samedi, le jour des grandes réceptions où venaient les femmes les plus belles, elle se détachait dans sa dignité grave. Elle n'aimait pas ces réunions banales, cette foule brillante. Elle s'y résignait par une nécessité politique ; il fallait un salon à son mari. Elle préférait l'intimité, les amis de l'atelier. Elle mettait à profit ces grandes fêtes mondaines pour ses œuvres de charité, en faisant tirer des loteries où ses peintures de fleurs, illustrées de vers du poète, attiraient l'or, ouvraient toutes les belles mains. J'y gagnai un précieux volume : *les Tragédies de Corneille*.

Elle m'avait fait donner par Dargaud un humble petit livre écrit par elle pour les enfants de son école de Saint-Point : *Explication familière des vérités de la religion*. Elle avait caché son nom comme ses vertus.

Elle parlait peu dans les soirées, elle écoutait, approuvait ou dissertait en courtes paroles. C'était un esprit à l'ombre. Ses mots réfléchis, concentrés, avaient l'autorité. Elle soutenait la haute politique de son mari, faite pour passionner une femme.

Elle aimait sa politique de charité, de clémence et de paix. Mais, trop émue à sa voix, elle allait rarement l'entendre à la tribune. Le 7 mai 1844, un grand débat sur la réforme des prisons l'attira. Lamartine devait parler. J'étais là.

Après une attaque entraînante de la Rochejacquelein, ce beau lion vendéen, contre les duretés du régime cellulaire, la loi était perdue, lorsque Lamartine s'élança au secours. Il enflamma la Chambre pour sa réforme religieuse et humaine. Sa femme, placée dans une tribune, à côté de son parent, M. de Surigny, les yeux fixés sur lui, l'écoutait dans l'angoisse et l'admiration. Lui, les yeux sur elle, s'inspirait à ses regards, y trempait sa parole et son courage. La péroraison de ce discours chrétien toucha le cœur de la femme, sa grave figure s'attendrit.

Ému aussi de ce magnétisme du génie sur la femme, de la femme sur le génie, du courant électrique de ces deux âmes, dans ce combat d'éloquence pour une cause d'humanité, je voyais son visage s'illuminer de bonheur, jouir du triomphe de l'orateur, les yeux arrêtés sur l'assemblée qui applaudissait.

En août, Lamartine, heureux de sa vente magnifique des *Girondins*, donna la joie d'un voyage et d'un séjour à l'île d'Ischia, à sa femme, qui avait goûté là une vie heureuse avec sa fille Julia. Toute la famille fut du voyage, sa sœur, Mme de Cessiat, ses belles et charmantes filles. Sous l'inspiration des souvenirs, il y écrivit l'épisode de Graziella des *Confidences*, et aussi des pages des *Girondins*. Il alternait l'histoire et l'amour. Les voyageurs revinrent par Rome, Venise, la Suisse, et se reposèrent au bord du lac de Genève, dans l'hospitalité d'amis. C'était une fête de voyage, et pour Mme de Lamartine, un retour au passé heureux. Mais ce retour était troublé de tristesses. Elle revenait, les bras vides de ses enfants, dans cette île enchanteresse d'Ischia, où Julia, sur ses genoux, lui avait donné ses sourires, ses baisers, les caresses de ses petites mains. Elle revenait à Rome, prier à Saint-Pierre, où son fils Alphonse avait été baptisé. Elle passait sur cette belle route, suivie jadis de ses anges, dans ces vallées et sur ces montagnes de Suisse, par tous ces paysages d'enchantements qui ravivaient, enflammaient ses souvenirs de mère. Elle les traversait, maintenant, à côté du père, triste aussi, sans leurs enfants devant eux comme autrefois. Elle pouvait murmurer,

tout bas, à ces beaux lieux les vers mornes et désolés de
l'*Isolement*.

> Fleuves, rochers, forêts, solitude si chère!
> Un seul être vous manque, et tout est dépeuplé.

Rien ne pouvait plus faire jaillir la source d'eau vive du
bonheur dans ce cœur altéré, rafraîchir la soif inextinguible,
le regret de feu de ce cœur de mère. Sa sève se desséchait,
ses pauvres mains s'allongeaient amaigries. Son sourire à
cette belle nature était triste ; voilée au fond de son cœur
de mère, sa blessure saignait toujours. Elle le refermait ce
cœur, pour n'en pas attrister son compagnon de voyage,
mais elle sentait en secret dans toute leur poignante réalité
les vers douloureux du poète. Elle le suivait partout, s'unissait à toutes ses impressions, à tous ses enthousiasmes, à sa
vie agitée, au fond repliée sur sa douleur, en silence, dans
sa vaillante tristesse, pour lui épargner l'ombre d'une souffrance. Elle avait été blessée des sept glaives. Mais elle
voilait les blessures de sa jeunesse, comme elle devait cacher
celles de l'âge mûr. Elle voulait garder toute la douleur
pour elle, et donner tout le bonheur à son mari. Elle devait
se raidir pour ne pas plier sous les souvenirs. Mais la maigreur de son visage trahissait l'effort intérieur, et à une mala-
droite parole de consolation offerte à ses inguérissables regrets, un cri de mère blessée s'échappait de cette âme à la
muette affliction.

Les douleurs profondes aiment le silence ; elles ne veulent
rien laisser s'évaporer du vase, et le ferment à tout regard.
Le père et la mère, je crois, n'osaient jamais parler de leurs
enfants morts. Ils avaient peur de toucher à des plaies toujours vives.

Michelet a dit de Lamartine, indifférent à ses œuvres :
« Il va, de sa grande aile, oublieux et rapide. » Cette belle
image était vraie. Oui, il oubliait ses œuvres, dans sa fécon-

dité prodigue, il les laissait tomber à terre, avec l'insou-
ciance sereine de l'arbre sûr de sa sève. Il emportait sa
femme sur ses ailes à tous les horizons de poésie, d'éloquence, d'histoire et d'action, oui, mais il revenait avec
elle au nid funèbre. Il restait fidèle aux souvenirs adorés. Sa
douleur coulait toujours dans les profondeurs du cœur
comme une eau sourde au fond d'un ravin. Sa femme n'avait
pas de lui des déceptions d'oubli de leur commune douleur.
Son glas vibrait dans les lamentations des *Novissima Verba*,
dans *la Cloche de Village*, bien loin de la mort, en sanglots
sur sa mère et ses enfants. Il avait eu beau être entraîné
dans une grande vie, elle n'avait rien effacé, au cœur; il
n'avait pas oublié.

Pendant les luttes de Lamartine à la tribune, sa femme
combattait de cœur avec lui. Elle avait applaudi à son mâle
et magnifique discours, le 6 mai 1845, contre l'armement
des fortifications en pleine paix.

Le 7 mai, Thiers, irrité du discours accusateur de Lamartine, lui lança une insulte, Lamartine monta avec calme à la
tribune, écrasa Thiers sous les coups de sa réplique, puis, à
la fin, releva l'insulte avec sa dignité fière. Il envoya à Thiers
ses témoins.

Après ce duel de tribune, un duel réel menaçait. Des
amis négocièrent un dénouement pacifique; le président
Sauzet mit les deux adversaires en présence. Lamartine
était plein de sang-froid, sa femme pleine d'angoisse, mais
résolue au devoir de dignité de son mari. Elle eut une
émotion douloureuse, déjà ressentie à Florence, dans le
duel du poète avec l'Italien Pepe. Elle était destinée à
bien d'autres émotions, dans les journées de 1848.

Thiers retira ses paroles. Paris applaudit Lamartine.

Il revint à Monceaux. Une fête musicale l'attendait. Le
25 mai, la Société orphéonique de Mâcon vint lui donner
une sérénade sur la terrasse de Monceaux. Après un ban-

quet d'amis, Liszt porta un toast à Lamartine. Le grand
musicien parla comme il jouait, et dit : « Il me faudrait pouvoir lui emprunter un peu de sa grande et harmonieuse parole, qui est aussi une grande et harmonieuse musique. »

Lamartine répondit à l'illustre artiste, à la foule réunie
dans la grande salle du château, une harangue intime charmante : « Plus de politique ici, la musique n'a pas d'opinion. »

Cette fête d'harmonie, d'amitié et d'union des cœurs fut
une joie pour Mme de Lamartine. Elle quitta Monceaux
pour soigner sa santé maladive aux eaux de Néris, laissa
Lamartine à son histoire des Girondins et amena une charmante compagne, la nièce préférée, Mlle Valentine, dans la
splendeur de sa beauté. Elle revint jouir des succès de Lamartine, au conseil général, dans sa défense des chiens et
des enfants trouvés. Ces sujets sympathiques lui touchaient
le cœur. « Il ne faut jamais rougir de ses amis, » avait dit
le grand ami de Fido.

Elle exerçait toujours son vigilant examen, parfois au regret de l'écrivain. Il annonçait à Dargaud un article politique, le 28 novembre : *Un principe et point de partis.* « Lisez
cela, c'était superbe hier soir. Je le gâte ce matin pour obéir
à ma femme. »

Séparé d'elle depuis près de deux ans, j'eus la joie de la
revoir en mars, avril 1846. Lui, menait sa plus belle campagne de tribune. Je l'entendis dans son beau discours contre l'impôt du sel. Je lui dis adieu en avril, et n'eus pas la
joie d'entendre en juin ses pathétiques harangues coup sur
coup sur l'Algérie et la Syrie. Mme de Lamartine fut émue,
elle eut des battements de cœur d'indignation et de pitié,
elle qui se souvenait de l'hospitalité de l'Emir Béchir et des
Maronites, au récit de leurs massacres, à la brûlante, à la
foudroyante péroraison de Lamartine contre le lâche abandon par le ministère Guizot de la Syrie en sang.

Mme de Lamartine regrettait, dans cette grande vie même,

d'en jouir seule, sans son enfant. Julia lui manquait dans ces fêtes. A ce moment, elle voyait en bleu et priait gracieusement Mme de Girardin d'arriver à Saint-Point avec sa robe bleue, qui allait si bien à sa beauté blonde.

Les hôtes amis, appelés par elle, y affluaient, M. d'Esgrigny, sa femme, Louis de Ronchaud, Paul Delaroche. Lamartine venait à Mâcon, à la fête des fleurs et des fruits, en septembre, enchanter la Société d'horticulture, élever son auditoire à Dieu, par un discours charmant et religieux :

« Est-il possible d'assister à ces merveilles de la végétation et de les produire soi-même par la culture, sans soulever, pour ainsi dire, le rideau du mystère de la création, sans toucher de l'œil et de la main les miracles perpétuels de la nature, qui ne cessent de nous étonner que parce qu'ils se font tous les jours, et pour lesquels nous ne sommes ingrats que parce qu'elle est trop prodigue ! Est-il possible à ces jardiniers de ne pas se sentir en perpétuelle communication et en intelligence avec cette Providence, nulle part plus visible que sous la terre, qui travaille incessamment avec eux, pour eux... »

Mme de Girardin, ravie de l'hospitalité de Saint-Point, écrivait une charmante lettre à Mme de Lamartine, et Lamartine annonçait, le jour de Noël, à son ami Dubois, la fin des *Girondins*. Une grande œuvre était née.

LES OVATIONS

1847

En mars, l'histoire des *Girondins* éclata comme un coup
de foudre du génie. Elle mit le feu aux imaginations. Cette
histoire électrique courut dans toute la France, enflamma
les hommes et les femmes. Cette Marseillaise de l'histoire,
cette symphonie héroïque de la Révolution, entraîna, enivra
tout un peuple.

« Si vous aviez une révolution dans la main, l'ouvririez-
vous ? » avait dit un jour Lamartine à son ami, Louis de
Ronchaud, en une promenade racontée dans sa belle et profonde étude sur la vie politique de Lamartine. Il l'avait
ouverte.

Mme de Lamartine ne l'aurait pas ouverte. Elle savait bien
que le livre portait l'idée pure de la révolution, purifiée de
son sang, que Lamartine voulait la révolution des idées et
non de la rue, qu'il avait combattu l'agitation des banquets;
mais sa prudence s'alarmait. Elle fut heureuse du triomphe
du livre, mais dans son sang-froid de jugement, avec cette
pensée calme qui dominait ses palpitations d'admiration,
elle regretta des audaces de réhabilitation, des illuminations
de couleurs, des transfigurations d'hommes de la Terreur.
Elle redoutait l'irritation de ses amis royalistes. Certes, elle
subissait l'illusion de vie de cette résurrection des Girondins, la puissance tragique de ces pages de feu ; mais elle
craignait les calomnies, les haines, les révoltes d'esprit des
ennemis.

Un article de défense passionnée de Mme de Girardin en
avril, dans la *Presse*, attendrit Mme de Lamartine, et la

fit pleurer. Quand les femmes défendent un livre, il est sauvé.

M. de Chateaubriand, jaloux et amer, lança un mot méchant : « Il a doré la guillotine ». Mais Mme Récamier, devant tous les ennemis ameutés dans son salon, défendit l'histoire des *Girondins*, par ces paroles si hautes et si vraies : « C'est le livre où il y a le plus de justice pour les oppresseurs, et le plus de pitié pour les victimes. »

Au retour, à Mâcon, une ovation triomphale attendait Lamartine, le grand banquet des *Girondins*, où il sonna le tocsin de la révolution de 1848, dans une harangue prophétique.

Le 26 juillet, il rendit un dîner de reconnaissance, à Monceaux. Il y eut des toasts, dont un, tout intime, en l'honneur de Mme de Lamartine, par M. Carteron, un médecin qui avait le secret de sa charité.

Il ne put le prononcer devant elle. Absente du dîner, elle s'était dérobée à cette ovation.

« A la bienfaisance, à Mme de Lamartine ! digne et noble compagne du plus noble et du plus digne des hommes... »

Elle partit pour la mer, et fut à Marseille, sur la plage du Prado, avec son mari. On y passa le mois d'août ; les hommages publics vinrent les y chercher, avec le bruit de la gloire des *Girondins*. Un peu défiante, repliée sur sa nature inquiète, elle se laissait à la fin toucher par le succès, et s'ouvrait à l'idée de la révolution, entraînée par l'enthousiasme religieux de l'historien. Il écrivait à Dargaud, le 17 août : « Je me dévoue à Dieu et aux hommes pour Dieu. Il faut que quelqu'un se brûle la main ; je serai volontiers le Scœvola de la raison humaine, s'il le faut. Je vérifierai la prédiction de Cousin... » Il faisait allusion à ce fameux mot : « Il brûle de se compromettre. » Puis il ajoutait : « Ma femme commence à être ébranlée, étonnée et animée de notre foi. » Et là, devant la mer, devant l'azur des eaux et du ciel, il écrivait, sous la flamme des espérances belles comme cette mer, les premières pages des *Constituants*, qu'il devait achever dans la froideur et la désillusion.

Le 26 août, l'Académie de Marseille leur donna une fête grecque, une poésie d'Autran belle aussi comme la mer :

> Heureuse donc la rive, heureuse la contrée,
> Qui, par un pareil hôte, un jour fut illustrée !
> Heureux le flot d'azur, qui put, en frémissant,
> Arrêter son écume aux pieds d'un tel passant !
> Les beaux noms sont épars sur vingt rives lointaines;
> L'une a connu Platon, l'autre a vu Démosthènes ;
> L'une parle du Tasse, et l'autre de Byron ;
> Mais tous ces noms ici sont unis dans un nom.
> Ici sont confondus, dans un même prestige,
> Trois éclairs dans un œil, trois fleurs sur une tige,
> Sur la tête d'un seul trois hautes royautés,
> Sur un seul avenir trois immortalités !...

De retour à Monceaux, en septembre, Mme de Lamartine entendit l'écho de l'adorable et mélancolique discours de Lamartine, le 20 septembre, à la Société d'horticulture de Mâcon, où les femmes pleurèrent. Après le discours de tempête du banquet des *Girondins*, c'était le discours d'apaisement. Ainsi, dans la *Symphonie pastorale*, après l'orage, le calme exhale sa paix ineffable.

LA FEMME D'UN HÉROS

1848

Voici la tragique et glorieuse année !

Quand, le 24 février, Lamartine quitta sa femme, elle s'attendait à l'événement. Dans sa tourmente de l'inconnu, elle le suivit d'un regard d'angoisse, le cœur en haut. Elle se tenait seule à la fenêtre de son atelier, l'oreille tendue aux rumeurs de la foule roulant, près de là, par les quais, vers la Chambre des députés.

Des amis venaient lui donner les premières nouvelles. Le bon, le fidèle, le courageux M. Dubois, aux jambes de highlander, allait, de son pas rapide, recueillir les bruits dans la foule. Il revint lui dire les premières scènes : l'invasion de la Chambre, l'entrée courageuse de la duchesse d'Orléans avec ses enfants ; la mère touchante, suspendue aux paroles de Lamartine, le défenseur de sa régence, repoussée par la cour, en 1842 ; l'attendrissement de l'orateur, sa tentation d'être le chevalier d'une femme, sa renonciation douloureuse à ce beau rêve sans force devant une révolution ; l'arrêt de mort de la régence, impossible alors, tombé de ses lèvres ; le groupe tragique ; la mère royale, désespérée, fuyant l'émeute, cette scène cruelle déchirant le cœur de la noble femme attendrie ; la marche périlleuse et triomphale de Lamartine à l'Hôtel de Ville.

A ce moment, elle dut entendre les cris des dragons et du peuple, à la caserne du quai d'Orsay, lui lançant par la fenêtre ouverte les cris de : *Vive Lamartine!*

Les bruits confus du courant populaire s'éloignèrent et accompagnèrent Lamartine. A l'Hôtel de Ville, quel drame allait s'accomplir?

Elle passa les dernières heures de la journée dans de mortelles angoisses. L'acclamation suivrait-elle son mari jusqu'au bout? Expirerait-elle au seuil de l'Hôtel de Ville? La mobilité populaire lui faisait tout craindre et rien espérer. Des amis venaient lui dire les nouvelles, coup sur coup, nouvelles incertaines qui laissaient la pauvre âme dans le trouble et la terreur. L'agile M. Dubois courait à l'Hôtel de Ville, interrogeait, écoutait, voyait les feuilles des proclamations improvisées par Lamartine, lancées par les fenêtres aux flots populaires, sa figure apparaître, sonder la multitude battant de sa houle la place de Grève, et se retirer. Il cherchait à deviner l'énigme cachée à l'intérieur. Il revenait à la femme dans l'attente. Elle passa ainsi les heures de la nuit, ignorant le sort de son mari, pâle d'anxiété, comptant les heures lentes, ces heures de nuit aux pensées sombres, battue d'inquiétudes accrues par les ténèbres. Il était minuit.

Enfin la porte s'ouvrit. Il entra tout frémissant du combat, des neuf assauts repoussés, illuminé d'allégresse héroïque, comme Kléber dans la bataille. Il conta en mots rapides, en voilant le péril, les scènes de nuit à la salle Saint-Jean, les victoires de sa parole et de son courage, à sa noble femme, tout émue, palpitante d'admiration.

Il se reposa trois heures, d'un repos éveillé, agité de pressentiments de nouvelles luttes pour le lendemain.

Il quitta sa femme avant l'aube, soutenu par cette âme tendre et virile.

Le 25 devait être la grande, la terrible journée entre toutes, la journée du drapeau rouge, la bataille de la Terreur. L'intrépide ami, Dubois, alla à l'Hôtel de Ville, à la tête d'une députation de la garde nationale de la 7e légion du quartier Saint-Martin, porter une pétition, un appel au secours pour les ouvriers sans travail et sans pain. Les boutiques étaient fermées. Dubois monta l'escalier de l'Hôtel de Ville à grand'peine, tout encombré d'hommes portant les blessés et les morts de la journée du 24. Des élèves de l'École polytechnique, postés sur le palier, gardaient la porte de l'asile du gouvernement. Il demanda Lamartine, il était au conseil. Lamartine parut, reconnut son ami dans la foule, lui serra la main d'une pression pesante comme les heures, et répondit à la députation. Il avait déjà avisé à l'ouverture des boutiques d'alimentation du peuple, il lui donna une gerbe de proclamations destinées à rassurer la foule affamée, et glissa dans la main de l'ami un billet à sa femme : « Envoie-moi du chocolat », un joli mot de sang-froid dans un homme venant de jouer sa vie, et courant la jouer encore. Il ajouta à son ami : « J'ai passé la nuit ici et n'ai pas vu ni communiqué avec ma femme ni personne de ma maison depuis hier. Faites-moi le plaisir d'y aller le plus tôt possible et de donner de mes nouvelles (1) ».

« Puis Lamartine sortit, suivi d'une escorte, s'avança jusqu'à un balcon donnant sur une cour intérieure pleine de monde et lança le reste de ses proclamations, et, de sa voix la plus sonore et du ton le plus inspiré, et en même temps avec une émotion calme et sereine, il fit une improvisation dont nous n'entendions que la moitié des mots, de l'intérieur où nous étions... »

Il parla ainsi à la foule, qui montait sans cesse et le pressait de ses flots menaçants, près de le submerger. L'ami l'entendit parler pendant cinq quarts d'heure, mais l'assaut du drapeau rouge ne se précipitait pas encore. Il descendit, s'élança à pas rapides porter les nouvelles à la femme impatiente. Elle attendait dans une angoisse fiévreuse. Des émissaires amis accouraient comme les messagers de Job, des messagers d'alarme et de victoire tour à tour. Ils lui jetaient au cœur les tragiques nouvelles, les huit assauts du drapeau rouge, les colonnes d'insurgés en armes se ruant contre un seul homme, lui posant le sabre nu sur sa poitrine nue pour lui en faire *sentir le froid*, et lui, couché en joue, au cri de ses amis : « Effacez-vous », répondant, le regard tranquille : « Non, il vise trop haut ! » Abattant huit fois le drapeau rouge, aux cris d'enthousiasme des milliers d'hommes fauves tombant en larmes à ses pieds. Elle palpitait à ces prodiges d'éloquence, à ces miracles de la parole humaine, à ce génie sauvant la patrie (2).

---

(1) Il y a contradiction ici entre le récit de M. Dubois et celui de Lamartine dans l'*Histoire de la Révolution de 1848*, où il dit qu'il rentra chez lui dans la nuit.

(2) Dans ses *Souvenirs d'un Royaliste*, M. de Falloux raconte que Lamartine fut tenté, dans le conseil du gouvernement provisoire, d'accepter le drapeau rouge, et y renonça sur l'opposition

Puis elle apprit, coup sur coup, les décrets d'humanité après la bataille, l'abolition de l'esclavage, les institutions de bon secours au peuple, l'achèvement de la journée dans la pitié; elle se reposa.

Le 26, à la proclamation de l'abolition de la peine de mort, après un nouvel assaut vaincu du drapeau rouge, au discours religieux de Lamartine au peuple sur la place de Grève, l'immense acclamation à la chute de l'échafaud de la Terreur, à tous ces grands actes d'héroïsme, de liberté et de charité par la consécration du sang humain; ses yeux, qui avaient tant pleuré de douleur, pleurèrent de joie. Dans son enthousiasme attendri, elle bénit le génie bien-aimé, et, à genoux, rendit grâces à Dieu.

Le 27, frémissante à un nouvel assaut d'ouvriers sommant le gouvernement d'improviser l'organisation du travail, elle se rassura à la magnifique revue de la garde nationale, sur la place de la Bastille, acclamant Lamartine par les voix de cent vingt mille hommes, Lamartine vainqueur, fuyant l'ovation triomphale, courant se cacher sous les ar-

---

de ses collègues. M de Falloux s'appuie sur une confidence contée par M. Léon de Malleville, et recueillie des lèvres d'Amand Marrast, secrétaire du conseil. Or, c'est M. Pagnerre qui était le secrétaire du gouvernement provisoire. Une telle anecdote est une calomnie. Et il faut la malveillance de M. de Falloux pour y croire. Toute la vie politique de Lamartine lui donne un éclatant démenti. Sa politique a été depuis le premier jour jusqu'au dernier, une constante et intrépide résistance aux courants, aux folies populaires. Le 24 février, à la dictature de Paris, le 25, le 26 aux neuf assauts du drapeau rouge, à la sommation pour l'organisation du travail, au 17 mars, au 16 avril, au 15 mai, aux journées de juin. Il a été toujours et partout, debout, la poitrine en avant, seul contre le peuple en armes. Non, la coalition des ambitieux en 1839 ne l'a pas tenté, ni la gloire de Bonaparte, ni le retour des cendres, ni les fortifications de Paris; non, le drapeau rouge ne l'a pas tenté, ni la guerre révolutionnaire, ni la commune. Chaque jour à l'Hôtel-de-Ville, il s'est dressé contre la tempête, et la tempête a reculé.

cades de la Place Royale, au foyer de Victor Hugo.

Alors elle respira. Elle vibra au manifeste à l'Europe, à cette mâle symphonie de liberté et de paix, qui allait abattre la coalition des rois et des empereurs, vaincre sans armes l'ennemi par l'arme de la parole, faire des conquêtes pacifiques.

Mme de Lamartine ne respira pas longtemps, à chaque jour sa peine. La nouvelle attaque de cent cinquante mille hommes, le 17 mars, à l'Hôtel de Ville, et la nouvelle victoire de Lamartine ne la rassuraient pas.

Elle apprit bientôt les bruits sourds des sociétés souterraines, l'approche d'une nouvelle bataille des clubs. Le rendez-vous était le 16 avril.

Lamartine, sorti dans la nuit, préparait la défense. Sa femme veillait au ministère des affaires étrangères. Le général Changarnier, nommé ministre à Berlin, vint la saluer. Elle eut une inspiration soudaine, elle savait son courage, son sang-froid, son prestige sur les troupes, elle le lança à la défense de l'Hôtel de Ville. Elle apprit l'arrivée des deux cent mille hommes de la garde nationale, la défaite de l'armée insurrectionnelle. Elle put se reposer cette fois dans la victoire, à la magnifique revue du 21 avril, devant l'arc de l'Étoile, où Lamartine fut porté sur le faîte de la popularité. Elle alla ainsi jusqu'au 4 mai. De fêtes en fêtes de popularité, au 7 et au 8 mai, où le grand citoyen fut salué à la tribune par des salves d'applaudissements. Mais le 9 mai la ramena à la douleur par la défaveur impolitique de l'Assemblée. La nomination de Lamartine, l'avant-dernier sur la liste des cinq membres de la Commission exécutive, à cause de son refus patriotique de la dictature.

Le 15 mai la rejeta dans les cruelles angoisses, la nouvelle victoire sur l'insurrection à l'Hôtel de Ville ne put la rassurer. Elle était la confidente des craintes de Lamartine, de son attente d'une bataille sanglante, de ses colères contre les lenteurs du général Cavaignac à amener des troupes pour le suprême rendez-vous des journées de Juin. Elle savait les manœuvres bonapartistes, elle avait les sinistres pressentiments des terribles journées où allaient sombrer à la fois, dans un gouffre de sang, la popularité de Lamartine et la république.

Le grand rêve s'écroulait. Sa pauvre grande âme était déchirée d'émotions. Les jours sinistres éclatèrent. Elle laissa, dans sa mâle résignation, son mari s'élancer, le 25 juin, aux barricades, malgré ses alarmes mortelles. Elle sentait que le héros désespéré se jetterait au-devant des balles et chercherait la mort sur les débris de la république.

Le soir, au retour, elle apprit l'assaut à la barricade du faubourg du Temple, le cheval monté par Pierre Bonaparte tué, sa belle Saphyr, qui portait son maître au feu, blessée, son mari voulant seul la mort, et disant à son compagnon d'héroïsme, M. de Tréveneuc, l'intrépide gentilhomme breton, qui s'exposait à côté de lui, sous une pluie de balles : « Retirez-vous. » Elle apprit les dernières acclamations de la foule égarée, à l'homme qu'elle aimait, ses larmes, ses fleurs lancées comme une dernière couronne à son héros désespéré.

Venu avec des Bretons au secours de Paris je saisis les heures libres d'un soir pour aller revoir Lamartine. J'entrai, tout tremblant d'émotion funèbre. Je serrai la main au grand vaincu, à sa femme abattue. Près d'eux, leur nièce Mme de Senevier et son mari, consul en Italie, de rares amis. Les visages étaient mornes, on gardait le silence, chacun était abîmé au fond de ses pensées lugubres. Ce roi populaire, embrassé hier par tout un peuple, gisait seul aujourd'hui. L'atelier semblait une chambre en deuil, un tombeau avant la mort. Lui seul gardait une sérénité intrépide, pas une plainte, pas un murmure ; la figure empreinte de dignité impassible ne laissait pas voir son désespoir. Il était assis, le front haut, la figure pâle, plus grand dans son isolement même, sous l'auréole de l'épreuve. Il ne semblait pas affaissé sous le poids de ses trois mois de combats. Mais, au fond, on sentait une grande âme lasse, un Marc-Aurèle tragique, abreuvé de l'empire, en deuil près du cadavre de la république morte. Sa femme, recueillie en lui, ne le quittait pas des yeux et du cœur.

Des émotions plus amères l'attendaient. La meute des calomniateurs se rua sur le vaincu et déchira le cœur de la femme. Les grands amours populaires n'ont pas le respect. Il se vengea par la noble lettre aux dix départements qui l'avaient élu. Il se redressa sous l'outrage. Sa femme le vit avec fierté remonter à la tribune, défendre, le 6 septembre, l'idée religieuse de la république contre des royalistes impolitiques voulant effacer de la constitution le nom de Dieu qu'une autre république athée devait, à leur exemple, rayer plus tard. Elle suivit, d'un cœur ému et d'une ferme admiration, ses discours, les 14, 17 septembre et, surtout, le 6 octobre, la magnifique harangue pour la présidence élue par le pays, cette symphonie funèbre de la république où il retrouva un réveil de popularité dans un suprême triomphe d'éloquence.

Espérait-elle un retour du peuple ? Elle était trop familière avec l'histoire humaine pour ignorer que la popularité, comme les fleuves, ne remonte pas.

Elle ne se fit pas d'illusions. Si la mer populaire avait caressé les pieds de Lamartine de ses vagues caressantes, l'impopularité, dans sa houle furieuse, cherchait à l'engloutir Elle s'était liée à la mauvaise comme à l'heureuse fortune du génie, à l'image de ces algues enracinées au rocher, au pied du phare, flottant, tour à tour bercées ou battues par la mer impuissante à les arracher.

Au retour à Mâcon, le 17 octobre, elle eut la consolation d'une ovation de la ville natale à son grand citoyen méconnu. Une manifestation spontanée éclata en son honneur. Une escorte de gardes nationaux, d'ouvriers, de femmes, le maire en tête, accompagna leur voiture jusqu'à Monceaux. Et là, du haut du perron, il harangua l'auditoire. Son allocution familière, intime, touchante, associa Mme de Lamartine à son ovation, la *compagne de mes voyages et de ma vie*, celle qui fut sa seconde âme dans ses quatre mois d'héroïsme et de dévouement, qui secourait les misères des faubourgs. Elle fut heureuse de cette justice de son grand compagnon et aussi des députations de Cluny, des villages mâconnais les 23, 25 octobre, les 13 et 14 novembre, accourus faire hommage de drapeaux tricolores à leur sauveur.

Le perron de fer de Monceaux était devenue une tribune pastorale où se pressaient les vignerons des villages, les concitoyens des villes voisines, dans des ovations de reconnaissance à leur grande âme. Il lut sur le drapeau de la garde nationale de Mâcon cette devise de fidélité : *Constance*. Ces pèlerinages de son pays natal en son honneur avaient, pour lui et la campagne de sa vie, la douceur des fruits d'automne.

Il rendit ses hommages, à son tour, à sa ville natale, et inaugura lui-même, par un discours religieux, le 19 novembre, la Constitution de la république destinée à périr. Il en eut le triste pressentiment à l'élection de Louis-Napoléon, le 10 décembre. « Malheureux les hommes qui devancent leur temps, leur temps les écrase », avait-il dit dans son *Voyage en Orient*. Mme de Lamartine sentit le coup porté au cœur du héros et l'aima davantage.

LE PÈLERINAGE

1849

Le peuple a le flux et le reflux de la mer. Après le flot de ses acclamations écumantes, il se retire et abandonne ses grands hommes sur leur plage déserte.

C'est l heure des amis fidèles. Je fis un pèlerinage à Saint-Point. C'était le 10 octobre. J'eus une fête intime et douloureuse, la lecture tragique du retour de Lamartine à son foyer désert, la préface nouvelle des *Harmonies, le Père Dulemps*. Il avait écrit ce récit sous l'émotion, aux premiers jours d'octobre, dans sa cellule de poète, en face de l'église et du tombeau de famille.

Après déjeuner, il entra seul au salon, de grands feuillets à la main. Il avait défendu à sa femme de venir l'entendre, pour lui épargner une douleur. Elle se retira dans sa chambre, recueillie sous sa tristesse, enviant et redoutant à la fois cette confidence émouvante qu'il allait faire à sa famille et à ses amis.

Le groupe était assis autour de lui, Mme de Cessalt, sa sœur, ses nièces, Mme de Pierreclos, Mlle Valentine, ses amis, Dargaud, Cerfberr, préfet de Saône-et-Loire, M. Paul de Saint-Victor, son secrétaire alors, et moi.

Dès les premières paroles, un frisson courut. Cette promenade solitaire à cheval par le chemin désert des montagnes, cette marche furtive, le front baissé sous le mur du jardin de Milly menacé de vente, ses yeux fermés pour ne pas voir les marchands profanateurs du sanctuaire de sa mère, son ascension sous les brouillards et les mélancolies d'automne, sa halte de douleur au faîte de la montagne, au milieu des feuilles mortes, des espérances tombées, des

ruines de la nature et de sa vie, cette descente désolée sur
le revers du mont, la fuite du brouillard, le coup de lumière
du soleil, la vue des cimes dans l'azur, les frissons du vent
du midi sur sa poitrine, la vision de son foyer, les brises,
les harmonies, les caresses, les voix du vent montant de la
vallée et lui soufflant au cœur l'illusion des voix humaines
des morts ressuscités, sa chute à genoux sous l'émotion, sa
halte de prière en larmes, puis la rencontre solennelle et
pastorale du grand homme abandonné et du pauvre aveugle,
ces deux majestés, leur dialogue résigné sur les douleurs et
les chutes humaines, le retour seul à sa maison vide, la fin
du chant de bonheur devant son foyer mort, la désillusion
de l'hymne d'immortalité entendu sur la montagne ; l'entrée
dans le cimetière, la station au tombeau, la rencontre d'un
cercueil de jeune fille, la marche du grand poète en deuil de
son enfant à côté du père désolé, toutes ces pages poignantes
auraient déchiré le cœur de la femme et de la mère. Si elle
avait assisté à la scène, entendu le sanglot de cette lecture,
cette âme en deuil fût tombée à terre.

Tous nous pleurions. Quand il eut fini, nous nous levâ-
mes, les yeux en larmes, en silence. Nous ne dîmes rien
au génie funèbre. Les grandes douleurs ne parlent pas.

Seul, M. de Saint-Victor, ému aussi malgré son sang-
froid d'artiste, nous dit tout bas : « C'est l'ineffable. »

L'absente avait été là présente, invisible. Son âme avait
flotté sur nous, son cœur avait senti la révélation mystérieuse.

A travers les murs de sa chambre, elle avait écouté de
l'âme, elle avait eu l'émotion intérieure. Aussi, quand elle
entra au salon, sa figure désolée nous révéla qu'elle avait
tout entendu.

Malgré sa tristesse, sa bonté, attentive toujours, montra
au jeune pèlerin le vieux château, les grosses tours, le grand
balcon gothique aux trèfles mauresques dont elle avait donné

l'idée et le dessin, la vallée, la noire muraille de la montagne ondulant sur le ciel étoilé, les sites, les paysages consacrés par la poésie, le petit bois sacré de chênes, le vallon
des *Recueillements*. de la *Cloche de village* si vibrante au
cœur de la mère, le chêne virgilien de *Jocelyn*. Mais elle
le laissa aller seul à la chapelle funéraire, où le cœur sans
guide va de lui-même.

Le matin, je fis le tour du parc et du château pour bien
graver dans mon souvenir le dessin, la couleur, le caractère,
l'âme de ce grand foyer.

La façade du levant avec ses deux tours massives, ses
puissantes bases, reliées par le balcon mauresque, c'est le
côté féodal, la forteresse de Saint-Point, tournée vers la
montagne aux promontoires nus, aux anses boisées, aux
flancs rougeâtres. La façade du couchant avec son aile flan-
quée de sa tour arabe, sa cour ombragée, ses pelouses :
c'est le côté pastoral. La glycine y sourit sur les murs, elle
a de la douceur, l'air hospitalier. Au nord, les grandes mé-
tairies, le côté rustique, le paysan sous l'abri du seigneur,
la vie paisible des bœufs, des vaches, les meules de blé. Au
midi, le grand mur nu, percé de deux fenêtres étroites, le
côté intime, tourné vers l'église. le cimetière et le tombeau.
Le cabinet du poète, où il vient respirer l'air, la fraîcheur,
la poésie du matin, sur son balcon de bois, entouré de ses
levrettes et jeter le pain aux oiseaux, aux paons perchés sur
le balcon. Voilà le château de Saint-Point, aux murs jaunes,
aux toits de tuiles rousses, aux fumées bleues, sur son mon-
ticule, au milieu de son parc en pente, la vue sur les prai-
ries et les vieux saules de la vallée, adossé sur les bois du
couchant. Il rappelle les couvents du Liban, moitié châteaux
et monastères, un foyer non de guerre, mais de paix.

L'imprévu est le maître de la vie. La veille de Noël, je
vins dire adieu à mes chers hôtes rentrés à Monceaux, à ce
pays que je croyais quitter pour jamais.

Lamartine me retint par une demande charmante ; il me
pria de lui servir de secrétaire en l'absence de M. de Saint-
Victor. Cette vie nouvelle allait fixer ma destinée près d'un
grand homme et d'une femme supérieure, me donner la
grande fête de ma vie.

L'HIVER A MONCEAUX

1850

Le grand château est devenu une solitude ensevelie dans
les glaces. Au dedans, au dehors le silence. Les corbeaux
noirs s'abattent sur les champs neigeux, les pensées sombres
sur les hôtes de Monceaux. Nous sommes seuls, Lamartine,
sa femme et moi, dans le travail et la tristesse.

Mme de Lamartine m'a donné la plus belle chambre du
château, la chambre Louis XV, aux trumeaux à la Vatteau,
aux lambris rouges, près de la longue galerie. Notre vie est
grave, mais douce pour moi; nul ne vient distraire cette
intimité. Pas un visiteur n'affronte la neige, ne monte l'avenue. Nous vivons isolés comme dans un monastère.

Le matin est tout au travail. Lamartine, de sa plume in-
fatigable, écrit un roman populaire. Seul, dans la galerie,
aux chaudes flammes de la cheminée, je lis les lettres con-
fiées à ma plume novice, troublé souvent dans mes réponses.
Après sa prière du matin, Mme de Lamartine sort de sa
chambre, vient s'asseoir près de moi, aide, encourage le
jeune secrétaire improvisé. Elle m'apporte les feuilles nouvelles tombées de la plume matinale, les épreuves arrivées
de Paris. Nous lisons ensemble, moi entraîné par le charme,
elle moins séduite, plus attentive aux imprudences de l'improvisation; s'arrêtant à telle parole trop vive ! « Ne pensez-vous pas que cette phrase puisse causer une erreur sur

la politique de M. de Lamartine ? » Elle arrête sur tous les replis les plus cachés son regard et son examen. Sa critique vigilante ne laisse rien échapper ; elle est la réflexion de ce génie d'improvisation.

La lecture du roman *la Servante* nous charme, sans l'ombre d'une critique, par sa figure touchante, sa poésie rustique, son style pastoral. Nous admirons, dans ce génie si grand, le don de simplicité, de la langue des petits, comme la servante de *Jocelyn* !

Il fait toucher le ciel aux plus petites mains.

La tâche charmante est finie. Mme de Lamartine, assise devant son chevalet, se remet à la peinture. Elle peint pour la décoration du foyer et ses œuvres de charité.

Elle peint et j'écris des réponses à des lettres de jeunes poètes, de jeunes filles, enthousiastes comme moi. Nous causons de choses politiques ou littéraires, d'art, de la nature, surtout, de la Bretagne, de nos deux pays, en regardant le paysage tout blanc de neige, les collines, la vallée de Prissé, sous leur linceul, les longs peupliers dépouillés, les maisons noires des vignerons, au loin le manoir pittoresque de Saint-Léger, son promontoire de bois sombres, la Bresse sous sa brume neigeuse, l'austère poésie de l'hiver qui recueille si bien la pensée sous son grand silence.

Nous vivons dans une sorte de Chartreuse. Je regarde le feu flamboyant de sarments aux flammes sonores l'âme du foyer, image de la chaude hospitalité de Monceaux, les grands tapis d'Orient, si doux aux pieds comme une mousse de laine, l'énorme table couverte de livres, de dons d'écrivains, les meubles, le canapé Louis XV, les grands vases de Chine, les pipes turques, les armoires vitrées, pleines de manuscrits, de lettres d'admiration et de critique, et enfin, par la porte vitrée de la galerie, le modèle du charmant bénitier, œuvre de Mme de Lamartine, placé là, dans le vestibule octogone, comme un bénitier de poésie et de foi.

Gilbert annonce le déjeuner, nous descendons, par le large escalier de pierre aux rampes de fer, à la salle à manger. Les lecteurs de mes *Souvenirs* la connaissent. Elle est belle, toute ornée de buffets de la Renaissance, au niveau de la terrasse bordée de roses du Bengale, en été, en face du large horizon, des vieux noyers noirs de l'avenue sous leur bordure de neige. Lamartine descend vêtu de sa longue robe de chambre comme un grand seigneur de Venise. Nous sommes trois seulement à la grande table. Les légumes abondent à cette table végétale, les beaux fruits, les raisins dorés, mûris au jardin de Monceaux, des galettes dorées aussi, selon l'usage anglais, du café d'Orient.

Nous ne sommes pas tout à fait seuls. Les levrettes sont là, aux deux côtés de leur grand ami, leurs têtes fines dressées, leurs yeux sur lui; il les comble de ses dons.

Il cause des nouvelles du jour, de ses amis absents, des lettres d'enthousiasme ou de colère, du dévouement de son ami Dubois, resté à Paris pour l'édition nouvelle de ses œuvres choisies, de la République menacée, à la fois, par le président et l'Assemblée législative.

Dans l'après-midi, malgré la neige, à une lueur de soleil, nous nous promenons en voiture, dans tous les chemins de Prissé, de Pierreclos, de Milly; on s'arrête aux chaumières des pauvres gens.

Je suis frappé de l'attitude respectueuse de la famille devant Mme de Lamartine. Mais ce respect même pour la femme supérieure l'isole. Sa figure grave et triste, sa causerie sérieuse, amie des sujets élevés, son indifférence aux choses légères du monde, imposent à cette charmante famille, amie de la gaieté, du plaisir, ouverte aux fêtes mondaines, aimable et souriante, au salon hospitalier. Mme de

Lamartine semble toujours une Anglaise, au milieu de cette famille française.

Au retour de nos promenades, le repas et la veillée du soir, jamais longue, comme dans les foyers de travail. Mes deux hôtes, d'une bonté attentive, ingénieuse, délicate, craignent pour moi l'ennui, la privation de plaisirs, dans cette vie de solitude. Pour moi, j'ai mieux que des plaisirs vulgaires, je jouis de leur intimité à moi seul; nul ne vient me dérober une parole, une pensée, un sentiment de ces âmes. Je vis en pleine poésie, en pleine amitié, comme un enfant de la maison. Qu'importent la neige, le froid, la solitude! C'est une fête d'hiver.

Un mois s'est passé ainsi. Puis des amis fidèles sont venus, Boussin, Lacretelle, Rolland, l'habile négociateur du don du sultan à Lamartine, une terre en Asie Mineure. La Turquie donnait une leçon de reconnaissance à l'ingratitude de la France. L'intimité de Monceaux était finie.

LE PRINTEMPS A PARIS

1850

Ce n'est plus l'intimité. Le matin, le soir, le monde arrive à l'hôtel de la rue de l'Université, n° 82.

Je suis de bonne heure au travail, à la grande table, dans le salon de la bibliothèqne, près du cabinet de Lamartine, Des journalistes viennent le matin, La Guéronnière, Ducôing. Mme de Lamartine reste dans sa chambre; elle ne vient plus s'asseoir près de moi. Son heure est après déjeuner. Alors elle m'appelle, et nous reprenons nos lectures. Des amies viennent nous interrompre, parfois. Si j'ai trouvé dans les journaux des articles sur Lamartine dignes d'être lus, je lui en fais la lecture pendant son travail de peinture ; elle aime surtout *les Lundis* de Sainte-Beuve.

Les amis familiers arrivent vers deux heures, c'est le fidèle Dargaud ; M. de Champeaux, un gentilhomme breton, officier démissionnaire en 1830, un ami particulier de Mme de Lamartine, un ami plus estimé qu'aimé de M. de Lamartine, un caractère, susceptible par excès de dignité, d'une rude franchise par affectation d'indépendance. Il ne gâtait pas Lamartine ; il recevait, avec une sensibilité ombrageuse, les bontés abondantes de son grand ami ; mais, malgré sa fierté, il l'aimait dans l'infortune. Il accompagnait Mme de Lamartine dans ses visites, comme Dargaud, Lamartine dans ses promenades.

Le soir, on se réunit dans l'atelier, les amis intimes, Dargaud, M. de Mareste, M. d'Esgrigny, le général Caillier, Louis de Ronchaud, les préférés de Mme de Lamartine. Parmi les amis de son mari, elle fait un choix réfléchi, attentif, prudent ; elle ne se donne qu'aux amitiés sûres. M. Decaisne, son maître aimé, a une large part de son affection. Son attitude dans son salon intime a de la réserve, elle parle peu, elle écoute. Sa raison supérieure ne cherche pas à dominer. Lamartine non plus ; il n'aime pas les monologues d'éloquence, malgré les excitations de ses amis. Tous deux font causer les visiteurs ; ils ont l'hospitalité de l'esprit comme du foyer.

J'ai découvert une œuvre d'elle, dans un pèlerinage à Saint-Germain l'Auxerrois. Dans un bas côté du transept de droite, dans le clair-obscur, au demi-jour coloré des vitraux, un grand bénitier de marbre blanc rayonnait de blancheur. Au-dessus de trois coquilles d'eau bénite, trois enfants debout autour d'une croix, dans la nudité de l'innocence, enlacés, en prière, pleins de grâce, à cet âge de la piété enfantine inspirée par la mère. Une mère les avait sculptés *con amore,* en souvenir de ses enfants perdus. C'était le suave bénitier de Mme de Lamartine, un don de son art religieux à l'église. Ce groupe d'enfants en adoration charmait, rajeunissait la vieille église du moyen âge.

On était en mai, dans la fièvre électorale.

Tous deux désiraient voir élire député un éminent homme de bien, M. Chamborre, et y poussaient leurs jeunes amis du pays, un peu hésitants à l'appel du maître, et moins ardents que lui. Il écrivait le 16 avril à M. Chamborre :

« Mon cher voisin et ami,

« Je pense exactement comme vous, mais la jeunesse est jeune. Il faut lui pardonner ses inexpériences. Je ne crois pas qu'il y ait chance de succès hors de la ligne où vo us êtes. Le reste est excès ou réaction. C'est un excès aussi.

« Ici tout tend au centre. Je reprends sur le peuple honnête et même sur l'Assemblée, gauche et centre droit, une influence que je croyais à dix ans de moi. Je n'en userai que dans le sens arrêté de l'ordre républicain et de la fusion des esprits intelligents de l'époque.

« Je pars bientôt pour l'Orient.

« Je vois tous les jours Alexandre qui reste dans une ligne bien dessinée et bien prudente. La montagne baisse immensément, et la république grandit et s'élargit d'autant.

« LAMARTINE. »

Vertu charmante ! Mme de Lamartine, qui n'avait pas reçu la beauté dans tous ses dons de femme, l'aimait dans ses amies. Sans vanité personnelle, dans sa modestie touchante, elle s'effaçait avec une grâce magnanime devant la beauté, comme devant une divinité. Elle l'admirait et la faisait admirer. Je me rappelle combien elle était heureuse des belles créatures, des splendides roses humaines dont elle fleurissait son salon ; une cousine de l'Inde, une femme d'une beauté suprême, une éblouissante statue vivante, aux yeux de langueur, frangés de longs cils. Mme Hubert Delisle, une magnifique créole de l'île Bourbon. L'atelier rayonnait de leur éclat comme le bois de l'*Antiope* du Corrège. Elle se parait presque de leur beauté. Elle n'aimait pas les intrigantes d'admiration qui papillonnaient autour du poète, et lui écrivaient des déclarations d'amour. Mais ces femmes de beauté et d'honneur, ce groupe d'amies pures, elle les appelait, les visitait sans cesse. Elle me priait de l'accompagner dans ses visites; elle savait mes admirations et se plaisait à les charmer par la contemplation de ces beautés d'Orient.

Elle lit avec moi *les Nouvelles confidences*, ces pages d'onction sur la mère. C'est l'encens sur l'autel de la famille, nous le respirons avec piété.

Tout le mois de mai s'est passé en promenades au bois de Boulogne, sous l'avenue des Acacias en fleurs, en pas errants dans les herbes, en causeries poétiques, en rencontres d'amis attirés par le printemps.

Au retour, elle met dans des vases des fleurs sauvages cueillies au bois. La fête de mai allait finir, Mme de Lamartine allait partir pour l'Orient.

LE NOUVEAU VOYAGE EN ORIENT

« Juin 1850, Marseille, jeudi.

« Nous nous embarquons pour lever l'ancre au jour demain. Je viens de visiter notre navire, il est très beau, très propre, très commode et, dit-on, très bon marcheur. Nous y avons des arrangements parfaits. S'il plaît à Dieu, la traversée sera bonne. Mais M. de L. est parti si malade (sans pourtant être en danger, comme se plaisent à le dire *les Débats*)

que j'ai eu mille tourments en route. Le vent du Nord soufflait sur le Rhône une rafale glacée. Il n'était guère possible de lui faire prendre les précautions nécessaires ni la
diète délayante indispensable à sa poitrine en feu. S'il avait
été dans son état naturel, le voyage aurait été heureusement
commencé, car les voyageurs étaient ou amis ou sympathiques. Il a été entouré de prévenances respectueuses, et
partout où il a été reconnu, il a été salué affectueusement,
jusqu'à *répéter tout bas* : vive Lamartine! on semblait respecter son incognito tout en trahissant ses sentiments.

« Le Rhône était majestueux. Cet air de tempête et de
tourbillon ne messied pas à cette nature fortement accentuée.
L'arrivée de Marseille était splendide. On ne pouvait
s'empêcher de jeter un cri à l'aspect de la mer, en sortant
d'un tunnel obscur qui dure neuf minutes de chemin de fer!
C'est d'une longueur presque effrayante. Si on ne comptait
que par sensations on dirait qu'il s'est passé une demi-heure
de nuit au milieu d'un jour d'été. C'est une éclipse saisissante. Notre pauvre Monceaux nous souriait de son mieux :
fleurs, fruits, soleil, rien n'y manquait; mais je ne l'ai ni
abordé ni quitté avec plus de serrement de cœur ! J'ai dit
vos bons souvenirs aux êtres inanimés, et je les garde là,
où rien ne s'oublie en moi. Merci de me les avoir écrits!

« Reine-Garde vient de nous arriver avec trois cents
vers, les meilleurs qu'elle ait faits. Elle a été charmante de
simplicité de cœur. Elle aurait voulu me suivre comme
femme de chambre. A Aix, on la fête beaucoup depuis la
Dédicace. Dites mille et mille choses à M. et Mme Dargaud et à tous ceux qui vous parlent de nous, M. de Saint-
V., M. Pelletan, la Guéronnière, etc.

« Adieu, pensez à nous.

« M. de L. » (1)

(1) A partir de 1850 les lettres citées sont inédites. L'admirable
Correspondance de Lamartine que toute la France devrait lire,

Ils partirent de Marseille le 21 juin, sur le bateau à vapeur l'*Oronte*. MM. de Champeaux et de Chamborant les accompagnaient.

Elle partait triste, on le sent à l'accent de cette lettre ; les poignants souvenirs les saisirent en pleine mer. Ce second voyage allait réveiller la mémoire du premier voyage. L'eau n'avait pas gardé les traces de l'enfant, mais la mère, assise sur le pont, revoyait Julia près d'elle, les vagues, les rivages, les étoiles contemplés ensemble ; le départ dans l'espoir, le retour dans le deuil, la funèbre vision du cercueil. Par bonheur, elle ne devait pas revoir la Syrie, Beyrouth, le Liban, le pays de ses plus amers souvenirs, où l'enfant était morte. Elle s'en allait à un pays nouveau, à l'Asie Mineure, à Smyrne ; les plus cruelles émotions ainsi lui furent épargnées. Mais le cœur d'une mère est ingénieux à se créer des souffrances. Quoique loin de Beyrouth, elle revit la scène d'agonie toujours présente à sa douleur ; repliée en elle-même, dans la solitude de la mer, aux grandes lamentations en accord avec ses souvenirs funèbres, elle eut l'inextinguible désir de ce qui n'est plus.

Les marins la regardaient avec une sympathie respectueuse. « Elle les attire et les attendrit par sa piété de femme et par l'intérêt qui s'attache dans les nobles natures à ce qui souffre et à ce qui se dévoue », a dit Lamartine.

Une amitié naquit avec les trois officiers de l'*Oronte*. Créateur d'une république, il leur inspira d'abord de la défiance ; mais elle se dissipa vite dans l'intimité de cette grande âme.

Ce républicain idéal sut les toucher. Assis sur le pont à l'ombre d'une tente, il expliquait, racontait, réhabilitait aux

s'arrête à 1852. La maison Hachette devrait publier la partie de 1853 à 1869. M⁰ᵉ Valentine de Lamartine a achevé ce monument familier où Lamartine se révèle si simple et si grand. Elle y a consacré sa vie, à elle la peine, à elle l'honneur.

trois marins sa politique de 48 ; ils admiraient surtout son héroïsme au milieu des tempêtes du peuple, eux qui avaient bravé les tempêtes de la mer. Le peuple aussi est un élément.

Aux Dardanelles, l'*Oronte* embarqua le harem du pacha ; c'était un spectacle nouveau, pittoresque, cet essaim de femmes voilées, groupées sur des tapis, gardées par des eunuques noirs. Le consul de Sardaigne, monté à bord, connu de Lamartine, dit son nom au fils du pacha. Aussitôt le nom glorieux courut de bouche en bouche, les femmes s'agitèrent, curieuses de voir la figure d'un grand d'Europe. Son nom, ses exploits étaient connus ; sa renommée avait pénétré jusqu'au fond d'un harem.

Constantinople apparut, au tournant du vieux sérail, à l'ombre de ses collines de cèdres et de cyprès, avec ses anses, ses palais au bord de l'eau, ses minarets élancés au ciel, ses caïques, ses bateaux à vapeur de tous pays, son immense rue de mer dans la gorge magnifique du Bosphore.

Il trouva pour la peindre encore, des couleurs nouvelles trempées dans le ciel, le soleil et l'eau de l'Orient. Mais il avait hâte de porter sa reconnaissance au sultan pour son don d'une terre dans l'Asie Mineure.

Son ami, le grand vizir, Reschid-Pacha, lui annonça une audience intime dans un kiosque rustique, retiré au fond des bois. On servit à Lamartine, à ses deux amis, les pipes, les glaces, les sorbets ; puis, à travers les branches, ils virent se détacher, au haut d'une colline, sur l'azur du ciel, des cavaliers, puis un homme jeune descendre, seul, sur un cheval à la robe grise, moirée au soleil. C'était le sultan.

Il entra dans le kiosque, Lamartine lui adressa un discours tout oriental de remerciement, traduit par Reschid-Pacha. Le sultan répondit avec grâce. Il le reçut comme un sultan d'Europe, un sultan de la poésie et de la république. Sa figure noble, douce et mélancolique, charma le poète. Il eut un mot heureux d'éloge au sultan : « Votre Majesté Impériale a véritablement deux diadèmes : un sur le front, qui est son pouvoir, et un autre dans le cœur, qui est sa bonté. »

Il quitta Constantinople en juillet pour se rendre dans ses terres près de Smyrne, il fit halte à l'ile de Mytilène, dans la plus douce hospitalité de la table et des cœurs. La brise de la gloire avait porté son nom et ses poésies à la jeunesse grecque de l'île. Mme de Lamartine, si heureuse des bonheurs du poète, eut là aussi une joie attendrie.

A Smyrne, dans le beau golfe où s'étage en amphithéâtre la ville turque sur la hauteur, la ville chrétienne sur la plage, même accueil du pacha et des habitants. C'était un voyage triomphal, réparateur de l'abandon de la France.

On partit de nuit, à cause de la chaleur brûlante, pour la plaine de Burgas Owa; on fit halte au caravansérail de Tryanda, après des rencontres de caravanes. La route serpentait au bord d'arbustes aux fleurs bleuâtres, des *agnuscastus* et de lauriers-roses.

Un berger montra son royaume à Lamartine. On arriva au village d'Achmed-Shed, à une maison pastorale, au milieu d'un grand jardin, aux murs blanchis, peints d'arabesques, au toit bordé de cigognes, l'oiseau familier, l'hirondelle de l'Orient.

On déchargea la caravane, les chameaux. les chevaux; on dressa des tentes pour le campement, dans la maison aux arcades ogivales. On improvisa le foyer au milieu d'une mêlée de chefs turcs, de cavaliers albanais de l'escorte, de servantes grecques, d'esclaves noires. Mme de Lamartine fit l'installation domestique pour le bien-être de ses hôtes.

Lamartine vit là l'instruction populaire plus répandue qu'en Europe : tous les hommes sachant lire, écrire et réciter le Coran. Il quitta Mme de Lamartine occupée aux travaux d'intérieur, lui laissa son ami, M. de Champeaux, et s'en fut avec M. de Chamboran visiter ses domaines.

C'était une terre promise, toute ruisselante de sources d'eau vive, mais inculte, abandonnée à sa fécondité naturelle. Le caravanséraï de *Gourgour*, son moulin, le fleuve de son domaine, le Caystre, décrit par Virgile, les buffles dans les marécages, les troupeaux de vaches et de moutons, son riche village d'Iéni Chifflick, celui de Rammanler, ces collines, ces plaines, lui donnèrent un éblouissement, une vision de fortune. Il fit ses plans de culture du mûrier, de la vigne, de vie biblique et homérique, de retraite en Orient.

Il sortit de ses terres pour monter à la ville de Tyra. C'était au soir du *Ramadan*, la semaine sainte des Turcs. Les minarets étaient illuminés de lampes, c'était une féerie de lumière, une ville d'étoiles au crépuscule, sur le sombre azur du ciel.

Tout à coup, dans un défilé ouvert sur la vallée de Tyra, les voyageurs virent venir à eux un groupe de cavaliers, un bouquet de fleurs à la main. Ils les offrirent à l'illustre voyageur. C'était le gouverneur, les grands personnages qui venaient au-devant de l'hôte du sultan.

L'émir Frangi, en vrai Oriental, ceignit son sabre de Damas, présent des Maronites, se couvrit de son manteau pour faire honneur à son escorte, fit une entrée triomphale au milieu des troupes, des coups de fusils et des hourrahs du peuple.

On lui donna une splendide hospitalité dans la maison du *Séraf*, banquier du sultan; le *pilaf*, arrosé de jus de grenade, sur des plateaux de porcelaine de Chine. L'hôte se tenait debout derrière lui. L'Orient a plus que l'Europe le don, la noblesse, la magnificence de l'hospitalité.

Les voyageurs montèrent sur le belvédère respirer la fraîcheur de la nuit. Le spectacle était magique. Les mina-

rets constellés d'illuminations ; il **y** avait deux ciels à la
fois, les étoiles du firmament et les étoiles de la terre. A
cette heure, dans tout l'empire musulman, tous les minarets
illuminés rayonnaient à Dieu, à Allah, leur hymne de lumière et d'adoration.

Lamartine dit adieu le lendemain de cette fête religieuse
de la nuit. Il écrivit sous l'impression des pages vraiment
sacrées, pour son *Nouveau voyage en Orient*. Il rendit
grâces à ses hôtes, contempla une dernière fois les cascades
des forêts et les cascades d'eau de la montagne de Tyra, sa
vallée semblable par sa fraîcheur à une vallée de la Suisse.
Il en perdit la vue au tournant d'un cap, et reprit, avec son
ami et sa caravane, le sentier de Rammanler.

Tout vibrant d'admiration, il s'entretint avec son compagnon de ces beaux paysages.

Tout en devisant, on arriva à Rammanler ; la veuve de
l'Ayam reçut les voyageurs. Après avoir traversé des cam-
pements d'Yourouks nomades, de Parsis, on atteignit
Thouloum.

Le lendemain, aux rayons de l'aube, ils virent venir une
caravane à leur rencontre. C'était Mme de Lamartine appelée par son mari. On se promena à l'ombre des platanes,
dans la vallée d'Ephèse. Puis Mme de Lamartine aperçut
sous un vieux sycomore le vieil iman du village apprenant à
lire aux petits enfants. C'était un tableau vivant fait pour
tenter l'artiste. Là, entourée de femmes et de jeunes filles
souriant à la femme d'Europe, elle peignit la scène
d'Orient.

Après quelques jours passés à Achmed-Shed, à Sevdikéui,
ce Saint-Cloud de Smyrne, on vint se reposer à Smyrne,
dans un foyer hospitalier. Les Français firent fête à leur
illustre compatriote. Le 23 juillet, il parla à la distribution
des prix des Lazaristes ; le 25, à celle de l'école des sœurs
de Charité ; le 28, à une députation de la colonie française.

Mme de Lamartine eut la joie de l'entendre dans ces fêtes touchantes.

Le *Mentor* arrive, le 1er août, à l'aurore, devant le cap Sunium, où s'était levée, avec Platon, l'aurore d'une vérité. On ne descendit pas à Athènes. Le choléra la ravageait, et une fièvre contagieuse soufflait sur la côte. Elle pénétra à bord du *Mentor*. Mme de Lamartine fut atteinte et dut se retirer dans sa cabine. Son ami, M. de Champeaux, déjà frappé d'une maladie de cœur, frissonna sous la fièvre pernicieuse. Son état s'aggrava. Le médecin du *Mentor* et M. Grawford, un médecin anglais, le soignaient ensemble, ainsi que Mme de Lamartine gravement souffrante, abattue par la fièvre.

Devant Malte, M. de Champeaux monta sur le pont respirer la brise du soir. On espérait, quand, à trois heures du matin, les médecins frappèrent un coup sourd à la porte de Lamartine : « Levez-vous vite, votre ami se meurt. » Quand Lamartine entra dans la cabine, son ami ne vivait plus.

On cacha la triste nouvelle à Mme de Lamartine, dont une douleur pouvait aggraver la maladie, aux passagers, malades eux-mêmes ; ils auraient été frappés de terreur.

On ensevelit le pauvre mort. On était en pleine mer, sans espoir de débarquer le cercueil. La terre, fermée par la quarantaine, refusait l'hospitalité funèbre. On se résigna à ensevelir le cercueil dans ce profond cimetière de la mer. On cacha aux passagers la cérémonie lugubre. Vers une heure de la nuit, avant l'aurore, le capitaine, les officiers, les marins de quart, les médecins, des passagers compatissants, Lamartine, se réunirent sans bruit autour du cercueil aux lueurs des cierges, dont la flamme menaçait de s'éteindre sous le vent, comme la vie. Deux missionnaires répandirent les lamentations et les prières d'immortalité. Le cercueil, par une attention du capitaine, était paré d'une épée, et de décorations militaires, en l'honneur d'un mor-

qui avait porté l'épée. Le capitaine dit quelques mots de Dieu, d'une voix ferme, en homme familier avec la mort. L'assistance émue salua de la main la bière, l'ami pleura. Puis, devant ce groupe d'hommes à genoux, au milieu d'un silence solennel, le capitaine, d'un accent bref et ému, commanda la manœuvre funèbre. Des matelots lâchèrent l'amarre du cercueil placé sur une planche au-dessus de l'eau, la planche chavira, le cercueil chargé de boulets glissa, tomba dans la mer et disparut.

Ce fut sinistre. La terreur étouffa les sanglots devant ce mort englouti dans l'abîme. L'imagination, les regards plongeant sous les vagues, suivirent la descente vertigineuse du cercueil au fond du gouffre. En haut, les étoiles brillaient au ciel comme d'immortelles espérances. Mais, en bas, dans l'abîne immense, un mort s'enfonçait, dans les mystères, sous les ténèbres des eaux, au milieu des monstres de la mer, sans une fleur, sans une croix, sans un signe visible de prière et d'amitié, surnageant à la surface en disant : Un mort est là !

Quel retour douloureux dans les deux voyages en Orient pour les deux voyageurs. Ils leur avaient porté malheur, chaque fois ; chaque fois, ils ramenaient un cercueil, une enfant morte, un ami mort.

L'horrible scène des funérailles en mer fut épargnée à Mᵐᵉ de Lamartine. Faut-il dire, pour consoler sa pensée, les vers superbes du sonnet de Desportes?

> Il mourut, poursuivant une haute aventure,
> Le ciel fut son désir, la mer sa sépulture.
> Est-il plus beau dessein, ou plus riche tombeau?

L'AUTOMNE A MONCEAUX

1850

Il est odieux de se répéter. J'ai raconté, dans mes *Souvenirs*, la lecture émouvante des stances tragiques au comte d'Orsay, le 4 octobre. Le poëte nous parut transfiguré en une statue humaine parlant du fond de la tombe, comme la sibylle funèbre de Préault. C'est mon plus grand souvenir. Cette poésie souveraine, à l'accent d'airain, devait émouvoir, trente ans après, un éminent critique, M. de Pontmartin, et mériter de lui ce mot magnifique : « C'est Dante causant avec Michel-Ange. »

Je me rappelle une soirée oubliée. C'était le 8 octobre. On quitta Monceaux pour Saint-Point. Henry de Lacretelle et moi, nous allâmes à pied par la montagne dont Lamartine nous avait peint, le 10 octobre 1849, le paysage, le dialogue homérique de l'aveugle et du poète unis dans la tristesse.

Le soir, on se promena au bois de Saint-Point, par les sentiers rocailleux couverts de feuilles jaunies, nous à pied, lui à cheval sur *Saphyr*, en avant, et se retournant pour nous lancer ses pensées de mélancolie.

Il rentra, tout frémissant, au salon, et là, il dit de mémoire, en italien, de sa belle voix mélodieuse et sonore, un chant entier du Tasse. Le clair de lune glissait ses lueurs par la porte ouverte du balcon gothique. Mme de Lamartine écoutait, recueillie et ravie, ces vers enchanteurs dans cette langue dont la musique réveillait ses souvenirs de fêtes et de bonheur en Italie.

Les vendanges nous ramenèrent à Monceaux. L'ami le meilleur en était absent : M. Dubois était retenu à Paris

par les affaires de Lamartine. Il s'y était donné corps et
âme. Il s'occupait de l'édition choisie des œuvres en quatorze volumes. Ce grand esprit, avec ses dons de pratique,
de précision, d'activité, suffisait à tous les soins minutieux,
multipliés du ménage littéraire. Il surveillait l'impression,
tenait la comptabilité, payait l'imprimeur Didot, corrigeait
les épreuves avec Mme de Lamartine, expédiait les volumes
aux souscripteurs amis, surveillait la qualité des souscripteurs, économe jaloux de la fortune de Lamartine, refusait
d'envoyer les volumes avant la réception de l'argent,
ne cédait qu'avec défiance et regret à la générosité de
Lamartine qui prodiguait ses dons littéraires. Mme de Lamartine veillait de Monceaux, écrivait à M. Dubois, en
harmonie de foi religieuse, d'économie, de prudence, en
plein accord avec cette femme de dévouement. Il avait
quitté à plus de cinquante ans sa famille, sa maison, sa vie
recueillie et pastorale, pour se dévouer avec l'élan d'un
jeune homme. Grâce à lui, l'édition donna 96,000 fr. à Lamartine, malgré les dons prodigués à des souscripteurs gra-
tuits ; elle eût donné 150,000 fr. C'était une providence
d'amitié.

Il était depuis longtemps et il devait être jusqu'à la fin le
grand ami de bon secours. Il était le confident des bonnes
œuvres de Mme de Lamartine. Avant 1848, à un cruel moment où Lamartine, traqué par un notaire usurier, courait le
péril de l'expropriation, s'il ne payait pas une somme de
40,000 fr., il fut l'intermédiaire secret de Mme de Lamartine venant au secours de son mari, en se cachant. Sa mère
avait déposé, chez M. de Waru, une somme à l'abri des générosités de Lamartine, destinée à sa fille seule. Elle pria
M. Dubois d'en retirer la somme nécessaire, contre un
billet signé de Lamartine, croyant à un simple prêt d'un inconnu par l'entremise de son ami. Grâce à ce prêt fictif,
Lamartine ignora cette bonté nouvelle de sa femme.

Pour moi, c'était l'ami le meilleur entre tous de Lamartine, l'ami désintéressé, généreux, prodigue de sa fortune, de son temps, de son âme, de sa vie. Il aimait dans Lamartine l'homme encore plus que le génie, de cette tendresse d'abnégation que le chien a seul. Il se tenait à l'ombre, en silence, les yeux sur lui, se plaisant à le regarder, à l'entendre sans fin. Il avait la simplicité évangélique, *sancta simplicitas.* C'était un chef de famille patriarcal vivant au sein de sa tribu, de ses vignes, de ses prés, de ses bœufs, une figure de la Bible. Lamartine l'aimait entre tous ; il se plaisait à aller de Saint-Point à cette retraite de Saint-Laurent, cachée sous les bois, sur les collines de Cluny. M. Dubois lui préparait la grande table de famille au jardin, dans une salle rocheuse, à l'ombre des chênes, un repas rustique, comme Homère dans l'*Odyssée.* Le nouvel Ulysse, au retour de ses voyages, retrouvait là son fidèle Eumée.

LA VIE A PARIS

1851

Cette année, si agitée du conflit du président et de l'Assemblée, allait prendre les heures, la pensée, le cœur de Mme de Lamartine. Le matin, la lecture des épreuves de l'*Histoire de la Restauration,* du *Conseiller du peuple,* des *Foyers du peuple,* du second *Voyage en Orient,* du roman populaire, *Geneviève,* des articles dans *le Pays,* que d'œuvres à lire, à surveiller, à mener de front par une main de femme !

Après déjeuner, elle se reposait un peu dans la causerie. Je lui faisais la lecture. Un jour d'avril, elle était dans sa chambre, une charmante femme près d'elle, jeune, jolie, gracieuse, sa cousine, Mme Breuil. Je leur lus un *Lundi* de Sainte Beuve. Ce *Lundi* sur Hégésippe Moreau et Pierre Dupont, tout poétique, parfumé des roses de Provins, comme les vers de Moreau, le poète maladif et délicat. Sa poésie fraîche comme la Voulzie, sa halte de prières à Saint-Etienne-du-Mont, charmèrent et touchèrent les deux femmes. Puis les senteurs rustiques de Pierre Dupont soufflèrent leurs bouffées au front. Ce fut un lunch de poésie.

Elle avait l'habitude du lunch de thé et de gâteaux selon l'usage anglais.

Le printemps approchait. L'air de Paris, des rues chauffées par le soleil, brûlait. On alla chercher la fraîcheur au bois de Boulogne dans la villa Madrid, cachée au fond du bois, une oasis de lilas. La chère solitude d'intimité recommença.

Le salon était charmant, tout fleuri, tout égayé par les chants d'oiseaux, dans leur grande cage. La gentille perruche, posée au haut de son perchoir, descendait, montait vers moi et me becquetait de baisers. Elle frissonnait de plaisir sous mes caresses. Elle m'aimait et je l'aimais.

Sa maîtresse venait de bonne heure jouir des heures matinales. Là, dans cette aile retirée du salon, notre vie de lectures, de travail à deux, de causeries, d'intimité profonde, recommençait. Elle peignait en liberté ses images de fleurs et d'enfants, souvenirs de la vie heureuse où elle avait ses deux anges, jouant au jardin de Milly.

Lamartine allait à la Chambre, à la politique plus en feu que jamais, à l'écart de la tribune, témoin attristé du duel de l'Assemblée et du président... Victor Hugo lui communiquait sur son banc des poésies des *Châtiments*.

L'après-midi, Mme de Lamartine se promenait en voiture, aux bois de Saint-Cloud, de la Malmaison, sur les bords charmants de la Seine, dans tous ces gracieux paysages de Louveciennes, de Bougival. Nous montions à la Celle, nous faisions halte à la maison de campagne de Mme de Circourt, de race russe, d'esprit parisien, très répandue dans le grand monde de l'aristocratie et de la politique. Elle causait avec beaucoup de charme, d'esprit et de vie. On oubliait sa figure au feu de sa causerie.

Puis nous revenions contempler la beauté de Mme Hubert-Delisle, la ravissante créole si belle et si bonne.

> La beauté, cette fleur du corps,
> Et la bonté, ce fruit de l'âme.

Le soir, malgré l'éloignement de Paris, les visiteurs venaient. Émile de Girardin, mal doué comme causeur ; Mme de Girardin, la belle déesse blonde, étincelante d'esprit, trop rieuse au gré de Lamartine ; M. d'Esgrigny, le gentleman du faubourg Saint-Germain, à la causerie distinguée ; Dargaud ; Ponsard, qui nous intéressa un soir, par la lecture de *Charlotte Corday*, une primeur dramatique ; le marquis de La Rochejacquelein, grand admirateur de Mme de Lamartine. Un jour, marchant dans l'allée de lilas, fixant sur elle sa belle et cordiale tête de lion, il me disait d'un accent pénétré de respect : « Quelle sainte femme ! »

Un soir, au retour de Paris, Lamartine confia à sa femme et à moi un secret politique. Le président, fatigué de la politique hostile de l'Assemblée, de ses ministres, avait appelé Lamartine et l'avait supplié de venir à son secours, de former un ministère républicain, d'en être le chef, l'orateur à l'Assemblée. Lamartine refusa.

La vie à Castel Madrid se déroulait paisible, dans une intimité délicieuse, parfumée du printemps. Appelé par un cher malade en Bretagne, je reçus vite, en juillet, une lettre bonne et charmante de ma noble amie :

« Je ne veux pas quitter cette retraite où nous avons

passé près de trois mois aussi doucement qu'il est accordé de les passer au milieu de la vie, lorsqu'on n'a plus de joies et qu'on n'aspire qu'à la paix, sans vous dire combien vous nous avez manqué ces derniers jours. Votre absence a fait le vide, vous n'en doutez pas. Vous n'êtes pas assez modeste pour penser que vous avez été remplacé même auprès de Cocotte. Vraiment cette jolie petite créature a montré un cœur inattendu. Elle vous appelait, elle vous cherchait, elle allait piétinant jusqu'à votre table, tournait autour du canapé, et s'en revenait tristement, ne vous trouvant pas. J'ai tâché de la consoler un peu en m'occupant d'elle. Mais elle vous regrette toujours.

« Nous avons attendu avec anxiété la première lettre, car nous étions bien occupés de votre triste voyage, de vos nuits passées, seul de pensée, lorsque l'obscurité lève des fantômes devant l'imagination, sans que vous ayez une voix amie pour vous fortifier. Dieu merci, votre lettre m'a bien rassurée sur l'état de votre père, et m'a fait du bien sous d'autres rapports.

« Mes pauvres pages sont dans le portefeuille. J'ai un peu honte de ne plus faire que ces niaiseries, mais vous savez ma vie interrompue, tracassée, harassée. Je n'ose entreprendre mieux, et cependant je sens que je pourrais, comme avant et plus sûrement qu'avant peut-être, peindre à l'huile quelque chose de mieux; mais le temps, le calme, la continuité de séjour, me manquent complètement. Je ne puis pas prendre une grande toile avec la certitude de la laisser en chemin, soit à Saint-Point, soit à Monceaux, et cependant j'ai bien un autre plaisir à peindre la figure humaine que les fleurs des champs. Je viens, avec M. Dargaud, d'arracher deux plantes de ce géranium sauvage qui émaille le bois au printemps, et une racine de fleurs blanches que nous avons cherchées sous les arbres pour une page. Je serai bien aise de faire refleurir ce souvenir un jour. Adieu, il faut que je termine cette lettre décousue qui a été interrompue plus d'une fois, mais le sentiment qui l'a dictée ne s'interrompra pas.

« Adieu ! et au revoir ! »

« Jeudi, Monceaux.

« C'est à Milly que votre bonne lettre est venue me trouver bien à propos, car je me trouvais triste. C'est vous dire qu'elle m'a fait du bien ! Quand on n'a plus de bonheur pour soi, vous ne sauriez croire combien de soulagement on trouve à chercher à concourir au bonheur des autres, et quelle joie lorsqu'on vous dit qu'on y est pour quelque chose, quelque petite que soit la part.

« Mais il faut que je vous gronde d'avoir pensé que je pouvais vous accuser de n'être pas arrivé. Mon Dieu, non (et par le principe de tout à l'heure), je me réjouissais que vous étiez auprès des vôtres dans votre Bretagne. Je ne la connais que de cœur, et que je voudrais bien la voir ! Oh ! que la mer me manque cette année !

« Et il faut que l'attrait soit bien grand, car j'y étais bien trappée l'année dernière ! voyant mourir ce pauvre M. de Champeaux qui m'était si dévoué !

« Il me donnait bien ce plaisir de savoir qu'il était plus heureux près de nous que partout ailleurs, il me le disait sans cesse.

« Donc j'étais triste. M. de L. avait désiré faire un petit dîner de campagne à Milly, et bien que cela me donnât un peu de peine pour organiser la chose et envoyer de Saint-Point tout ce qu'il fallait, en déménageant en même temps pour passer huit jours à Monceaux, je m'y suis prêtée très volontiers. La famille y est venue, et tout s'est bien passé. Mais, pour moi, rien n'est plus émouvant que Milly Cette retraite absolue, que j'ai habitée avec mes deux petits enfants, me retrace mille et mille scènes évanouies par la mort! Et quoique j'aie eu les mêmes joies ailleurs, Milly, par son abandon actuel, semble avoir plus gardé de traces, rien ne s'est superposé depuis. Aucune consolation n'y est venue, je ne dis pas effacer, mais adoucir les souvenirs.

« Je ne puis regarder la cour sans y voir un chérubin de quinze mois, qui, monté sur une chèvre, venait triomphalement à ma rencontre aux applaudissements de toute la maison, beau, frais, fier, se tenant comme à cheval et souriant de bonheur! Qui m'aurait dit qu'en moins d'un an!... Puis dans le jardin je vois les petits carrés dans l'ombre des arbres verts où ma fille semait, plantait, faisait sa petite récréation, et jouissait, hélas! comme nous tous, de ses fleurs en espérance; il n'y pousse que des ronces à présent! Deux ans après, la terre sainte...

« Hélas! j'ai une ténacité d'impressions qu'aucun temps n'efface, tout est toujours présent. Je me fais mal, même en l'écrivant. Je vous en fais peut-être à vous-même, car le cœur se devine même à des sentiments inconnus encore. Dieu vous en préserve.

« Adieu, soyez le bienvenu et comprenez que vous l'êtes !

« M. »

J'arrête la citation à ces poignants souvenirs, à cette vision du passé, à cette confidence de mère trempée de larmes. Voilà les tendresses de ce cœur inconnu. Elle les cachait, elle ne les disait à personne, elle les confiait pourtant à un jeune ami aux précoces tristesses, qui avait pleuré avec elle. Pour le monde, sa figure dérobait sous un voile de gravité et de silence ses émotions de mère. Elle avait renoncé au bonheur pour elle, mais sa bonté se dévouait au bonheur des autres. Ah! elle aimait bien ceux qu'elle aimait!

La mort de ses enfants n'avait pas été seulement une douleur, mais un désastre. De leur foyer vide, elle lança le père et la mère sur la haute mer des révolutions de la fortune et de la politique. L'enfant est un ange gardien. Si les enfants avaient vécu, s'ils étaient restés là, leurs petites mains les auraient soutenus dans les épreuves fatales de la vie. Le père eût conduit sa fortune avec une prudence, une prévoyance paternelle. Il n'aurait pas tenté ses entreprises aventureuses en Orient; le père aurait eu plus de sagesse, la mère aurait eu moins de souffrances. Ses anges l'auraient consolée. Les dernières années n'auraient pas eu leurs tortures. Tous deux auraient eu du bonheur. Il leur aurait manqué le sacre du malheur, l'auréole des supplices de la vie. Leur front n'aurait pas eu la couronne d'épines.

L'ÉTÉ A SAINT-POINT

1851

Revenu de Bretagne à Saint-Point, de la mer à la montagne, dès l'aube, je suis descendu de ma haute chambre, en face du tombeau et de l'église, au cabinet de travail. Il est dans une large et profonde embrasure d'une fenêtre de la tour du nord. Assis devant le bureau de Mme de Lamartine, je regarde une pyramide de dessins et de portraits étagés le long du mur. Au sommet se détache la figure fine et socratique de l'ami le plus cher, M. de Virieu; plus bas, le ravissant portrait de Lamartine à vingt-deux ans, par Mlle de Virieu; le portrait de l'élégant duc de Rohan, à la frisure célèbre. Entre les deux, Mme de Lamartine avait suspendu une lithographie populaire de 1848, le héros à cheval passant sur la place de Grève, au milieu des acclamations. Puis, au-dessous, un beau et pittoresque paysage, de l'église de Valneige, souvenir de Jocelyn, un hommage d'un artiste, Durand. L'église est placée entre deux paysa-

ges à la mine de plomb, de Mme de Lamartine, des souvenirs d'Italie, deux clairs de lune sur un golfe et sur un
torrent, au temps poétique où on aimait encore le clair de
lune. Plus bas, une assez pâle aquarelle entre un dessin de
femme par son maître Decaisne, et le portrait vivant d'une
femme aux yeux pleins de flamme, l'amie italienne, Mme de
Barol, mondaine dans sa jeunesse, pieuse à son âge mûr,
l'amie de bon secours de Silvio Pellico, à qui Lamartine
avait dédié des stances, après un pèlerinage fait avec elle à
la Grande-Chartreuse. Sur un panneau à côté, le portrait de
l'ardent et chevaleresque ami, Aimé Martin. Au-dessous,
un troisième paysage. Puis enfin une des grandes scènes du
drapeau rouge, Lamartine debout, au milieu de la foule en
armes et le menaçant de mort.

Du côté opposé, un grand bas-relief en plâtre de Lamartine, par Adam Salomon, entre deux médaillons de bronze
par David : Lamartine et Victor Hugo. Au bas, une figure
de femme aux ailes repliées, assise sous un arbre, au bord
d'un lac, par Arsenne, image de la méditation. Puis la bibliothèque aux ogives gothiques, chargée de beaux livres,
des œuvres de Lamartine, de Hugo, de Shakespeare, le
plus grand poète du monde, comme l'appelait Lamartine,
de Byron, les noms glorieux. Le buste de Sapho couron-
nait la bibliothèque. Dans un coin en face, la figure de
Charlotte Corday, d'Adam Salomon, le chaste et héroïque
souvenir des Girondins.

Mme de Lamartine avait rassemblé, dans ce *buen retiro*,
les plus chers et les plus beaux souvenirs du poète et du
héros, comme en un reliquaire. C'est là qu'elle venait le
matin, près de moi, travailler, lire les œuvres du génie.

Le salon s'étendait sous sa tenture de damas bleu à
trèfles blancs, animé de grands portraits de famille et
d'amis. Un grand piano anglais s'allongeait dans un angle ;
une cage d'oiseaux, posée sur le piano, nous charmait de

ses gazouillements joyeux, aux rayons du matin. La jolie perruche allait, çà et là, venait près de nous. Un bahut de la Renaissance, surchargé de porcelaines de Chine, du Japon et de Saxe, remplissait le vide entre les deux portes-fenêtres du salon. Le buste antique de Brian y dressait sa tête calme et sereine.

La cheminée de marbre, à la large ouverture, s'évasait en face du piano, surmontée d'une pendule de bronze, à la femme étoilée, image de la poésie religieuse des *Méditations* et des *Harmonies*. Une glace la surmontait. Aux deux côtés, un portrait de Lamartine à la tête jeune, belle, aux boucles de cheveux flottantes à la brise, au cou découvert, sous sa large collerette blanche ; puis le portrait de Mme de Lamartine, à l'heure du bonheur et de la jeunesse, pleine de charme et de douceur, aux yeux bleus, aux regards limpides, reflets de son âme si pure, la tête encadrée d une masse de cheveux châtains, de boucles semées sur son beau front, les épaules à demi découvertes sous sa robe de mousseline blanche, et la taille serrée dans une écharpe écossaise.

Le mobilier sans éclat, calomnié par la médisance, avait grand air sous sa parure fanée. Des meubles bien modestes, un beau tapis de Smyrne, des vases de Chine, de la simplicité et de la grandeur, je ne sais quelle vie, quel charme, quelle émanation mystérieuse des choses.

Objets inanimés, avez-vous donc une âme ?

Elle me conduisait souvent, pour être plus recueillis au traval, dans sa chambre même. On traversait le salon, la salle de billard, aux murs couverts de portraits de famille et d'amis, de tableaux inspirés des œuvres du poète. Jocelyn recevant Laurence des mains du père mourant, des copies italiennes de Mme de Lamartine, un petit album rempli des noms et des hommages des pèlerins.

La chambre de Mme de Lamartine, située sur le balcon gothique. en face de la montagne. au levant, donnait une impression de recueillement. Les lits voilés de rideaux, la petite bibliothèque chargée de livres religieux, les portraits de Julia, peints, dessinés par la mère, la tête couchée sur un coussin et des fleurs, les bras passés autour du cou de son chien, souriant à sa mère, sous les boucles de ses cheveux blonds, le crucifix au-dessus du prie-Dieu ; on se sentait dans un sanctuaire. Puis, au fond de sa chambre, par une petite porte, j'entrais dans le cabinet du poëte, à la voûte cintrée, au clair-obscur, nu, austère, un caveau de Rembrandt, une grotte des Pères.

Un portrait de Byron. Devant lui, aux côtés de la cheminée, le médaillon de sa mère, le portrait de sa fille, lui souriaient. Une étroite porte vitrée s'ouvrait sur un balcon de bois, le parc, le paisible enclos. Les yeux se recueillaient devant la chapelle funéraire et l'église, au milieu des arbres. C'était une cellule de poésie et de prière.

Par un escalier tournant de pierre, aux larges marches basses, faciles à monter, on arrivait au premier étage, sous une petite porte gothique. Au deuxième étage, sur un long corridor de cloître, s'ouvraient les chambres de famille et d'amis, grandes. hospitalières, au confort simple. On y sentait les attentions de la ménagère ; le linge parfumé, les sarments flambant dans la cheminée. la chaude hospitalité. Dans les caisses des bûches entassées, un vrai luxe de bois à feu. Sur les tables, le beau papier glacé du maître. des plumes, et sur les murs quelques gravures, partout le crucifix. On y sentait une maison à Dieu.

Après déjeuner, les promenades au bois, les lectures sous le chêne de Jocelyn. par la voix du poëte ; les amis assemblés, comme en Orient les groupes d'Arabes, à l'ombre des oasis, autour d'un Antar.

Toute la famille était à Saint-Point. Après les repas, Lamartine portait lui-même aux oiseaux et aux chiens, sur la pelouse, le pain et les fruits.

Une femme nous égayait de sa verve. Elle avait l'éclair du mot, et lançait son esprit par-dessus les moulins. D'un maître de pension un peu pédant, elle disait : « Il a tété de l'encre. » C'est d'elle aussi ce mot sur Littré : « C'est un saint qui ne croit pas en Dieu. »

Sa sœur, Mlle Valentine, avait une beauté royale, un cœur intime, dont la flamme illuminait les yeux noirs, la figure au teint de roses blanches, la démarche élégante, la voix mélodieuse, la haute taille pleine de noblesse et de grâce.

Sa sœur, Mme de Belleroche, arrivait, comme la *Vierge* d'André del Sarte, mère féconde aux grappes d'enfants, aimable et douce; leur mère, à la belle et bonne figure, rayonnante d'amabilité et de sourires, même dans ses malices légères, aimée des nobles et du peuple; famille populaire par la grâce et la bonté.

Puis Mme de Lamartine, l'âme du foyer. Saint-Point était une maison de paix. Pourtant le bruit y montait avec la politique. Mme de Lamartine voyait la trahison se préparer au journal même de Lamartine. *le Pays*, dans un portrait courtisanesque du président de la république, écrit par son rédacteur en chef. Lamartine obtenait à grand'peine l'insertion dans son propre journal d'articles affirmateurs de sa fidélité à la république.

L'AUTOMNE A MONCEAUX

1851

Un ami cher entre tous, le fidèle des fidèles, Louis de Ronchaud, vint cette saison ; Dargaud et sa digne compagne aussi. On vendangea, en octobre, sur les collines de Monceaux et de Milly. Lamartine était dans ses vignes, comme un chef pastoral d'Homère.

Nous nous promenions dans les sentiers de Prissé, le long des saules, avec Louis de Ronchaud. La vie était douce et paisible. Lamartine écrivait le troisième volume de l'*Histoire de la Restauration*. J'y relevai une erreur de prénom sur le La Rochejaquelein de 1815. Et j'en appelai à mon cher bénédictin breton, C. Le Jean, et à l'ami de Lamartine, le marquis :

« Vous avez raison, monsieur, et mon excellent ami a tort.

« Mon oncle tué en 94 était *Henri ;* mon père tué en 1815, *Louis ;* mon autre oncle, le balafré de la Moskowa, *Auguste ;* il vit encore. Les trois frères ont fait de leur mieux.

« Dites, je vous prie, à M. et à Mme de Lamartine, tout ce que votre cœur vous dira qu'il y a dans le mien pour eux. Ils connaissent la sincérité et la fidélité de mes sentiments...

« Je vous remercie, monsieur, de tout ce que vous me dites de gracieux, et je vous prie de croire à toute la sympathie que vous m'inspirez.

« M. DE LAROCHEJAQUELEIN.

« 23 septembre 51. »

Le 4 novembre, encore comme l'année passée, où elle

me donna un cachet de son mari pour sceller son amitié,
Mme de Lamartine m'a comblée à ma fête. Elle a le souvenir et la piété des anniversaires. Elle est venue, le matin,
souriante comme le soleil d'automne, avec sa mélancolique
douceur, me serrer la main, ses yeux attendris fixés sur
moi et me donner un manuscrit de quelques *Harmonies*
écrites sur un album, auprès d'elle, à Florence, à l'ombre
des cyprès des Cascines. Elle m'a fait un don de reine, un
des plus beaux diamants de son écrin poétique. Elle sait
donner! Ses cadeaux ont une âme, un prix intime de déli-
catesse et d'amitié.

Je la revois toujours à ce moment. Elle vint, noble et sérieuse, la figure illuminée de bonté, un rayon du cœur sur
ses traits amaigris, élancée comme une sainte de légende,
enveloppée de sa robe aux longs plis, un nimbe de pureté
autour de son visage, sa grâce intérieure dans l'accent attendri de sa voix. Son âme et sa taille avaient gardé leur
jeunesse sous les épreuves, ses bandeaux brunis avaient
toute leur sève, chose étrange! Jeune, elle semblait plus
âgée que son âge; et son âge mûr l'avait rajeunie. Elle al-
liait la gravité et la jeunesse, comme les religieuses. Sa tige
n'avait pas fléchi, mais le calice était plein de la rosée des
larmes.

Tout heureuse de ma joie à ce précieux manuscrit, elle
m'ouvrit, un autre jour, son trésor. Elle vint, un matin,
portant dans ses mains, comme une *Vierge* de Flandrin, un
missel de poésie, un grand volume à la reliure la Vallière,
aux fermoirs dorés. Elle avait un rayon de bonheur dans les
yeux. C'était le beau manuscrit de *Jocelyn*, écrit pour elle
par la main du poète, sur des feuilles de vélin glacé, aux
années de félicité. Il y avait peu de ratures. La main avait
suivi le vol de l'inspiration. Je feuilletai avec respect ce
magnifique manuscrit du poème où notre jeunesse avait
aimé et pleuré.

Hélas! ce trésor de poésie, elle ne devait pas le garder jusqu'à sa mort. Un jour de détresse, elle en fit le sacrifice. Elle se résigna à dire adieu à ce cher poème de sa vie heureuse, à le vendre pour venir au secours de l'homme qu'elle aimait. Un généreux financier l'acheta avec d'autres objets aimés, d'autres reliques. Heureux les Juifs, ils ont tous les trésors !

En ce mois de novembre, Lamartine, cruellement malade, était enchaîné sur son lit. Les tortures d'un rhumatisme suraigu déchiraient ses chairs. Mᵐᵉ de Lamartine veillait sans fin à les apaiser. Près d'elle, autour du grand malade, sa sœur, ses nièces groupées, tentaient de calmer les rugissements de douleur par la causerie, les lectures attrayantes, les baumes de l'esprit et du corps. Dans les intervalles d'apaisement, il me dictait des articles de sagesse, de patriotisme pour *le Pays*; il élevait les mains comme un Juste d'Israël, entre les combattants près de se déchirer. Le souffle avant-coureur de l'orage du 2 décembre passait dans l'air. Puis la foudre éclata, la fatale nouvelle. Le pays indifférent ne se souleva pas, sauf quelques bandes isolées dans des villages. La République, abandonnée du peuple, tomba sous le coup d'Etat.

Lamartine écrivit, le 6 décembre, une noble protestation pour l'histoire, confiée à mes mains, et que j'ai publiée dans mes *Souvenirs*. C'était son dernier combat politique. « Les événements m'ont affligé, non surpris, écrivit-il à son ami, M. de Lagrange. » Mᵐᵉ de Lamartine l'honora dans sa défaite, et le vit plus grand dans l'infortune. Elle se rappela les paroles du *Voyage en Orient*, pour encouronner le front du noble vaincu : « Il y a eu toujours une sublime et héroïque harmonie entre la souveraine gloire, le souverain génie et la souveraine infortune. »

TROISIÈME ÉPOQUE

LES ANNÉES MALHEUREUSES

1852-1853

> Gloire au Maître suprême!
> Il fait l'eau pour couler, l'aquilon pour courir,
> Les soleils pour brûler, et l'homme pour souffrir.
> LAMARTINE.

LES TRAVAUX DOMESTIQUES

1852-1857

Il y a deux bonheurs. Mme de Lamartine avait eu de 1820 à 1852, jusqu'à la mort de sa fille, le bonheur paisible de l'épouse et de la mère, en pleine poésie de la vie; de 1833 à 1851, le bonheur agité, douloureux, en pleine gloire de son mari, le bonheur héroïque. Sa grande âme avait goûté avec ses amertumes, le triste bonheur humain. Dès 1852, elle n'eut plus que la douleur.

J'avais été témoin à Monceaux du coup porté à Mme de Lamartine, au 2 décembre. C'était pour Lamartine la ruine de ses idées, de son œuvre politique, de sa fortune. On rentra tard à Paris, la compagne vaillante aida le grand ouvrier dans ses nouvelles entreprises. Les promenades devinrent plus courtes, les visites plus rares ; elle y souffrait des malveillances envers son cher vaincu.

Nous sortions ensemble. Un jour, sur le palier de son escalier, nous croisâmes une femme âgée, à la tête slave, aux yeux d'azur clair et froid comme les glaces de la mer du Nord, sans charme féminin. On y sentait un esprit, une distinction morale. Dès qu'elle parla, son accent, sa parole trahirent une intelligence de haute race : c'était Mme Swetchine.

Mme de Lamartine ne me conduisit jamais à sa maison de secours, à son asile de jeunes filles. Elle cachait ses œuvres de bien, dans sa pudeur de charité.

En juin, Mme de Lamartine partit pour Londres, en mission d'affaires, répandre le *Civilisateur* dans la société anglaise par ses cousines, Mme Craigie et lady Bryant : « Je resterai le moins possible, j'ai hâte de revenir, quoique Dieu sait, si je suis l'enfant gâtée, ici, et que je trouve très doux d'être ainsi aimée et choyée.

« Mille sentiments. — M. E. DE L. »

J'étais loin d'elle, en Bretagne, au bord de la mer qu'elle aimait. Ses lettres venaient m'y trouver dans le vieux manoir. Elle m'écrivit la mort de son maître et ami, Decaisne, le 5 novembre 1852, dans une lettre de regrets pour l'ami ancien et d'espoir dans l'ami nouveau :

« Vous avez bien pensé que, perdant si inopinément un ami, mon cœur avait besoin de l'assurance qu'il lui en restait un encore qui, formé dans le milieu de la vie où l'on n'en fait guère de nouveaux, l'a cependant compris, comme j'ai compris le vôtre. Je vous en remercie avec ce cœur même qui a tant souffert, et qui reste pourtant impressionnable comme s'il n'avait rien éprouvé...

« J'ai une nièce charmante que je voudrais pouvoir vous

montrer et un petit neveu, le plus ravissant enfant qu'on puisse voir, et une cousine germaine pleine d'esprit et de cœur, que M. Dargaud aime extrêmement. Pour moi, c'est une sœur, nous avons été élevées ensemble. C'était chez elle que j'étais à Londres... »

Elle était très fière de sa belle famille d'Angleterre.

« Je suis surchargée d'épreuves en ce moment, que n'êtes-vous près de moi pour confirmer ma pensée ou la redresser...

« M. de L. n'ayant pas de secrétaire, je travaille tant que je peux...

« Votre Bretagne m'attire toujours, je vous suis sur les falaises, sur les grèves, sur les rochers, dans les bois sombres; je ne sais si jamais il me sera donné de la visiter... »

Nous faisions souvent ce rêve; comme tant d'autres il ne pouvait pas se réaliser.

« Au revoir, mille sentiments que vous connaissez. —

« M. »

Elle était heureuse en ce moment à Monceaux. Un coin bleu azurait le mois noir de novembre, comme on l'appelle en Bretagne.

Elle avait entrepris le portrait de l'enfant de sa charmante nièce d'Angleterre.

« Je vous ai parlé de mon délicieux petit neveu. Comme je n'ai pas assez d'occupations! je me suis donné celle de peindre à l'huile la tête du petit Henry. Mais le malheureux enfant est comme du vif-argent. Impossible de lui faire tenir la tête un instant, dans une position quelconque, et le plus souvent pendant que j'essaie de le saisir, il me tourne le dos. C'est à faire perdre patience. Je retourne à la besogne, adieu...

« Je ne sais pas quand nous serons à Paris, guère avant Noël, je pense. Il dit qu'il ne convient pas que la république assiste à ses propres funérailles...

« Mille sentiments. »

« Je cherche dans ma tête des sujets populaires et je n'en trouve guère. Nous tâchons d'avoir des détails sur Jacquart. Ce serait un excellent choix pour les artisans... » Elle était en quête à tous les horizons, comme l'oiseau pour rapporter au nid.

A Paris, en 1853, elle était toute à son labeur de secours littéraire à son mari. Elle collaborait au *Civilisateur*, prenait la plume elle-même pour écrire la vie d'un héros obscur, le Persan *Rustem*, sans attrait pour le glorieux héros de 1848. Elle se dévouait aux tâches ingrates, aux recherches laborieuses, dans les ombres de l'érudition, ces sujets de clair-obscur qui déplaisaient aux yeux de son mari, avides de lumière.

En juillet, elle m'écrivait de Saint-Point, où elle était de retour, un peu rafraîchie dans les bois de sa fièvre de travail : je reçois à l'instant l'épreuve de *Rustem*, je la parcours rapidement au crayon. Je réclame votre promesse, ami, de lire et d'améliorer ce fatras, et ensuite je vous prie de me faire une phrase pour conclure. La mort de Rustem tourne court. Il faut absolument quelques considérations ou réflexions à la fin pour faire une phrase finale. Je me recommande à vous ! »

Puis de Saint-Point, elle me disait : « Je sais vaguement que tout va bien chez vous, mais cela ne suffit pas à mon amitié.

« Adieu, mille choses à Mme Alexandre, et à vous, amitié déjà ancienne... J'espère que vous viendrez me voir pendant mon *veuvage*, — son mari était à Paris, — c'est être égoïste, n'est-ce pas? Mais non. » M. E. DE LAMARTINE.

Elle avait en ce moment la maison pleine des sœurs de son mari et de ses nièces, ces quatorze nièces de génie, comme disait leur oncle.

« Adieu. *Rustem* a un prodigieux succès, fort au delà de

ses mérites. Mais je ne prends pas des compliments pour
de l'or en barre, et lorsque je les sais sincères, je les attribue à la surprise, à la nouveauté de voir mon nom à côté du
sien d'une manière si inattendue.

« Cela a intéressé et a tenu lieu de mérite.

« Adieu, venez quand vous le pourrez, n'est-ce pas ? Vous
savez quels sentiments vous attendent. — M. E. de L. »

Elle s'ignorait, elle avait des illusions à rebours sur elle-
même, elle ne se doutait pas qu'elle m'écrivait des lettres
admirables, et qu'on devait admirer après sa mort. Elle se
méconnaissait.

Elle rêvait un portrait digne de son mari. Elle avait attendu à Saint-Point un peintre ami de Ch. Labor, M. Glaize,
l'auteur du pilori des grands génies et des grands hommes,
un artiste qui unissait la pensée au talent. Il se fit attendre,
l'heure opportune passa. Lamartine ne voulut plus poser.
Déjà il avait interrompu ainsi le portrait qu'Ary Scheffer
avait tenté de lui : poser l'ennuyait et le fatiguait. Le portrait resta inachevé. Decaisne l'avait manqué dans ce grand
gentleman à la tête sans éclairs, sans génie, où les lévriers
sont seuls vivants, posé sous un arbre, et qui semblait un
jardinier, selon ce mot de Préault : « Il lui manque l'arro-
soir. » Gérard, en 1830, avait fait le meilleur portrait de
Lamartine, le plus beau et le plus vrai ; on connaît cette
belle tête aux yeux noirs, le poète des *Harmonies*, assis dans
son fauteuil académique, en sa noble attitude, la main droite
posée sur un bras du fauteuil, l'autre sur la jambe, dans le
repos du bonheur.

Il y a le délicieux portrait du beau jeune homme à vingt-
deux ans, par Mlle Alix de Virieu, dans la grâce et la fleur
de la jeunesse. Puis le poète à trente ans, dans toute sa
beauté lyrique, les cheveux à la brise, le poète des *Méditations*. Enfin la belle et haute photographie d'Adam Salomon.

Si le portrait de Gérard est l'homme assis de la poésie,
celui de Salomon est l'homme debout de l'action, le lutteur
de l'Hôtel-de-Ville, amaigri les tempes palpitantes, frémissant encore du combat, le cou serré dans son faux col de satin noir, comme une figure militaire, la main droite à demi
passée sous son habit, sur la poitrine, la tête haute, les
yeux fixés sur la foule rugissante, dans la fière attitude du
héros.

C'est lui, un manteau l'enveloppe de ses larges plis comme
d'un vêtement de gloire.

> C'est le soldat debout, blessé pour la patrie!

Les sculpteurs aussi ont tenté comme les peintres. C'est le
médaillon de David, le poète de 1830; l'élégante statuette
de Jouffroy, le maître de Mᵐᵉ de Lamartine. C'est le buste
sans caractère de Pradier fait pour la ville d'Arles, reconnaissante de son chemin de fer enlevé par l'éloquence
de Lamartine, en 1842. C'est le buste grec de Brian, déjà
entré dans son antiquité comme dit Bossuet, à la chevelure
trop abondante demandée par une coquetterie de femme et
voilant ses belles tempes. C'est le beau buste de l'orateur à
l'Hôtel de Ville, à la tête héroïque, à la large poitrine.

> A cette arche du flanc que l'extase soulève.

L'œuvre inspirée de d'Orsay, enfin le buste cicéronien
d'Adam Salomon, puis le buste de la charmante artiste,
Mᵐᵉ Lelièvre-Deumier qui demandait à Préault : « Avez-
vous fait M. de Lamartine? — Non, madame, je n'ai pas
osé ! »

Lamartine ne devait pas être heureux en statuaires; ce
Périclès n'a pas eu de Phidias. La statue médiocre de Mâcon, faite sans respect par un sculpteur qui n'a jamais vu ni
lu Lamartine, un Lamartine à la perruque de clown, au

carrik énorme, qui s'est attiré ce mot de Préault : « C'est un cocher de fiacre qui a perdu son fouet. »

Enfin la mauvaise statue de Passy, un Lamartine bourgeois assis dans un fauteuil, à l'écart de Paris, exilé de son champ de combat et de victoire.

Sa vraie place est toujours vide. La lâche république n'a pas osé dresser devant le nouvel Hôtel de Ville, ce repaire de la Commune, le grand homme de la république héroïque, ce héros surhumain à la sérénité intrépide, qui, seul contre un peuple en armes, la poitrine en avant sous les fusils et les poignards, abattit huit fois le drapeau rouge ; ce grand vainqueur des fauves, dont la parole électrisa le peuple comme une Marseillaise, l'éleva, l'entraîna à la clémence, à la pitié, au sacrifice, à l'humanité et à Dieu.

La ville de Paris doit un monument de réparation et d'apothéose au grand citoyen qui la sauva. Vienne le jour où elle le dressera en face de l'Hôtel de Ville, au-dessus de la canaille rouge, de la tourbe des massacreurs d'otages et des incendiaires de la patrie !

En attendant, nous lui dirons les vers magnifiques de Soulary :

> Nous sacrerons le sol où tu tombas frappé,
> Et l'on te verra, mort splendide !
> Toi si grand autrefois par la place occupé,
> Bien plus grand par ta place vide.

Un des amis préférés, Louis de Ronchaud, était venu à Saint-Point ; il charmait les veillées par des lectures, Mme de Lamartine m'écrivait : « M. de Ronchaud nous a lu *Dalila* tout haut et remarquablement bien, cela nous a attendris ! C'est vraiment bien, sauf quelques petites réserves... Me rapprocher de vous est mon principal attrait à Monceaux, car pour le reste je préfère mon rustique Saint-Point. Au revoir... » 11 octobre 1853.

Elle a regagné Paris. Elle assiste aux séances dans l'atelier d'Adam Salomon, où elle a décidé son mari à venir pour le buste que le sculpteur a entrepris. « Il vient parfaitement, dit-elle le 19 février 1854. Un Américain, M. Barthet, en a commandé un marbre qu'il emportera à New-York pour être placé dans la salle du Congrès. Nous avons été très entourés d'Américains ces temps-ci, ils ont une grande admiration pour M. de L... »

Elle a la passion de léguer une belle image de Lamartine à la postérité. Elle me raconte sa vie à Paris : « Je sors un peu le jour, jamais le soir, et nous avons toujours de huit à douze personnes à causer, de huit à dix. Lorsque M. de L. dîne en ville, c'est à moi de les recevoir de mon mieux et ils sont assez polis pour me cacher leur désappointement de ne pas trouver le maître de la maison. — Elle s'efface toujours dans sa modestie, mais non sans malice. — Pelletan, Rey, Duclerc, etc., nous apportent tout ce qui se dit, se trame ou se blâme. M. de Circourt et d'autres du bord opposé nous donnent le moyen de juger les deux partis et vous savez où je penche.

« M. de L. travaille toujours à la fin de la Constituante et au choix de son petit volume populaire qui s'intitule : *Lectures pour tous.* »

Elle ne parle pas seulement de Lamartine, mais de tout le monde littéraire. Elle me conte, le 24 février, avec beaucoup d'esprit et *d'humour* la réception de Berryer à l'Académie française. « Le monde parisien a fait un grand événement de la réception de Berryer. Qu'on est heureux de pouvoir s'émouvoir pour si peu ! Donc c'était une affaire d'Etat. L'auditoire en deux partis se faisant une guerre parlementaire de toussades pour étouffer la voix des deux orateurs. Berryer a commencé par être intimidé, puis, au premier grand applaudissement, à la première allusion contre ceci, il a repris tout son aplomb et sa seconde partie était bien.

« Salvandy, beaucoup plus étouffé encore de la malveillance de l'auditoire impérialiste, n'a pas pris le dessus. On
dit que son discours était fort joli, mais peu l'ont entendu.
On s'en allait, qu'il n'avait pas encore fini sa péroraison.
Vous croyez peut être que j'y étais ! Non pas, s'il vous
plaît. M. de Lamartine et moi avons compris que les em-
brassements de la fusion se feraient sur le dos du 24 février... — M. de L. »

L'hiver de 1854 l'éprouvait, et le printemps, comme il y
a trois ans, à Castel-Madrid. Mais elle dégageait de sa
souffrance un touchant souvenir avec sa grâce de cœur et
d'amitié.

« Combien les sensations physiques réveillent les sentiments de ce qui se passait dans des circonstances analo-
gues ! Il me semblait que j'allais vous voir entrer, me demander si je voulais entendre une intéressante lecture pour
me distraire, puis je rêvais à Madrid, lieu de ma convales-
cence, et je voyais les deux tables, celle où je dessinais et
celle à l'autre bout où vous écriviez. Je revivais tout ce
temps-là, temps que je regrette pour mille raisons...

« M. de L. se débat dans son histoire de l'empire otto-
man ; je crains qu'il ne la fasse par trop splendide. Quant
aux *Constituants*, en avançant vous verrez qu'il loue tout ce
qui est bien et blâme tout ce qui est mal, sans attendre la
chute du rideau. Mais il y avait un tel mélange de grandes
pensées et de mauvais actes qu'il n'y a pas un homme pur
dans tout cela...

« Quant au *Veto*, il faut se rapporter à ce temps-là ; on
n'était pas en république, loin de là, on sortait d'une monarchie absolue par la volonté et avec l'aide du roi lui-
même, qui ne pouvait vouloir plus qu'une monarchie constitutionnelle. Que serait un roi obligé d'exécuter les lois
faites contre lui-même, sans avoir même eu le droit de les
discuter ! Il aurait fallu écarter le roi et proclamer la répu-

blique avant qu'elle fût noyée dans le sang. Tous nos malheurs datent de l'horreur que le mot de république a inspirée par ses excès. Il faut les flétrir pour qu'on en rougisse et qu'on ne soit pas tenté de faire de même... »

Elle était en accord avec la pensée de l'historien des *Girondins*. Cette lettre, c'est bien elle dans sa double nature de raison et de cœur.

Elle était à son ardent souci de délivrance du grand travailleur. Elle est au combat à côté de lui, et, comme le fils du roi Jean à la bataille de Poitiers, elle dit à son héroïque combattant : — Parez à gauche! parez à droite! Puis termine par un mot de tendresse : « Je voudrais embrasser votre belle petite fille, ainsi que sa mère. Vous savez comme tout ce qui est à vous m'appartient de cœur. »

L'âme soutenait le corps, mais le corps souffrait sans cesse. « Je me suis levée hier pour la première fois depuis dix jours; je suis d'une faiblesse d'enfant... »

Attentive à tout, elle s'unit à nos deuils d'une bonne grand'mère perdue. Son cœur vibre en tout sens. Elle était de retour à Saint-Point; mais, avant son arrivée, elle m'avait écrit son adieu au bel hôtel de la rue de *l'Université*, 82. Elle le regrettait, mais, résignée au sacrifice, elle était venue dans le modeste petit *cottage* de la rue de la Ville-l'Évêque, 43, étroite comme la maison de Socrate. « Je ne lui en veux pas de ma souffrance, car M. de L. s'y trouve si bien qu'il va jusqu'à l'exagération de dire qu'il regrette les années passées dans l'autre maison! Je ne vais pas jusque-là. J'ai passé des temps, je ne dirai pas *heureux,* car mon bonheur était déjà brisé, mais enfin des temps aussi bons qu'il est accordé de les avoir ici-bas. J'y ai peint à mon aise dans un large atelier, j'y ai fait faire de l'admirable musique, deux choses interdites ici faute d'espace, et j'y ai vu des amis qui ne sont plus! Mais enfin, telle qu'est notre vie actuelle, ce petit cottage nous convient parfaitement...

« Oh! que j'ai regretté de ne pas vous serrer la main à
votre passage. C'était un grand désappointement... Je sais
qu'il faut se garer de l'égoïsme en avançant dans la vie,
comme on n'a pas envie de faire de nouveaux amis, pas
plus qu'on n'inspire de nouvelles affections, on craint de
perdre de vue ceux qu'on a et il faut que je me répète que
votre mère vous attend pour me résigner à ce contre-temps
qui vous fera passer l'été au loin et l'hiver à Mâcon quand
nous n'y sommes plus...

« Du reste, la vie ici est agréable; quelques personnes
tous les soirs et une conversation intéressante. Malheureusement la guerre donne de vives inquiétudes et la misère du
peuple est à son comble. Point de logements possibles pour
les familles des ouvriers. De pauvres femmes accouchent
sans avoir un toit. C'est affreux... » Elle était dans le secret de la misère, cette grande sœur de charité.

Ses lettres étaient intéressantes comme son petit salon.
Mais je n'en puis détacher que quelques-unes. J'en ai des
volumes dans mon reliquaire.

« Nous venons de lire le roi Jérôme. C'est excessivement
curieux. Les lettres de Napoléon Ier donnent une haute
idée de son esprit et une affreuse idée de son cœur. « Tuez,
massacrez, pillez! C'est comme cela qu'il faut faire les conquêtes. » C'est ainsi qu'il forma son frère qui est bon homme
et résiste un peu. Nous avons Villemain. Je ne l'ai pas encore lu, mais mon mari le trouve *académique en d...; finissez
le mot, je ne l'ose...*

« Adieu. Vos lettres me font plaisir et me sont une jouissance d'amitié. Donnez-la moi. Mille choses aux vôtres et
tendres à votre femme et à la petite! Pour vous mes sentiments sont toujours les mêmes, vous les connaissez. —
M. »

Elle revint au printemps, s'arrêta à Monceaux, pour y
trouver une déception de ses espoirs dans les vignes, et re-

monta à Saint-Point passer l'été. L'été, l'automne se passèrent en visites et en hospitalités. Puis il fallut rentrer à Paris en décembre pour les affaires, remonter cet éternel rocher de Sisyphe.

Son amitié fidèle venait me retrouver dans la froide saison comme une hirondelle d'hiver.

Le 2 janvier 1855, je recevais mes étrennes d'amitié dans cette lettre : « Croyez que je n'ai pas commencé l'année sans penser à vous et sans faire tous les vœux possibles pour vous et les vôtres, mais vous êtes de ces amis heureux qui n'ont pas besoin de moi : c'est moi qui ai besoin de vous. Aussi tout en pensant constamment à vous, je m'occupe d'abord d'écrire à ceux qui souffrent et qui ont besoin que ma pensée et mes paroles leur viennent en aide. Je suis loin encore d'avoir répondu à ceux qui m'ont écrit, mais je suis poussée invinciblement vers vous et les vôtres dans le commencement de l'année, et je veux, quoique brièvement, vous offrir tous mes meilleurs souhaits et regrets de ne pas passer ce jour de l'an à portée de vous serrer affectueusement la main.

« Avant-hier, M. Adam Salomon a apporté le buste en marbre, et plusieurs de nos amis sont venus le soir l'admirer chez nous. Nous cherchons à l'éclairer le mieux possible pour le soir. Il faut renoncer à le regarder le matin ; notre cottage est trop petit pour qu'on puisse avoir lumière et distance. Mais le soir il fait très grand effet. Vous viendrez le voir bientôt, n'est-ce pas ! Nous sommes déjà au printemps par la chaleur du temps...

« Je suis assez fatiguée et pas du tout gaie, quoique, Dieu merci, il n'y a rien d'inquiétant pour Alph...

« Écrivez-moi le plus souvent que vous le pourrez. Rien ne me fait plus de plaisir que de recevoir vos lettres, croyez-le. Mille choses autour de vous. Valentine veut être nommée. Parlez de moi à M. Boussin. »

Le 21 janvier, elle me remercie d'avoir fait insérer un très
bel article de Paulin Limayrac sur son mari et ajoute :
« Nous avons un froid de loup, et comme M. de L. a vu
tomber dans la rue plusieurs femmes et force chevaux, il ne
m'a pas permis d'aller même à la messe.

« Ici on ne parle que des dangers affreux de la guerre et
des impossibilités de la paix. Tout ce monde est fort triste,
et je vois confirmer jour à jour tout ce que M. de L. avait
prédit à Monceaux, il y a quinze mois, et tout ce qu'il devait prévoir depuis, quant à l'Autriche, et à la conduite de
la guerre en tout point. Si nous pouvons, Anglais et Français, tenir jusqu'au printemps, peut-être que tout s'arran-
gera un peu mieux. Mais ces glaces qui sont des chemins
de fer pour les Russes sont bien dangereuses pour nous.

« J'ai eu une lettre de la belle-mère de famille, Mme Delisle, elle se plaît extrêmement à l'île Bourbon. Je viens de
lui répondre et je lui ai parlé de vous... » C'était cette magnifique créole que Lamartine avait chantée.

« Garnier Pag... sort d'ici. Il a beaucoup parlé de l'agio-
tage et des roueries qui ont contribué à faire monter le
chiffre de l'emprunt. Il blâme beaucoup ce goût de jeu
qu'on a donné à la population. Il dit que l'argent se serait
produit d'une manière plus morale... J'ai vu la femme de
M. Duclerc, elle est aimable et bonne... Nous voyons
beaucoup Pelletan et nos autres amis. J'ai ici une famille
anglaise parente d'alliance, ils ont dîné ici hier en famille.
Ils ont deux fils en Crimée. Jugez comme ils désirent la
paix. Mais, hélas, je n'y crois pas du tout. Nous avions à
notre petit dîner le vieux colonel Berauville, qui a fait la
retraite de Moscou, pour parler stratégie avec le général
anglais. Il nous a parlé de nouveaux projectiles qui portent
à 2 lieues et demie, et de nouvelles bombes qui enfoncent
le toit d'une maison et mettent le feu. Hélas, qu'il est triste
de se réjouir des nouveaux moyens de destruction !

« J'ai été un jour me promener dans le jardin du pauvre Madrid, tout y était froid, excepté mes souvenirs.

« Adieu, adieu, écrivez-moi. Vous le savez, j'ai besoin que mes amis pensent à moi. »

Elle a quitté Paris et m'écrit de Monceaux une lettre pleine des charmants souvenirs de Madrid et de ses impressions à l'Exposition universelle de 1855. « Ma dernière visite aux beaux-arts a été à la Minerve. J'aurais trop et trop peu à en dire. Nous en causerons. Le duc de L. fait un trop bel usage de sa grande fortune pour ne pas traiter tout ce qu'il fait avec le plus grand respect.

« Je vous ai regretté quatre soirées ici pour de la musique. J'ai une dame de ma connaissance qui chante comme un rossignol. Elle avait été en grand deuil tout l'hiver. Ces jours-ci elle a chanté comme un ange dans notre petite cabine de vaisseau, s'accompagnant elle-même sans faire de façons. Nos dilettanti, Mareste, Morpurgo et autres ont été ravis. Elle vous aurait plu par sa grâce créole et son naturel.

« J'oubliais de vous dire qu'il y avait un tableau admirable comme peinture, qui n'est point exposé, mais qui est chez un marchand de tableaux. Ce n'est rien moins qu'un Leonardo de Vinci. Si ce n'est pas lui, personne ne connaît un peintre capable de l'avoir fait. C'est un pendant de celui qu'il avait déjà. Le musée a mille fois tort de ne pas les acheter tous deux. »

Avant son retour, elle m'avait écrit avec un admirable sens du génie, de ses fatalités glorieuses et douloureuses, une lettre digne de lui.

« Il faut payer ses qualités ; l'optimisme, l'idéal, le génie sont de grands dons entraînant de grandes peines. La réalité disparaît sous les perspectives idéales, et lorsque la vraie situation se révèle, c'est un éclair qui précède à peine la foudre... »

Ah! qu'elle connaissait bien le génie !

Et parlant d'elle, elle disait : « Je n'ai aucun besoin de luxe, et en aurais-je par nature, il y a longtemps qu'il serait refréné par raison. » Et avec sa générosité magnifique et sa justice magnanime, elle réhabilite le génie :

« Le génie comporte un laisser aller, mais en même temps une charité, une générosité sans bornes, qui sera, je l'espère, reçue en balance par Dieu et même par les hommes qui le connaissent et qui l'aiment.

« Adieu, excellent ami. — M. »

Puis de Paris encore ce billet d'amitié :

« Vous dirai-je que vous êtes la seule personne que j'aurais désiré voir ? C'est un peu violent, mais prenez-en ce qui vous plaira. Il est certain que lorsque je pense au séjour de Madrid, de Saint-Point, je cause avec vous. C'est à vous que je vais dire ce que j'ai à dire. Puis Madrid me revient en mémoire. Puis une série de conversations, puis, mille petits riens. Donc, je vous écris de mon lit, puisque je ne vous verrai pas en arrivant jeudi soir à Mâcon, si je suis assez raffermie pour faire le voyage. »

De Saint-Point, elle m'écrit : « J'ai été un peu plus souffrante ces jours-ci... aujourd'hui je souffre beaucoup. Je ne puis faire un pas vers une guérison ou même une amélioration. Je regrette de le dire à mes amis, c'est leur faire une peine inutile, mais on se laisse aller à la plainte comme si la compassion de loin devait soulager. C'est une sorte d'égoïsme que je condamne en moi. Vous savez que je ne m'abandonne pas, dès qu'il y a un moment de répit, je me relève. »

Elle avait toujours cette préoccupation de sévérité pour elle-même. Cette nature vaillante tendait toujours à l'abnégation.

Elle montait à cheval, un jour, se remettait au lit, le lendemain, dans sa vie à bas ou en haut. L'esprit ouvert, de son foyer, sur les horizons du monde, tourmentée de la guerre où elle avait des amis français et anglais : « Tout n'est pas terminé. Malheureusement il y a encore un rude morceau au nord, la citadelle et les forts. Il faudra une campagne, je pense, pour tourner les positions.

« Je voudrais être à Monceaux à cause de vous. Autrement ceci est encore chaud, vert, lumineux, tranquille... » Le paysage de Saint-Point est peint en quelques traits de sa plume comme d'un pinceau.

« Adieu. puisque je ne puis pas dire au revoir cette fois. M. E. de L. »

Toujours des appels pressants et des craintes délicates : « J'avais bien besoin de votre bon souvenir, ami, il me semblait que vous m'aviez oubliée depuis longtemps. J'ai deux ou trois fois eu la plume à la main pour vous écrire et vous prier de franchir la distance qui nous sépare. Mais j'ai pensé qu'il y avait égoïsme à moi de vous engager au nom de l'amitié à quitter votre cher nid pour venir au milieu d'un cercle qui vous est étranger, et j'ai posé la plume, et j'ai attendu de meilleurs moments...

« Je suis assez souffrante, malgré le beau temps qui ne s'est pas démenti depuis que j'ai quinze à dix-huit personnes à amuser tous les jours. J en rends grâce au ciel.

« Je regrette beaucoup que vous ne soyez pas venu tous par un si beau temps, radieux et voilé tour à tour, faisant valoir l'ombre et le soleil. J'ai visité les arbres où nous étions assis l'année dernière dans le même temps où la conversation était si animée. »

J'avais des hôtes de Bretagne. elle nous donne rendez-vous à Milly, un jour de septembre : « M. de L. se joint à moi pour vous prier de les amener à dîner. Vous savez qu'il aime à donner la rustique hospitalité sans façon... » Puis elle me dit son chagrin domestique : « Nous pleurons le pauvre mari de Mme Grosset comme un parent. Son zèle, son activité, son absolu dévouement sont irremplaçables. M. de L. aime bien votre bon curé, il est charmé que vous ayez causé de lui avec l'amitié sur laquelle il compte. »

Un autre jour, de Saint-Point, elle m'écrit :

« J'ai lu vos vers à M. de L. qui les trouve charmants, comme tout ce que vous a inspiré Saint-Point et l'amitié. Votre descente sur Serrières et Pierreclos est aussi poétique que vos vers, et nous avons dans la vallée des brouillards fins traversés par des coups de soleil qui justifient vos descriptions... J'ai ici pour trois jours seulement un de mes cousins, jeune officier d'état-major, M. de Rosmordu, Breton comme vous... Je vous engage très fort à venir ici conduire madame votre mère dîner avec nous. Si votre femme peut venir, vous savez combien nous serons contents. »

Je revins après avoir accompagné ma mère que je ne devais plus revoir.

Louis de Ronchaud, le compagnon fidèle, était venu de Saint-Point à Monceaux, avec Lamartine et sa femme. Tous deux l'aimaient profondément. C'était l'ami de confiance.

J'ai raconté ailleurs dans les *Souvenirs*, la lecture, faite à nous deux, des pages poignantes qui devaient ouvrir *le Cours familier*, et auraient dû mettre le feu à la France glacée.

Rentrés à Paris pour faire vivre la nouvelle création littéraire, ils m'écrivirent tous deux ensemble avec leur amitié attentive, à la mort de ma mère, foudroyée le 24 février 1856. J'ai donné, dans mes *Souvenirs*, ces lettres touchantes. En voici une autre inédite, d'une délicate tendresse, à Mme Alexandre. Tout son cœur est là.

« Oh ! oui, je regrette vivement de ne pas être auprès de vous tous à vous aider dans votre œuvre d'affection pour consoler notre ami. Quand je dis consoler, je sais bien que la consolation est impossible, mais, pour partager vos chagrins. Je sais combien la perte de sa mère doit lui être sensible, mais je trouve que la lettre qu'il a eūe d'elle est au moins un motif de résignation à la volonté de Dieu.

« Si elle avait écrit qu'elle était souffrante, qu'elle désirait le voir et qu'il eût tardé un instant de partir, il aurait eu un regret qui eût augmenté sa douleur. Maintenant il n'y a pas de regret, il n'y a qu'une dispensation de la Providence qui dirige tout pour le mieux, bien que notre courte vue ne puisse discerner ni le motif ni le but, et à laquelle il faut se soumettre forcément, quoique pas volontairement. Enfin sa mère a passé avec lui des mois dans la famille qui s'est dévouée à la bien recevoir. Elle avait à espérer le revoir au printemps. Elle n'a pas senti la privation de sa présence. Dieu a disposé d'elle pour le bonheur permanent en l'éloignant de cette terre où il y a bien plus de peine que de félicité.

« Je vous plains tous, il est si dur de voir un chagrin qu'on est impuissant à conjurer. Le temps seul peut venir en aide.

« Prévenez-nous lorsque vous verrez à partir pour Paris, afin de nous ménager le moment de vous voir ainsi que lui, sans être interrompus par des indifférents.

« Vous m'écrivez toujours des lettres consolantes. »

C'était bien elle qui les écrivait. Sa bonté allait de tous côtés, s'échappait de ses peines pour donner une joie. Attentive à saisir les occasions, elle rendait service à des artistes, à des médecins. Je lui avais présenté à Saint-Point un jeune disciple de Gleyre, M. Edmond Battanchon. Elle me disait en mars 1856 :

« Il m'a apporté une apothéose de l'*Homère moderne,* vous comprenez : c'est un dessin à deux tons, rouge blanc et fond bleu, très *remarquable,* très bien, très *antique.* Un légitimiste, le vicomte de Viard, qui est tout à fait en position de lui être utile, en a causé avec moi, et a pris son adresse, étant très frappé du style de son dessin.

Pelletan publiait dans la *Presse : Lettres à un homme tombé.* Quoique la première fût une magnifique glorification du génie de Lamartine, il avait été blessé de ce mot : à un homme tombé. Le mot était malheureux, il n'était pas tombé, mais descendu.

Lamartine répondit à Pelletan dans le *Cours familier,* non au mot, mais à la théorie du progrès sans bornes. J'avais lu, admiré, mais j'avais regretté une apparente contradiction avec ses pensées autrefois chantées dans les *Recueillements.* Toujours ardente à la défense, sa femme me répondit :

« Je regrette vivement, ami, l'impression que vous a fait le troisième numéro. Ici, on le trouve très beau ; mais le fait est qu'il n'est pas assez clair. Lui, nier le progrès ! impossible. Mais ce progrès indéfini qui aboutit à faire un paradis de la terre au lieu de le chercher dans l'immortalité au ciel, voilà ce qu'il n'admet pas.

« Un progrès individuel, même général, mais non *indéfini,* il l'admet autant que vous. Mais le progrès indéfini conduit, non seulement à négliger le ciel, mais encore à croire à une âme universelle, qui n'est plus individuelle. J'ai entendu cette discussion-là, il y a bien peu de temps, soutenue par notre pauvre ami Morpurgo. Hélas ! il est maintenant en pleine connaissance de son individualité et j'espère qu'il en bénit Dieu à l heure qu'il est, car il avait bien des erreurs d'esprit, mais un cœur droit et bon. Nous le regrettons constamment. Sa pauvre femme est malade et anéantie, tout en dominant la douleur extérieure pour ses enfants. C'est bien triste.

« Nous avions une discussion à propos du troisième numéro sur l'origine du langage. M. Valette attaquait, Circourt défendait. Il a justement parlé de ces tribus sauvages, disant qu'ils n'avaient aucune idée de devoir, de moralité, qu'ils étaient à l'état de sauvages avant notre création, — c'est aller bien loin, vous voyez, mais qu'ils avaient une langue tellement riche, pleine de finesse et de profondeur, qu'elle témoignait d'une civilisation antérieure perdue dans la nuit des temps. C'était très curieux. Vous savez combien il est érudit, il cite sans fin ses autorités. Ces points sont tous sujets à discussion d'ailleurs. Que Dieu ait créé l'âme avec la faculté de produire son *Verbe*, ou qu'il ait donné la parole à la bouche, comme il a donné la vue de l'air, c'est bien la même chose au fond. Mais on veut en tirer des conséquences qui n'en sont pas rigoureusnment nécessaires du tout, et voilà pourquoi on discute, non pour la chose en elle-même, mais en pensant toujours à son *arrière-pensée*. C'est presque toujours ainsi, et une des raisons pourquoi personne ne change l'opinion d'un autre par un raisonnement direct. Je trouve que Pelletan que j'aime beaucoup, vous le savez, s'est trop acharné, dans la circonstance actuelle, à pousser cette question en avant. C'est une sorte d'irritabilité qui est hors de propos au moment de la création de l'œuvre qui doit sauver ou laisser périr Lamartine. C'est la vie ou la mort comme il le dit à chaque instant... »

Certes voilà une lettre digne d'un philosophe, d'une dialectique vigoureuse, d'une puissante raison. Elle faisait revivre ainsi dans ses lettres, le mouvement, la vie d'esprit de son salon. Puis, de ces hauteurs d'idées, de sa connaissance pénétrante de la nature humaine, menée par les arrière-pensées, avec quelle souplesse, quel bon sens, elle descendait dans les affaires domestiques, défendait son mari de tous les côtés, toujours sur la brèche, comme la Vierge des batailles.

Elle avait alors un secrétaire éminent, mon ami Alfred Dumesnil, le gendre de Michelet. Dargaud lui avait donné ce précieux concours. Il avait la charge de l'administration du *Cours familier* et de la société des œuvres générales. C'était trop lourd, trop de tâches à la fois. Il quitta le *Cours*, et ne garda que les œuvres.

Le cottage était devenu une librairie. Remise, écurie, tout était réservé aux livres. On avait tout sacrifié au travail, réduit le bien-être. Elle et lui n'avaient que de petites chambres d'étudiants, une salle à manger exiguë, un étroit salon. Les calomniateurs ne pouvaient crier au luxe.

Je la revois dans son modeste petit salon, comme autrefois dans son atelier, au salon de Saint-Point, à la galerie de Monceaux, assise, le soir, au coin du feu, dans sa dignité triste, la figure méditative, inclinée, recueillie, attentive, écoutant en silence les hautes, les belles discussions, les causeries charmantes de ce monde d'élite d'hommes et de femmes, glissant parfois de courtes paroles, pleines de pensées et de lumière.

Tout l'intéressait, tout la charmait : l'esprit de M. de Mareste, la verve de Morpurgo, l'érudition de M. de Circourt, la philosophie de M. Valette, les systèmes du baron d'Eckstein, la modestie et l'affection de Louis de Ronchaud, la poésie et le cœur de Laprade, les vers d'Autran, la causerie éloquente d'Émile Souvestre, la belle figure et la belle âme de Montanelli, le patriotisme du général Pepe, la fidélité du général Cailler, l'héroïsme de M. de Tréveneuc, celui que Lamartine présentait ainsi : « Voilà un héros » ; la franchise de M. Cintra, la distinction de M. d'Esgrigny, l'art de Brian, les mots sculptés de Préault, le charme de conteur de Dargaud, le bon sens de Béranger, la parole poétique d'Eugène Pelletan, le talent de Paul Huet, la magnifique verve d'Alexandre Dumas père, l'admiration de Dumas fils ; les glorieux et les obscurs ; le dévouement de M. Dubois, la gaieté spirituelle de Boussin, les vers de Lacretelle, le rire et l'esprit de Mme de Girardin, l'*humour* et la grâce de Mme de Peyronnet, la beauté de Mme Hubert de Lisle, la bonté de Mme de Damrémont, et surtout l'éloquence enchanteresse du génie bien-aimé.

Puis le jour, elle reprenait son labeur après la messe ma-

tinale où elle allait demander à Dieu la force, le viatique de
la vie. Elle faisait elle-même la traduction du *Cours familier*
et m'écrivait le 25 juin 1856 :

« M. de Lamartine est très difficile, non pas à traduire,
mais à rendre ; la tournure germanique-saxonne de l'anglais
ne rend pas le style de M. de Lamartine. Je suis très difficile à contenter. »

Puis, comme je lui disais les impressions craintives sur
les sujets choisis pour le *Cours familier*, elle me ripostait
d'une raison victorieuse : « Je regrette que vous n'aimiez
pas cette poésie primitive de l'Inde. J'ai cru qu'elle vous
plairait. Elle est peu connue. C'est nouveau. J'ai cru à votre sympathie. Je vous trouve même un peu exigeant de demander plus de variété ! Il n'y a que quatre numéros. Le
premier est un cri ! Le second, l'éloge de Delphine Gay,
très poétique. Le troisième est philosophique exclusive-
ment. Le quatrième commence par de belles pages, des
meilleures de M. de L..., puis une poésie toute primitive.
Je ne sais pas quelle plus grande variété pourrait être intro-
duite dans quatre numéros... Cela ne vous va pas, j'en suis
très fâchée, car il faudra avaler de l'Inde et puis de l'Inde.
M. de L... est en plein dans Sacontala, et., etc. C'est très
poétique, mais je comprends que quelques personnes ne s'y
plaisent pas. Mais ce n'est pas vous à ce que j'aurais pensé.
Une de mes amies ultra-catholique comme vous verrez, me
disait : « Ma chère, c'est très joli, mais quand je ne trouve
« pas ma religion dans un sujet, cela ne m'intéresse pas ; ce
« qu'on a pu écrire avant le christianisme n'existe pas pour
« moi. » Voilà un sentiment que vous ne partagez pas au
moins !... »

Cette grave figure avait son sourire. Ses lettres à elle
avaient la variété de la vie, un coin de malice. L'été, l'automne interrompirent les lettres, ce n'était plus que de petits billets d'invitations aimables, d'appels à Saint-Point,

à Monceaux. Reposée à la campagne, elle retombait vite malade à Paris. Sa fièvre de corps et d'âme la reprenait. Dans le printemps de 1857, elle entreprenait une peinture sur porcelaine pour décorer la cheminée de la nouvelle chambre de Lamartine à Saint-Point. Elle se cachait pour cette belle surprise. « C'est un sujet sévère, me disait-elle, ce ne sont plus les *amorini* comme à Monceaux... » Elle me disait sa petite débauche de théâtre, elle qui n'y allait jamais et restait toujours recluse dans son salon. « Je suis sortie une fois, sollicitée par Montanelli pour voir *Camma*! Mme Ristori est admirable d'expression, de physionomie, d'attitude, mais la pièce n'a pas de variété. C'est toujours la même situation ; c'est un poème très poétique, écrit en style parfait, du meilleur italien. »

« Je crois que vous serez content du premier numéro sur Musset, il y a de charmantes pages. Mais il en faut un deuxième pour les œuvres de Musset. Et je trouve que L... ne rend pas assez justice aux petites pièces qui sont parfois très poétiques du moins.

« Adieu, j'ai assez bavardé. La chaleur n'a pas assez duré pour me faire grand bien pour le moment. C'est une pluie froide qui nous fait trembler pour la fleur de nos vignes. M. de L... en est bien inquiet, et le froid humide lui a fait du mal. Il n'est pas sorti depuis deux jours qu'il était à l'enterrement de ce pauvre M. Rivat qu'il a fait enterrer convenablement, car il ne vivait que de lui depuis longtemps, et maintenant M. de L... s'inquiète pour sa servante qu'il a laissée sans sou ni maille. Il faudra tâcher de lui trouver une existence.

« Adieu, adieu, écrivez-moi, et dites mille choses de ma part à M. et Mme Chamborre et aux vôtres, cela va sans dire. — M. E. DE L. »

Voilà leur luxe à ces deux grands et bons cœurs, le luxe de la bonté !

Je l'avais trouvée sévère pour le livre de notre ami D....
Elle répond, non plus avec esprit, mais avec sa raison religieuse, une de ces hautes lettres dignes d'admiration.

« Je viens à Voltaire. Non, je n'appelle pas un héros celui qui a été le *plat courtisan* de Frédéric. Il n'était pas tolérant celui-là, un des plus féroces despotes de l'Europe.
Avez-vous lu le volume de Colini, secrétaire de Voltaire ?
J'admire certainement le plaidoyer de Calas, Sirven, etc.
Mais il faut trouver une autre épithète que héros et que
saint. Il n'était ni l'un ni l'autre. Il se faisait athée pour
plaire à Mme du Deffant, et il ne l'était pas, je lui rends
cette justice, mais affecter de l'être qu'est-ce donc ? Et com-
munier à Ferney ! qu'en dites-vous ! Non, il n'était pas un
héros. Il faut trouver un autre mot après *génie*.

« La phrase citée est belle et, encore si je voulais chica-
ner, je vous dirais que je n'aime pas le *j'affirme ;* c'est copié
d'après je ne me souviens pas *qui*, qui disait : Je ne sais pas,
mais j'affirme. C'est trop léger, pour l'appliquer à l'immortalité. Et de plus si l'immortalité n'était affirmée que sur la
base de l'instinct, il y aurait bien des défaillances. Il faut
un fondement plus solide pour la croyance qui doit gouverner *tout* dans ce monde, tout le présent en vue de tout l'avenir. Ma main tremble de parler moi-même d'une chose si
grande.. Je suis nerveuse sur ce sujet-là. Je sens trop vivement l'insuffisance de cette foi d'instinct, de conjecture
et *d'induction*, très vraie sous un certain point de vue,
mais très insuffisante pour le genre humain dont l'immense majorité est incapable de tirer les conséquences
même les plus incontestables de leur instinct, encore
moins des raisonnements. Je suis sûre que M. d'Alai-
zette pense comme moi et l'exprimerait bien plus puissam-
ment. Mais je suis de ces *femmes* qui donneraient leur vie
pour que *tout le monde* ait leurs convictions, tout en compre-
nant que ceux qui ne l'ont pas sont de très bonne foi et n'en

doivent compte qu'à Dieu. Mais il ne faut pas que je me laisse aller à ces réflexions, elles me mèneraient trop loin. »

Elle faisait bien de parler avec sa foi et sa raison, sa double puissance d'âme supérieure, son esprit viril où la femme apportait sa nature nerveuse. Elle m'écrivait ainsi de belles et saintes lettres, où la force alternait avec la grâce, comme dans ce passage délicat et fin, sur les comédies de Musset :

« L .. dit qu'il ne traite Musset que comme poète, qu'il ne parlera pas des pièces de théâtre, il ne s'en occupe pas, et moi je voulais les lui faire *goûler*. Car quoique en prose, elles sont très poétiques parfois, quoique très légères. Elles sont surtout très italiennes et cela fait partie de leur originalité...

« Adieu, il est temps de finir. Mon écriture n'est pas lisible. Je suis faible et j'ai un peu mal aux nerfs. Mille amitiés. Écrivez-moi. »

J'étais retourné en Bretagne, elle était à Saint-Point :

« Hélas ! quel triste retour à notre pauvre Saint-Point ! Alphonse tombe malade le lendemain de l'arrivée... Plus de promenades, pas même autour du jardin, plus de causeries sous les arbres, couchés sur le gazon. Mes yeux suivent, douze heures de suite, les sentiers de la montagne, les bois, les avoines tardives qu'on récolte, le regain qu'on fauche sur la prairie, dont les senteurs arrivent à cette grande fenêtre ouverte sur le balcon qui seule me rappelle que je ne suis plus dans une ville. Il est vrai que le passage du soleil sur les flancs de nos belles collines produit des lumières et des ombres admirables qui font rêver. Mais rêver pour moi, c'est souffrir, rêver à ce qui n'est plus, qui a été, qui ne sera plus. Comparer la vie avec ce qu'elle pourrait être. Cependant, ne croyez pas que je me plaigne. — Oh ! NON — seulement je regrette... »

C'est tout un tableau. Ce paysage pastoral de Saint-Point est peint ; cette brise de mélancolie qui passe, comme dans une scène de Léopold Robert, pénètre l'âme du rêve et du reflet du bonheur perdu.

Puis la note triste l'amène aux tristesses de ses amis : « M. et Mme d'Esgrigny sont toujours auprès du lit de leur pauvre petit garçon, entre l'espoir et la crainte. J'espère que le moment viendra où vous viendrez avec **M.** Boussin voir les exilés de toute amitié à Saint-Point. »

On était en septembre 1857. Loin d'elle en Bretagne, j'apprenais par une lettre ses ennuis avec Didot pour publier cette touchante et éloquente biographie de Béranger dans le *Cours familier*, une de ces œuvres les plus ensoleillées du doux soleil de septembre, un beau fruit mûr d'automne. « M. Didot y a mis son veto ; un peu de la même politique que Lamartine a exprimée cent fois, paraissait dangereux au timide éditeur. Là-dessus, lettres, réponses, répliques. Il a fallu céder et éplucher, mot à mot, des choses qui passaient, inaperçues avant le regardez-y bien. M. Ulbach était ici heureusement, il m'a beaucoup aidé. M. de L... a consenti pour *lui* à ce qu'il refusait à moi. Vous savez combien il *déteste de revoir...*

« La vendange a été belle, surtout bonne en qualité. Mais comme vous le savez, il faut prendre à Pierre pour payer Paul, M. de L... croit qu'il sortira peu à peu de ce dilemme. Je ne sais, moi, pourvu qu'il soit content ! *Allez-y casquette*, qui est le dit-on de ce pauvre Bruys plus à plaindre que jamais et aussi gai qu'auparavant... Il y a des grâces d'état, c'est certain. C'est une grâce qu'il faut demander sans cesse à Dieu. Bonjour, quand reviendrez-vous. Mille amitiés. — M. »

Son badinage tournait toujours en prières. Son esprit, après avoir becqueté à terre, s'envolait comme l'oiseau au ciel.

L'hospitalité était toujours ouverte. Elle avait eu à Saint-Point sa jolie cousine, Mme Breuil et ses enfants, retournant à Genève, ne sachant où aller, toujours bercée par un chan-

gement de résidence de son mari dont Lamartine avait fait
un consul. Elle attendait les hôtes accoutumés, M. et Mme
Dargaud, vers la fin de septembre, rentrant enchantés de
leur voyage en Danemarck. Elle me glissait un mot de malice à leurs descriptions enthousiastes. « Ils sont montés sur
des échasses de style. » Elle aimait, avant tout, la simplicité !

LES ÉPREUVES

1858

Sa grande heure était venue. « Quand tout est perdu, a
dit Lacordaire, c'est l'heure des grandes âmes. »

Suivez cette longue avenue de platanes, montez à ce château éclairé d'un soleil d'hiver, sur sa colline ; regardez ces
côteaux de vignes, ces jardins, cette terrasse bordée de rosiers de Bengale. Tout annonce la fortune : c'est Monceaux.

Sous cette richesse apparente se cachaient des charges
réelles. Les vignes, les arbres dépouillés, la nudité de l'hiver, les corbeaux voletant sous le ciel sombre, s'harmoni-
saient avec l'hiver de cette fortune dénudée aussi, les créan-
ciers prêts à s'abattre comme les oiseaux de proie.

Passez sur la terrasse déserte, devant la façade du château
paisible, la paix n'y est pas. Un drame intime s'agite dans
l'intérieur. Dans cette grande chambre aux murs tapissés de
rosiers grimpants, desséchés, une femme est dans la tristesse. Elle a fait sa prière du matin, elle a demandé à Dieu
la force des sacrifices. Comme ses rosiers sans fleurs, son
âme est sans espérances. Elle travaille, sa plume active cor-
rige des épreuves, écrit des lettres. La femme et le poète
ont quitté leurs lits de bonne heure. Lui, levé avant l'aube,
à la table de son cabinet, s'est mis à sa tâche de chaque

jour. Après des insomnies fiévreuses, avec l'élasticité et la souplesse du génie. il crée, du fond de sa détresse, des pages enchantées. Sa plume magique couvre des feuillets de papier blanc, de son écriture rapide. Il les jette à terre, comme un arbre secoue ses feuilles au vent. Il lui faut gagner de l'or, et il nous donne beaucoup d'or pour un peu d'argent.

Puis regardez cette file de vignerons en blouse qui montent un escalier de bois, en dehors, près du mail de vieux marronniers ; ils entrent dans le cabinet du poète, tenant à la main des billets timbrés aux échéances implacables. Il paie le vin, ou l'eau qu'ils ont vendus. Il y en a de bons et d'honnêtes, il y en a de mauvais et de rusés ; il y en a qui ne rendent pas leurs billets oubliés à dessein et qui se feront payer deux fois !

Le jour a passé ainsi. Dans l'après-midi, des amis sont venus, ils sont assis dans la galerie ; l'un, à la figure ouverte, aux yeux pleins de bonté, aux vêtements négligés, à la physionomie cordiale a traversé la montagne de Cluny, à pied, dans sa course rapide, agile malgré les années ; l'autre est venu de Lagrange-Saint-Pierre avec un jeune homme à la jeunesse grave et mélancolique ; l'homme aux beaux yeux doux sous d'épais sourcils noirs, à la figure loyale, est l'honnêteté faite homme. Tous les trois sont là, comme les amis du Job de la poésie. Mais ce ne sont pas de faux amis aux paroles de reproches ; ils disent les paroles de secours au grand homme infortuné.

La femme est là aussi, elle est toujours à la peine. Elle est résolue à tous les sacrifices, aux ventes douloureuses des terres qu'elle aime, seulement elle se résigne mal à la vente de Saint-Point qu'elle préfère. Elle m'écrit avec tristesse: « Je vois bien que c'est Saint-Point qui sera offert en holocauste un peu plus tard. Mais d'ici là, qui sait si je serai de ce monde pour le regretter!... » Mais elle ne pense pas

à elle, elle est prête à tout sacrifier, sa fortune et sa vie.
« Si jamais il était possible d'arriver à un viager comme
Adrien Delahante l'avait pensé, je *veux* qu'il ne soit jamais
question de deux têtes, mais de la *sienne seulement*. Pour
moi, je n'en ai aucun besoin, et c'est bien plus facile d'y arriver sur une tête. Et ne pensez pas que je ferais ainsi un sacrifice, pas du tout. Si M. de L... vit, j'en aurai toujours
assez avec lui, et si, contre toutes les prévisions humaines,
par quelque accident, je venais à lui survivre, vous comprenez que j'aurai besoin de peu, et de ce peu pas longtemps.
Ainsi, soyez bien tranquille à ce sujet. S'il est possible d'y
arriver un jour pour *lui*, ce serait à mon avis une chose très
heureuse. Car il lui sera toujours difficile de restreindre sa
générosité, il donnera tant qu'il vivra. Cela lui fournira les
moyens de continuer ses générosités qui sont un besoin de
son cœur...

« Bonsoir et à bientôt. »

C'est une sainte folie d'abnégation ; ah ! qu'elle connaît
bien son grand prodigue de charité !

Dans cette détresse, tous deux donnaient toujours.
Voici une lettre du 15 février 1858, écrite de Monceaux,
qui trahit cette bonté héroïque :

« Mon mari est si harcelé de demandes ici, où il a tant et
tant payé qu'il ne lui reste plus rien, que je n'ose pas troubler sa demi-convalescence par un nouvel appel à une
bourse vide ; mais dès qu'il sera à Paris, il recevra le prix
de quelques abonnements, et il en enverra tout de suite à
notre pauvre ami.

« En attendant voici 500 francs que je puis lui avancer.
Envoyez-les et dites-lui de vous les rendre lorsqu'il aura
reçu son traitement, et vous, gardez-les-moi, car ils me
seront indispensables pour Saint-Point, l'été prochain.
J'aurai ces deux étés, s'il plaît à Dieu, pour faire mes
adieux à Saint-Point, à l'école... Je crois bien comme vous

qu'ici le nom suffit, mais ailleurs, il est possible que le
sacrifice de Saint-Point soit nécessaire pour exciter la sympathie. En tout cas, je l'ai fait, ce sacrifice, et je ne me
laisse pas bercer de l'espoir d'un achat onéreux. Une fois
déracinée, je me transplanterai à Milly pour le peu de temps
qui me reste ; peu importe où l'on vit, ce qui importe, c'est
l'affection de ses amis. La mienne est plus que jamais à
vous et à votre famille dont j'apprécie *autant* que personne,
j'avais écrit *plus*, mais je n'ai pas ce droit ; autant, oui, mais
la première place est dans la reconnaissance de mon mari
pour tous les vôtres. — M. »

Il venait d'écrire une épître en vers à A. Karr, fantaisie
de héros fatigué aspirant à la paix du jardin, sur une grève
d'Italie après le combat du forum où A. Karr avait combattu
près de lui en 1848 ; poésie de couleur italienne et antique,
terminée par un beau souvenir à Cicéron.

> J'ai toujours envié la mort de ce grand homme,

Et, dans des vers tragiques et beaux comme l'antique, il
ranimait la mort de Cicéron et la vengeance de Fulvie :

> De son épingle d'or elle perça sa langue,
> Et sur les *rostres* sourds fit clouer les deux mains
> Qui répandaient le geste et le verbe aux Romains...
>
> Il n'est plus de Fulvie et plus de Cicéron ;
> Notre Fulvie à nous, c'est quelque obscur Fréron
> Dont la haine terrestre au feu du ciel s'allume,
> Et qui nous percera la langue avec sa plume.

Si le Fréron de l'*Univers* insultait le génie malheureux,
son pays natal venait à son secours. Dans tout le pays, le
bruit de ses malheurs de fortune s'était répandu. Le 19
mars, une foule de bons citoyens de tous les rangs se réunit
sous la présidence de M. Chamborre, honoré de l'autorité

populaire dans le pays. Je lus un court appel à la souscription nationale ; étranger à toute pensée politique, j'y disais :
« Nous ne voulons pas du bruit, mais du bien. »

Ce n'était donc pas une agitation en faveur de la République contre l'Empire. L'assemblée, composée d'hommes
de tous les partis, approuva l'appel, vota sa publication.
M. Ponsard, préfet de Saône-et-Loire, l'interdit, et le
Journal de Saône-et-Loire ne le publia pas ; c'est là un fait
certain d'histoire locale, attesté par des témoins encore
vivants.

Acculé à l'impuissance par l'opposition du préfet, on se
résolut, sur son conseil même, à demander l'autorisation au
gouvernement. Trois hommes de Mâcon, M. Chamborre,
M. l'abbé Naulin, M. Lacroix allèrent à Paris. Le ministre
de l'Intérieur les reçut le 26 mars et leur remit le 27 une
lettre signée de lui, écrite par l'empereur en termes respectueux pour les services du grand citoyen, autorisant la souscription nationale.

Pendant ce temps, Lamartine travaillait toujours sans
relâche et préparait ses sacrifices. Mme de Lamartine l'y
poussait du cœur. Chaque jour il écrivait des lettres agitées,
cursives, brûlantes de la fièvre de sa tête en feu. Il jetait en
lignes rapides ses plans de vente de terres. Rentrée à Paris,
sa femme d'abnégation me disait les projets, les nouvelles de
la souscription parisienne, des sympathies populaires, du
réveil de la justice pour Lamartine :

« Tout ce qui nous revient de la popularité de M. de L.
est très satisfaisant. Encore avant-hier, dans un grand concert, une actrice des *Français* a récité l'ode à Byron qui a
été tellement applaudie qu'il y en avait autant pour l'auteur
que pour la pièce. Un monsieur qui y était est venu nous le
dire avec enthousiasme. »

Elle était heureuse de la première liste de souscription de
Mâcon, *charmante, bien combinée, excellente.* Elle était à

l'action aussi, traduisant en anglais toutes les lettres de son mari.

On n'était pas toujours assez respectueux, assez délicat. Quelques-uns dans le comité cherchaient trop à pénétrer l'intérieur de Lamartine. Aussi écrivait-il à M. Chamborre, le 21 mai 1858 : « Priez-les de ne pas me faire cette inquisition du pot-au-feu qui me déshonore...

« La souscription nationale sommeille un peu, reprend un peu, puis redort, puis se ranime et finira par se ranimer à un vent d'automne... » On le voit, le poète mettait son beau style dans la langue des affaires.

En Angleterre, l'élan était plus chaud. Un comité d'hommes d'Etat, d'amis illustres s'organisait. M. Edward Bulver-Litton écrivait une lettre à la gloire de Lamartine. Et Lamartine lui répondait ce noble remerciement :

« Monsieur et illustre ami !

« Votre lettre n'est pas de ce siècle ; elle devrait être datée de l'antiquité. Puisse la postérité la lire. Mais combien n'aurait-elle pas à rabattre des termes dans lesquels vous parlez de ma vie ?

« Vous vous êtes trop souvenu de cette maxime des bons cœurs : « Flattez les malheureux ! »

« Je suis très malheureux, en effet ; je ne cherche point à le dissimuler à moi-même ou aux autres. Quand une souscription de cette nature n'est pas un éclatant honneur, elle est une éclatante humiliation. Je sais bien que l'humiliation n'est pas la honte, mais elle en est l'apparence ; elle fait baisser la tête devant les hommes, sinon devant Dieu. Il faut, croyez-moi, que j'aie des motifs bien obligatoires, bien sacrés et bien supérieurs à ceux qu'on m'attribue pour ne pas retirer mon nom de tout ce bruit autour d'une obole.

« La France ne me doit rien, je l'ai dit vingt fois ; je n'ai rien fait pour elle que ce que beaucoup d'autres ont fait avec

moi. chacun dans leur rôle, et ce que tout autre à ma place
eût fait mieux que moi. Je me trompe cependant; j'ai fait
quelque chose : je l'ai passionnément aimée. Je l'ai aimée
non seulement dans sa grande individualité nationale, mais
je l'ai aimée dans chacune de ses classes, et, pour ainsi
dire, dans chacun des individus dont cette grande famille de
la patrie se compose. Si l'on m'avait dit alors que le premier
ou le dernier de ses citoyens allait être chassé de son foyer
(château ou chaumière) faute de quelque million ou de
quelque centime pour se racheter de l'expropriation, ce
citoyen, eût-il été mon ennemi politique, le ciel m'est
témoin que je lui aurais adressé, avec un respectueux attendrissement, la dîme de mon cœur.

« Des classes injustement hostiles en France n'ont pas
jugé à propos de faire pour moi, à la voix de mes amis, ce
que j'aurais fait pour elles ; mais elles ont jugé l'occasion
bonne pour se venger, après dix ans, du mal que je ne leur
ai pas fait. J'accepte. Elles me méprisent sans en avoir le
droit. La France sait bien cependant que la partie n'est pas
égale, car je n'aurai jamais à mon tour ni la volonté ni le
droit de mépriser mon pays.

« Quant à l'État, je me suis fait une loi de ne rien lui
devoir comme homme privé, sous tous les régimes et dans
tout le cours de ma vie ; je ne me départirai pas de cette loi
à la fin de ma carrière. Le gouvernement est intervenu dans
cette circonstance envers le comité de mes concitoyens de
Mâcon en termes officiels d'une extrême obligeance. Je
pouvais les sentir ; je ne pouvais pas y répondre. J'aurais
admis ainsi un caractère politique dans une souscription
toute de cœur et nullement d'opinion. Ce ne pouvait être ni
ma pensée ni sans doute celle du gouvernement ; il ne me
devait que sa neutralité.

« J'apprends par vous qu'en Angleterre un comité, composé d'hommes d'État, d'orateurs, d'écrivains illustres, veut bien me témoigner un intérêt international. Exprimez-lui ma reconnaissance. Je ne me trompe pas, comme quelques publicistes français se trompent, sur la signification de ce comité. Ce n'est pas un reproche, c'est un concours à la France; c'est l'alliance des États que l'Angleterre veut illustrer une fois de plus par l'alliance des cœurs.

« La seule chose, en effet, que l'Angleterre puisse avoir l'intention de récompenser en moi, c'est le culte constant et avoué de cette paix plus glorieuse pour les deux nations que leurs plus belles victoires, car c'est la victoire de leur bon sens sur des rivalités surannées, qu'il faut laisser, sans les remuer, au fond de l'histoire, comme la mauvaise lie des vieux temps. »

« LAMARTINE. »

Lord Normamby, ambassadeur d'Angleterre à Paris en 1848, avait commencé ce mouvement de sympathie et de secours. Le 3 avril 1858, il adressait de Florence sa souscription de 1000 francs avec une courte lettre d'hommage à Lamartine. Témoin de son héroïsme, il disait : « J'ai eu l'occasion d'observer de bien près tout ce que son énergie a fait dans le temps pour la grande cause de la société et de l'ordre, non seulement en France, mais dans le monde entier. » Ah! si Lamartine avait été Anglais, comme l'Angleterre l'aurait comblé, elle, si reconnaissante envers ses grands hommes, elle qui prodigua les millions à Wellington et à Cobden.

Malgré la diatribe d'une revue anglaise, des sympathies ardentes s'étaient réveillées. Dès le mois de mai, en quinze jours, à Londres, la souscription en faveur de Lamartine avait dépassé la souscription pour le général Havelok, le héros de l'Inde, en trois mois. Nous étions impatients d'un succès rapide. Lamartine, dans son expérience des lenteurs humaines, écrivait, le 26 juin, à M. Chamborre :

« Mon cher voisin et ami,

« Et moi aussi je voudrais bien que cela marchât vite
et mieux. Mais Dieu règne et l'homme souffre. Nous
sommes les forçats de la destinée.

« Du reste, les hostilités des deux gouvernements qui
éclatent vont réduire un peu le contingent de l'Angleterre
pour moi. C'est sur la France seule et sur mon travail que
j'ai toujours compté... »

Cette hostilité était sourde, mais nous la sentions dans
l'air. La réserve des fonctionnaires nous frappait. Dans les
listes de Mâcon, trois à peine avaient souscrit au début, le
préfet, le receveur général, le procureur impérial, c'était
tout !

La belle lettre de Lamartine à la revue anglaise n'avait
pas touché les adversaires.

Elle m'annonçait le succès de sa lettre, dans le *Siècle*
du 11 juillet 1858, une réponse haute et victorieuse à une
attaque d'une revue anglaise, méchamment reproduite dans
l'*Univers*. « Ici, disait-elle, on en est ravi et attendri. Elle a
été lue hier en manuscrit à trois hommes très compétents du
comité ; ils ont été si enthousiasmés que j'ai voulu vous le
dire. — *Votre bien triste amie.* »

Et comme un bruit avait couru de son opposition à la
vente de Monceaux, elle me disait avec sa noble simplicité :
« *Une chaumière et son cœur* ne serait jamais si bien appliqué
qu'à moi. Je n'ai jamais voulu ni désiré aucun luxe. L'affection sous toutes ses formes est la seule chose pour laquelle
j'aie jamais trouvé qu'il valût la peine de vivre. Aussi je
crois qu'on a mal compris et je n'y pense plus. J'ai fait mes
preuves en engageant mon mari et en approuvant son refus
d'accepter l'ambassade d'Angleterre offerte par Louis-Philippe. Certes si j'avais eu de la vanité ou de l'ambition,
l'occasion était belle.

« Hélas, personne ne s'offre pour acheter quoi que ce soit, en vignoble, ni autrement. Ce n'est pas de ma faute, ni de celle de mon mari.

« Adieu, mille amitiés. — M. »

« Ami, malgré tous mes efforts, je suis encore au lit... J'étais hier au petit salon le soir ; on me croyait guérie ; ce matin j'en paie la peine, et l'on me dit : Vous devez être bien tranquille, à présent tout va bien. Hélas ! je ne suis pas de cet avis, mais j'espère avoir tort. Il est sûr que les bonnes lettres abondent de ceux qui ne peuvent que leur bonne volonté, mais dans ceux qui peuvent... Enfin nous sommes dans les mains de Celui qui seul sait ce qui est *bon* pour nous. Mais je crains qu'il ne soit toujours *bon* de souffrir... »

Quel cri douloureux de résignation !

Puis elle me dit son plan de sacrifice : « Mon désir et le vôtre de vendre Milly ne prend pas faveur... Quant à moi, croyez que si j'aime à être à Monceaux, c'est *votre voisinage*. Mais je n'ai pas d'espoir.

« Ici l'esprit de parti gouverne tout, ou du moins chacun y trouve son excuse pour ne *rien* faire et pour s'en glorifier encore ! »

C'était l'effet de la fatale lettre de l'empereur, elle avait glacé tous les partis. Lamartine faisait les plus durs sacrifices.

Mme de Lamartine le défendait avec sa justice passionnée, sans cesse, sans relâche, dans des lettres multipliées :

« Ami, moi je dépéris à vue d'œil. Mais si nous pouvons sortir de cette douloureuse crise, peu importe, je reprendrai à la vie pour un peu de temps si je le vois tranquille, mais je ne crois pas que ce sera pour longtemps.

« Adieu, mille et mille amitiés. — M. »

Puis un souci, une œuvre de charité morale, lui faisait ajouter ce post-scriptum :

« Ecrivez-moi ce que vous pensez du nouveau plan de la

fondation de l'école de Saint-Point. M. Dubois sait que je m'y suis préparée depuis bien des années, n'en parlez pas, c'est son secret et le mien. S'il arrive plus tôt que je ne pensais, et que cela se fasse avant ma mort, tant mieux. Il est naturel que je me sois préoccupée de sa perpétuité après ma vie. »

Elle avait raison ; oui, le bien lui était naturel.

Touchante ambition, Lamartine avait voulu rassembler autour du château principal, dans des maisons de campagne achetées à prix d'or, ses sœurs, leurs enfants, sa famille dispersée, comme un astre qui entraîne ses satellites dans sa chaleur et sa lumière. Il avait voulu, à l'exemple des grands seigneurs du moyen âge, créer un clan de famille, près de lui, pour étendre sur le pays son patronage populaire. Il avait poursuivi ce rêve généreux ardemment et patiemment. Il voulait laisser aux siens la fortune de ses pères, agrandie de sa plume d'or. Et cet édifice si laborieusement élevé était près de l'écroulement ! Comme un chêne, il voyait ses branches brisées, chargées de nids, tomber à terre sous la tempête, et lui, rester seul, tel qu'un tronc mutilé ! Il luttait dans le désespoir, il souffrait toutes les tortures de l'agonie avant la mort.

Et la mort, cette délivrance, n'était pas près. Il avait encore longtemps à combattre. Il ne pouvait se résigner à perdre ses terres, par honneur de famille ; il avait l'amour de la terre, cette mystérieuse mère de l'homme, *alma mater*. Ses champs, ses foyers, étaient pour lui des êtres vivants. Il l'avait dit dans son exil d'Italie, dans ce touchant souvenir : *Milly ou la terre natale.*

> Objets inanimés, avez-vous donc une âme
> Qui s'attache à notre âme et la force d'aimer ?

Et déjà, dans cette poésie, à l'époque du bonheur, il avait pressenti l'orage de l'avenir.

> B entôt un étranger inconnu du village
> Viendra, l'or à la main, s'emparer de ces lieux
> Qu'habite encor pour nous l'ombre de nos aïeux,
> Et d'où nos souvenirs des berceaux et des tombes
> S'enfuiront à sa voix comme un nid de colombes
> Dont la hache a fauché l'arbre dans les forêts
> Et qui ne savent plus où se poser après !

Pour sentir de telles douleurs, il faut soi-même avoir souffert, il faut avoir eu le vertige de l'abîme. Qui de nous, dans ce temps d'orage, de désastres rapides, joué, trompé par des hommes de proie, n'a vu s'écrouler son humble fortune, et, victime lui-même d'abord, n'a fait des victimes près de son cœur, n'a tremblé de voir, sous sa fortune en débris, son foyer maternel près d'être violé par un étranger, sauvé par un dévouement de femme !

Ah ! celui-là aura pitié de Lamartine et aura des larmes d'admiration pour sa femme sainte !

On la saluait aussi dans *la Presse*, on disait son deuil maternel toujours saignant. Je lui avais adressé un article délicat et touchant trouvé dans un journal, et elle m'écrivait : « J'ai commencé bientôt à souffrir, et à de rares intervalles les coups se sont répétés. Y en aura-t-il encore de plus forts avant celui de la mort ! » C'était le cri de la mère à l'immortelle douleur. Un mot frappé sur son cœur faisait jaillir la source d'amertume. Je n'osais pas éveiller le poignant souvenir, toucher à l'incurable blessure. Elle ne m'en parlait jamais, elle avait le doigt scellé sur sa bouche, comme la sibylle funèbre de Préault. Seulement, dans des lettres rares, s'échappaient des cris d'une passion si profonde que j'en étais remué. C'était l'amour jaloux de la mère. On eût dit une lionne blessée.

La gloire du poète, les fêtes de sa vie de femme illustre n'avaient pu la distraire de sa douleur. Elle avait enseveli ses deux anges morts au fond de son cœur, comme en un sépulcre. Elle eût pu dire le vers du poète à Gethsémani :

Toute mon âme est un tombeau.

Elle aimait les enfants de sa famille, de ses amis, mais sans leur sourire. Son visage était resté gravé pour jamais d'une morne tristesse, comme ces figures en deuil des femmes protestantes après les guerres religieuses.

A ce moment elle avait reçu d'autres coups au cœur, avant celui de la mort. Si on l'honorait, elle, elle avait les chagrins des injustices contre son mari. Lui, on l'attaquait toujours.

« Quelle justice de comparer celui qui n'a eu de sa vie que 1500 francs d'appointements comme secrétaire d'ambassade, il y a trente ans, et celui qui, après avoir touché du budget des appointements énormes pendant trente ans, a laissé tomber *le vaisseau de l'Etal*, comme on disait jadis, au fond de l'abîme, tandis qu'il l'en a tiré à ses risques et périls, au risque de sa vie et aux dépens de sa fortune ! Et mettez que ces messieurs reçoivent encore une *pension* continuée par la république, comme ex-ministres, et que ces mêmes ministres de la république qui ont continué leur pension n'en reçoivent pas.

« J'ai reçu un bel article anglais, mais jamais on ne pourra rien reproduire ni cela ni la lettre de sir E. Bulwer. Car tous insistent sur la gloire de s'être retiré sans une goutte de sang sur sa tunique blanche. On croirait toujours à des allusions, et cependant ce sont des amis de la France. »

Elle avait raison, le 2 décembre se serait senti atteint.

« Je ne sais qui parle d'aller à Monceaux ! ce n'est pas moi hélas ! je ne veux pas y mettre les pieds, malgré votre voisinage, même à Saint-Point, je n'y arriverais qu'avec des larmes dans les yeux et un serrement de poitrine. Je ne voudrais y retourner que lorsque personne n'aura plus un sou à demander. Hélas ! cela sera-t-il jamais?

« Si ce malheur nous arrive, il ne faut plus rester en France. Ni le berceau ni la tombe ne peuvent nous retenir. Il faut fuir l'ingrat pays qui ne se trouvera pas beaucoup plus riche, lorsqu'il n'aura *plus* L. qu'il aura chassé par avarice sous prétexte de politique. Ah ! si l'on pouvait parler haut, non pas lui mais ses amis, quelle lumière éclaterait, Mais sous la machine pneumatique, qui peut respirer ni voir clair ? Ici le refus d'insérer la liste est déplorable... Il faudrait quelqu'un parlant avec autorité, et c'est partout l'autorité qui y met obstacle... »

Avais-je assez raison dans mes *Souvenirs* de dire la perfidie du gouvernement ! mais elle, quelle âme fière et virile, toute à l'honneur, debout dans son courage, comme Clorinde dans son armure, avec des sensibilités de femme de l'Herminie du Tasse.

« Adieu, bien des tendresses autour de vous, à tous les vôtres. Étant malade, j'ai vu Gouraud, il s'est exprimé fort bien au sujet du discours de M. Aubert que je lui avais envoyé. Il en est très content (1). »

J'étais dans une perpétuelle angoisse, et c'est elle qui me rassurait. « Je comprends, ami, que vivant dans un isolement relatif, vous appréhendez le jugement du public, et je suis comme vous portée à voir les inconvénients des choses plus que leurs avantages.

« Quant à la lettre de M. de L., si l'on se rapporte à tout ce qui se dit et s'écrit à lui et à d'autres, il n'a rien écrit de si beau, si éloquent, si touchant. Quant à émouvoir le pays jusqu'à la bourse, je crois que c'est impossible. Il y a bien des ecclésiastiques qui sont furieux contre l'*Univers*.

---

(1) M. Aubert était un jeune médecin de Mâcon, éminent par la science et le cœur, fait pour briller dans une chaire ou un hôpital de grande ville, et dont la modestie s'est contentée de guérir les blessés du chemin, comme le bon Samaritain de l'Evangile.

« Quant à la vente des terres, croyez que M. de L. fait tout au *monde* pour vendre Monceaux. Il a *supplié* trois grands capitalistes de le prendre au-dessous de sa valeur. Et si vous croyez que je regretterai Monceaux, vous parlez comme j'aurais *peut-être* parlé il y a un an. Mais j'ai trop souffert et je souffre trop tous les jours pour être dans ce même sentiment. Je vous avais aussi dit que si je le regrettais alors c'était à cause de votre voisinage! Me le reprochez-vous ? » me disait-elle avec un accent de tendresse qui me faisait pleurer. Sa douleur me navrait, j'aurais tant voulu lui garder tous ses foyers. Ses lettres m'attendrissaient et me pénétraient d'admiration. Comme elle était habile et ardente à défendre les œuvres et la conduite de son mari ! Elle avait la fièvre de sa délivrance. « Je pourrais supporter la pauvreté réelle, mais je ne puis supporter les dettes ! Cela me met au désespoir, et je tremble souvent pour M. de L. Il se contient et se remonte, mais, au fond, il souffre plus qu'on ne peut croire, et il a des accès de désespoir qui me mettent hors de moi. Adieu, adieu. »

Malgré son chagrin, elle ne se décourageait pas, elle avait la persévérance de sa race, la vertu de la lutte. « Il ne faut pas non plus trop écouter les esprits alarmistes, qui croient tout perdu à la moindre difficulté. » Et elle me disait cette grande pensée, à la fois haute et profonde, dans une image digne de son mari. « Ce qu'il y a de plus dangereux dans les abîmes, c'est le vertige qu'ils donnent en y regardant. On prend quelquefois les fossés pour des abîmes. Le pis aller, c'est de périr, mais il ne faut pas se suicider. »

Tous les conseils généraux de France refusèrent de souscrire avec une lâche unanimité. Craignirent-ils de faire une manifestation d'honneur à Lamartine, désagréable et contraire au gouvernement ? Peut-être.

Un seul n'avait pas le droit de s'abstenir, le conseil général de son pays natal. Il s'abstint. Il se lava les mains comme Pilate.

On ne pouvait plus douter, après la conduite des conseils généraux, de l'hostilité secrète du gouvernement d'entraver la souscription. Les préfets, après la lettre de l'empereur, avaient reçu une circulaire confidentielle du ministre de l'intérieur.

La tactique tendait à faire avorter la souscription nationale pour acculer Lamartine à accepter un don de l'empereur, à déshonorer la République au profit de l'Empire.

M. de Persigny qui avait le cœur chevaleresque, fut indigné, et fit un acte d'éclat. Lamartine en fut touché et écrivit à M. Chamborre :

« Tâchez à tout prix de faire insérer dans Saône-et-Loire la belle lettre vengeresse de Persigny avec sa souscription de 1000 francs.

« C'est la Providence qui nous luira pour punir le... et autres plus plats que la platitude et plus ingrats que l'ingratitude. Adieu, — LAMARTINE. »

Ses lettres ne sont plus qu'un cri, l'appel désespéré du cor de Roland dans le défilé de Roncevaux. Lui aussi traversait un défilé, en plein péril, seul, sa noble compagne avec lui.

Pour elle, toujours ardente et résignée, elle faisait son sacrifice de sa jument de selle qu'elle aimait, qui portait son corps affaibli dans les promenades, elle allait la vendre, sa chère *Gazelle délicieuse, sûre, au bon caractère, aux allures charmantes, douce et vive à la fois.* Elle en parlait comme d'une amie. Et Mlle Valentine renonçait aussi à son cheval arabe. Les deux femmes s'unissaient dans le sacrifice.

Il y a une amitié entre le cheval et l'homme. Mme de Lamartine aimait ce bon et gracieux animal qui la portait dans la vie, épargnait les pas à sa faiblesse et lui faisait sa route

douce. Mlle Valentine me disait dans une image poétique :
« Le cheval, c'est l'aile de la femme. »

Gazelle me rappelle la dernière promenade à cheval de
Mme de Lamartine. C'était un jour de septembre à Saint-
Point. Mme de Lamartine monta sur la table de pierre d'A-
beilard, un débris de l'abbaye de Cluny, recueilli à l'ombre
des ormes, près de la tour mauresque de l'horloge, et de
là, s'assit sur *Gazelle* toute frémissante. Puis, le poète, à
cheval, Mlle Valentine, les amis suivirent à pied. Inutile de
dire si les chiens étaient de la fête. On gravit la montagne
en face du château, par les chemins rocailleuxet sablonneux,
le long d'un ravin, à l'ombre des vieux châtaigniers
noueux, chargés de leurs fru ts, aux écorces vertes et pi-
quantes. C'était toute une caravane montant, à pas lents,
les sentiers en zigzag, sur les flancs de la montagne. Le
soleil filtrait entre les feuilles, et l'eau du ravin murmurait
des notes de fraîcheur. Je regardais les chevaux gravir,
leurs sabots mordant les cailloux, leurs croupes renversées
sur leurs jarrets arqués, comme les chevaux de Salvator Rosa,
moirées tour à tour de rayons et d'ombres, le long des
taillis, sous les arceaux de verdure des vieux charmes bor-
dant les sentiers. Mme de Lamartine avait rajeuni à ce plaisir, elle suivait avec aisance les mouvements de *Gazelle*,
ployait, cambrait sa taille élégante, son voile vert à la brise,
la figure heureuse et rayonnante comme en ces courses à
cheval en Italie, au temps du bonheur.

On atteignit la cime de la montagne. On contempla l'horizon immense, le magnifique panorama des Alpes, les collines, les vallées ensoleillées du Mâconnais, la plaine bru-
meuse comme une mer, les foyers aimés, Milly, Monceaux,
Lagrange au loin. Puis après ces regards aux paysages et
aux souvenirs, on s'assit près d'une roche grise, au bord
d'un taillis, près de cendres fumantes encore, et de sabots
de bergers abandonnés par les enfants effrayés dans leurs

jeux, et cachés dans les taillis. Le poète eut alors une charmante inspiration. Il mit du chocolat, de l'argent, dans les petits sabots ; puis, à son exemple, Mme de Lamartine, ses nièces, les amis remplirent de gâteaux, de friandises et de sols blancs les sabots des enfants. On prépara ainsi une fête aux petits bergers. Après cette promenade de charité, on descendit, vers le soir, charmé, attendri, par ces hôtes qui passaient toujours en faisant le bien

Mais on était loin de ces belles promenades. De ces heures de fièvres, il remontait dans l'air pur de la poésie avec Pétrarque ; comme la nature après les orages, qui fait sortir de terre des fleurs plus fraîches, son génie faisait éclore des pages de vie. Il avait la fécondité de la nature.

« Ami, je suis si triste que je n'ai pas le courage de vous écrire. Notre horizon est si noir, que mes idées le sont de plus en plus. J'ai voulu terminer ces têtes que vous avez vues à Monceaux, parce que je déteste laisser les choses en chemin puisqu'elles sont commencées. Il faut que je les termine, mais je m'y mets de si contre-cœur que je n'avance pas. A Monceaux cela allait comme le vent, avant la crise ; depuis lors je n'ai pas touché au pinceau, voici cinq mois... Adieu, j'ai la tête brisée. — M. »

« Écrivez-moi, je suis très inquiète, très troublée, malgré toute la résignation chrétienne que je travaille à acquérir. Mille amitiés. »

En prévision des ventes menaçantes, Mme de Lamartine se préoccupait de l'enlèvement des meubles aimés. « Je ne sais pas trop que faire de mon modèle du groupe du bénitier, je le laisserai jusqu'au bout, parce qu'il fait bien dans la galerie. On pourra le mettre dans l'église de Milly, mais si Milly se vend, c'est la même chose ! »

Elle avait été heureuse d'un article de Mornand dans *la Presse*. « La fin est charmante et pleine de cœur... Il n'y a rien à espérer cet automne, il faut se taire ou parler sans écho...

« Adieu, écrivez donc. Qui voulez-vous qui me dise quelque chose, si ce n'est vous ? — M. »

Ses lettres devenaient de plus en plus graves avec la gravité croissante de la situation. En voici une du mois d'octobre en réponse à des questions diverses. On y retrouve sa précision, son élévation, sa justice accoutumées. « Si je pouvais donc dire tout ! Vous saurez ce que je veux dire quand nous nous verrons. Il n'y avait que le choix des malheurs. »

Voilà une raison profonde puisée dans la vérité de la vie humaine. « Il n'y avait que le choix des malheurs ! » C'était tristement vrai.

Le drame continuait avec des langueurs et des réveils. Là où d'autres se seraient abaissés, il restait grand. Dans ce combat d'affaires, il jetait des cris superbes, dans cette fumée des éclairs.

Sa lettre à P. Boyer avait trahi sa douleur en images à la Michel-Ange : « Comme un volcan qui n'a point de bouche, je dévore ma propre écume et je me brûle à mon propre feu. »

Pour elle, toujours en avant, au feu des objections, des attaques, elle me répondait bien moins pour moi que pour l'histoire :

« Ce que vous dites de la République m'étonne un peu. Si ce n'est pas le pays, qui n'a pas *pu* être consulté, à coup sûr, ce sont ces circonstances dans lesquelles le pays s'est trouvé, qui a *nécessité* comme la seule chose *possible* la République. Il n'était pas républicain de la veille ; mais toute autre chose, quoi qu'en puissent dire les orléanistes, cela n'était pas possible, sans mettre Paris à feu et à sang, comme au 2 décembre. Il a fait miracle en tenant toute la population qui était en armes, par le seul mot République. Le pays

ne l'a pas désavoué à l'Assemblée ! Il a rendu le pays à lui-
même, aux dépens de *lui*, en convoquant l'Assemblée. S'il
avait eu l'ambition et l'orgueil qu'on pouvait supposer, il eût
agi tout autrement. Ses ennemis mêmes le disent. Et à propos d'ennemis, vous dites que j'ai trop d'amis qui approu-
vent. Voici le dire d'un ennemi. Il y a eu l'autre jour un
grand dîner d'orléanistes. L'un d'eux s'est écrié à propos de l'explication franche, insérée dans le n° 35 du *Cours
familier* d'octobre 1858 : « Ce diable d'homme, lorsqu'on le
croit à terre, il prend la plume et se relève plus haut qu'a-
vant. »

Cette raison virile de femme écrivait là, dans une simple
lettre, avant l'histoire, le jugement de l'histoire.

Elle avait soif du secours de l'amitié, et avec sa nature
religieuse, elle demandait le divin viatique, elle priait, elle appelait la miséricorde de Dieu.

« Nous sommes dans une crise bien cruelle, *il* en souffre
bien affreusement. Moi plus, ou aussi vivement, mais n'y
pouvant *rien*, je prie Dieu de *toute mon âme*, de nous épargner
un peu, avant que nous n'allions là-haut, demander non pas
salaire, mais merci.

« Oui, je demande, comme vous, pour moi paix ! mais je
ne l'espère pas...

« Je suis un peu soutenue par la certitude que la trop
grande générosité et l'abnégation de sa personnalité en 48 et
en bien d'autres années et dans bien d'autres circonstances,
ont causé en grande partie la douloureuse, la navrante position où nous sommes. Personne n'en est si humiliée que
moi, ni aussi fière de sa glorieuse conduite en 48, et sa générosité sans compter toutes les infortunes qui se sont
adressées à lui. »

Puis, dans cette douloureuse confidence, elle faisait son
examen de conscience, et disait : « Je me suis opposée tant
que j'ai eu voix au chapitre contre les achats de terre et j'ai

tenu mon ménage avec une économie et une régularité dont
je puis me vanter, excepté par un seul cheval de selle (parce
que j'en avais eu toute ma vie et que je ne pouvais jamais
beaucoup marcher) je n'ai contribué en rien aux embarras
financiers, mais j'en connais les sources, et, sauf l'imprudence des terres, les sources sont celles que Dieu admet en
atténuation de tous ses torts. « La charité couvre une multitude « de péchés », dit l'Évangile, et j'aime cette parole. »

« Je voudrais bien que vous fussiez ici comme autrefois,
— je dis là une naïveté, — car pour mille raisons je le voudrais. Mais je dis dans ce moment pour ouvrir les lettres et
lire la correspondance. Il y a trois cents et trois cent cinquante lettres par jour ; il n'y en a eu qu'une un peu inju-
rieuse et elle était d'Amérique ! Toutes les autres respirent
l'admiration et l'affection. Nous ne suffisons pas à les ouvrir
et les lire chaque matin. Le courrier du soir on le garde pour
le lendemain, car on ne pourrait pas lire tout cela, vers et
prose, après diner à cause de quelques amis qui viennent. |

« Merci du bon prêtre du séminaire. S'il y en avait beaucoup comme cela, la charité serait mieux comprise.

« Adieu, ma lettre est bien triste, mais pas encore comme
mon cœur. »

Puis elle ajoutait ce mot de sympathie à une page consacrée à l'héroïne des barricades de juin. « Le *Saphir* de M.
Mornand est bien touchant et plus délicat que son style ordinaire. »

Le 22 décembre, elle s'échappait de ses misères pour me
dire ses impressions de lecture : : « Je suis étonnée des lettres de Lamennais. Je croyais y trouver, au moins vers la
fin, quelque indice de la foi vacillante en lui et qui devait
finir comme vous savez. Mais loin de là, je lis les phrases
d'un chrétien très fervent qui, après avoir soutenu le pape
contre les gallicans, blâme beaucoup la papauté dans la
crainte que sa conduite n'ébranle la foi dans les âmes ! Il

blâme aussi M. de Fraissinous de sa tolérance excessive. Et c'est justement pour cela que j'aime les conférences de Fraissinous qui expliquent si bien la phrase : Hors de l'Église, point de salut, et qui montre une tolérance affectueuse qui, à mon avis, est loin d'ébranler la foi.

« Mais il faut que ce mot parte. Ainsi adieu, mille amitiés autour de vous ! »

Elle finissait l'année le 29 décembre 1858 par ce mot :

« Je suis harassée de fatigue aujourd'hui, j'ai été dans une famille frappée cruellement dans une très jeune femme morte en trois jours, saisie en pleine santé, laissant quatre petits enfants, un jeune mari qui l'adorait. L'enterrement a eu lieu ce matin, je crois que toute la magistrature de Paris y était. C'est Mme Rodolphe Dareste de la Chavanne. Les Dareste sont parents éloignés de ma belle-mère. Le désespoir de la famille est grand et bien motivé. Elle était bonne et spirituelle et très pieuse, de cette piété d'âme qui attire et n'incommode personne. A bientôt, écrivez-moi. »

C'était aussi sa piété.

SURSUM CORDA

1859

La Bretagne est le pays des légendes et des drames de la mer. C'était le matin d'un jour d'octobre. J'étais monté sur le tertre *Morgan*. Morgan, la laide et vieille fée, jalouse de la belle princesse Marianna, l'avait changée en crapaud par sa haine, jusqu'au jour où un chevalier à l'amour intrépide, romprait le sortilège, en lui rendant sa beauté sous son baiser vainqueur.

Je regardais la rade dans sa fraîcheur matinale, ensoleillée sous la lumière de l'aube, lorsqu'un pêcheur de haute taille, à la cape de toile goudronnée, au caban de laine, sortit d'une maison blanche du village du *Dourdu*, posé sur la grève comme un goéland.

Une femme le suivait, la tête encadrée dans une cape de laine. Ils montèrent dans une barque, hissèrent la voile et levèrent l'ancre.

La rade ressemblait à un lac : l'eau calme, transparente, au bleu pâle comme le ciel. La barque glissait lentement comme un cygne noir, ses ailes à la brise légère. Elle traversa la rade, un archipel d'îlots, et entra dans la haute mer.

Elle revint à la marée du soir, les voiles à peine enflées par la brise molle du crépuscule. Le calme descendait. Le pêcheur, la main droite à la barre du gouvernail, ramait de l'autre main. La femme maigre et nerveuse, les mains armées d'une rame, aidait la marche lente. Enfin la barque tourna la pointe de l'anse du *Dourdu* et jeta l'ancre.

La pêche avait été bonne. Les paniers pleins de poissons aux écailles brillantes, teintes d'argent et d'émeraude.

Un jour de novembre, *mis du*, le mois noir, comme on l'appelle en Bretagne, la même barque partit, un matin, pour la pêche, sous un ciel sombre.

Le vent souffla par fortes rafales. Des nuages noirs couraient sur le ciel gris comme des fantômes funèbres. Je fus sous les bois secoués par le vent, agités de bruits sinistres, jusqu'à un promontoire. La mer était démontée, les lames soulevées du fond, roulaient leur houle à la couleur terreuse, déferlaient sur la grève, s'y brisaient à flots d'écume jaunâtre, avec des plaintes de voix humaines. La mer mugissait une immense symphonie de deuil, les lamentations des trépassés engloutis.

La rade était déserte. Seule, au milieu, une barque noire courait sous la tempête. Elle louvoyait contre le vent d'ouest, ses voiles serrées, raccourcies par un ris, mouillée des coups de mer, bondissait sur les vagues, montait, descendait, tour à tour, avec une vitesse vertigineuse. Les lames furieuses battaient ses flancs, lui jetaient des trombes d'eau pour la submerger. Le vent s'acharnait sur elle, comme un élément de haine, couchait ses voiles sur la mer, l'inclinait jusqu'au bord, sous les lames. Je regardais dans l'angoisse la barque près de sombrer. J'admirais ce combat d'un bateau contre un élément, lutte héroïque d'un homme contre la mer :

La barque est si petite et la mer est si grande.

La tempête redoublait de fureur. Le vent, la mer, comme deux ennemis unis, deux monstres du ciel et de l'eau, poursuivaient, battaient, frappaient la barque intrépide, hurlaient de colère, en sifflements lugubres, en lamentations sinistres, lui lançaient le chant de mort, avant de l'entraîner dans l'abîme.

La barque luttait toujours. L'homme debout à la barre, la tête haute sous la tempête, menait sa barque obéissante au milieu de la mêlée des vagues, virait de bord, courait des bordées hardies, aidé par sa femme, la main aux écoutes. De temps en temps, la femme joignait les mains, levait la tête au ciel, et priait dans l'orage pour le salut de la barque et la vie de l'homme.

La prière fut exaucée. Enfin la barque atteignit l'anse, doubla le cap, et sous l'abri de la colline, jeta l'ancre devant le village.

Je descendis encore. J'avais reconnu le pêcheur et sa femme. Leurs vêtements ruisselaient d'eau de mer. Les paniers étaient presque vides, la pêche avait été mauvaise. Mais la vie était sauve.

Ces deux scènes de mer me rappelèrent Lamartine et sa femme. N'étaient-elles pas la double image des phases d'épreuves subies en 1858? La première, éclairée d'espérance, une brise de sympathie, dans sa voile ; puis atteinte bientôt de calme, comme la barque au crépuscule, pourtant fructueuse au retour. La seconde, assombrie, disputée, poursuivie par la haine, l'insulte des partis, comme la barque par la tempête, et ne rapportant de la lutte que la déception et l'infortune.

N'était-ce pas aussi l'image des années heureuses du poète et de sa compagne, unis dans le voyage de la poésie et de la vie, l'image des années glorieuses, du pêcheur intrépide, luttant contre le peuple en fureur et sauvant la patrie ?

N'était-ce pas, enfin, l'image des années malheureuses du grand homme dans l'infortune, soutenu, relevé, protégé par sa vaillante compagne, unie à lui dans le péril, fidèle jusqu'à la mort ?

On le verra plus que jamais dans les lettres qui vont suivre, lettres puissantes comme la raison, attendries comme le cœur, qui révèlent la perpétuelle ascension de cette grande âme de femme.

Les grandes épreuves font les grands cœurs.

L'épreuve continuait. Lamartine, provoqué par un article de *l'Union*, à propos de sa lettre à Philoxène Boyer, répondit par une noble lettre qui est une page d'histoire.

A Monsieur le Rédacteur de l'Union.

Monsieur,

« Je n'ai jamais demandé la parole à un journal pour y défendre mon esprit, mon talent, mes vers, ma prose, mes discours, mes opinions ; mais, en ce qui concerne la souscription proposée à la France par mes amis, je ne laisse rien sans éclaircissement ou sans réfutation. Je touche d'un doigt ferme, et sans crainte de me blesser moi-même, comme sans envie de blesser les autres aux parties les plus délicates. Pourquoi ? Parce que la souscription nationale, ce n'est ni mon esprit, ni mon talent, ni mes vers, ni ma prose, ni mes opinions ; la souscription nationale, c'est mon caractère, c'est moi : *me, me adsum!*

« J'aurai toujours, tant que je vivrai, un cœur et une main au service de mon honneur.

« *Se ipsum deserere turpissimum est !* ce qui veut dire en bon français : « Rien de si lâche que de s'abandonner soi-« même, surtout dans les revers ; le malheur commande plus « de fierté, c'est sa contenance. »

« Le rédacteur de la chronique de *l'Union* se prévaut (et c'est son droit) d'un billet confidentiel plus ou moins triste comme mon âme, qui a été inséré dans un journal de province ; c'était un mot à l'oreille répondu, je ne sais quel jour sombre, à un ami inconnu qui m'avait adressé une protestation contre mon prétendu départ de France. L'écrivain de *l'Union* me reproche, à cette occasion, d'être injuste dans ce billet envers la France. Savez-vous pourquoi ? Parce que, dit-il, la Société des auteurs dramatiques français prend soin cette année d'une petite-fille de Racine.

« Vous souvenez-vous de cette imprécation sublime de Gilbert, expirant dans un hôpital de fous ?

> « Au banquet de la vie, infortuné convive,
> « J'apparus un jour, et je meurs. »

Eh bien ! c'est exactement comme si l'écrivain de la chronique accusait *Gilbert* d'être injuste envers sa marâtre patrie parce que Voltaire recueillait en ce temps-là à Ferney une petite nièce du grand Corneille !... En quoi la bienfaisance de Voltaire disculpait-elle la France ?

« Le rédacteur se demande, avec l'accent d'un intérêt que je dois croire sincère : « Où en est donc la souscription « nationale de M. de Lamartine ? » — Nous n'éprouvons aucun embarras à lui répondre : Cette souscription a été aussi modique et aussi affligeante jusqu'ici que mes ennemis les plus acharnés peuvent le souhaiter. Mais, depuis que les calomnies s'éclairent et que les mensonges s'usent, cette souscription se relève avec un mouvement sensible du cœur au pays. A qui la faute, à qui la gloire de cet avortement d'une noble pensée ? Quelques organes très hostiles de l'opinion que vous représentez, monsieur, peuvent s'en attribuer au moins la moitié. C'est mon seul étonnement dans cette affaire.

« Je devais m'attendre, en effet, aux rancunes et aux représailles de tous les partis en France, excepté aux rancunes et aux représailles du parti légitimiste. C'est le seul qui n'eût aucun grief possible à élever contre moi.

« Le parti de la Révolution de Juillet pouvait me reprocher à bon droit de n'avoir tressailli que de douleur à la chute de la monarchie des Bourbons et à l'exil du Joas innocent de cette grande race.

« Le parti orléaniste pouvait me reprocher, avec apparence de raison, d'avoir proclamé une république de nécessité et de salut commun sur ses décombres, au lieu de proclamer une régence, le plus faible des gouvernements dans une révolution, régence qui n'aurait été que l'aggravation d'une anarchie et la seconde inauguration d'un principe de circonstance sur un trône de principe héréditaire.

« Le parti démagogique pouvait me reprocher d'avoir, avec mes collègues, couvert les vies et les fortunes des citoyens contre les mauvaises réminiscences de la Terreur.

« Le parti militaire pouvait me reprocher d'avoir maintenu la paix du monde et d'avoir résisté sincèrement et sciemment au débordement de la propagande armée et de la guerre agressive à l'Europe.

« Le parti socialiste pouvait m'accuser d'avoir combattu à mort ses théories radicales qui ne sont que les fantômes du délire à jeun et de n'avoir compris l'amélioration du sort des masses que par l'ordre, le travail et la propriété.

« Enfin le parti bonapartiste pouvait me reprocher d'avoir ajourné de toutes mes forces la rentrée en France et la présidence d'un prince que son nom pouvait soulever du fauteuil au trône.

« Ce sont là des torts réels, impardonnables, dont l'expiation devait m'atteindre naturellement, aux jours des disgrâces. On ne se plaint pas de ce qu'on a mérité ; on ne s'étonne pas de ce qu'on a prévu. Oui, je devais être frappé pour tant de crimes ; mais était-ce par la main de vos amis ?

« Eh bien ! presque toutes les catégories d'opinions que je viens d'énumérer ont été sinon serviables, du moins convenables à mon égard au jour des afflictions. Les petits journaux de votre parti, à Paris et en France, ont été seuls implacables, injurieux, sarcastiques ; pourquoi ? Je le dirais bien, car je le sais ; mais on ne me croirait pas ; j'aime mieux me taire. Voyons mes torts envers vos amis :

« Je suis né royaliste, attaché d'enfance à cette branche mutilée par la hache de la Convention, dans la personne de Louis XVI, la plus innocente des victimes expiatoires de la royauté.

« En 1815, j'ai pris d'esprit et de tradition les armes pour aller combattre, sans compter le nombre, au pied du trône de Louis XVIII restauré.

« J'ai accompagné ce prince en soldat fidèle, non pas jusqu'à *Gand*, qui était à lui son seul asile, mais jusqu'où portait le sol de la France, car la guerre civile sur le sol de la patrie est une calamité, mais n'est pas un sacrilège.

« En 1820, j'ai salué, avec toute la France consternée par l'assassinat d'un de ses princes, le berceau d'un enfant qui représentait la providence de la monarchie, si cette monarchie constitutionnelle avait su préserver ce berceau en le confiant à la liberté.

« En 1830, le prince de Polignac, honnête homme monté

trop haut pour s'y tenir, m'appelle à Paris au poste de di-
recteur des affaires étrangères, je refuse, il insiste, je refuse itérativement de concourir à une politique qui devait
aboutir inévitablement à un coup d'État manqué contre l'o-
pinion. On m'éloigne ; je suis nommé ministre plénipotentiaire en Grèce. Je sors de France.

« 1830 éclate ; je connaissais le nouveau roi, je pouvais
m'élever d'un échelon sur les ruines du roi fugitif, j'accours
à Paris pour y donner ma démission à M. Molé, ministre de
la nouvelle dynastie ; M. Molé la refuse ; je suis obligé de
l'envoyer directement au roi Louis-Philippe lui-même ; je
lui déclare que je ne veux pas servir deux maîtres. Ainsi.
après avoir refusé par patriotisme de m'associer à la faute de
Charles X, je m'associe gratuitement et généreusement à
son malheur. (Je n'invente rien, je ne colore rien, je possède tous les titres à l'appui de cette loyauté sans bruit dans
ma conduite envers vos amis.) Je me dépouille de toutes
mes fonctions, de tous mes traitements, de toutes mes ambitions naturelles, et je les dépose sur le cercueil de la monarchie légitime.

« J'entre dans les Chambres, j'y siège pendant quinze
ans, isolé de tous les partis, consacré à la France seule. Je
ne vais point à *Belgrave Square*, mais je défends contre la
flétrissure les *flétris* de votre religion dynastique.

« Trois fois le roi Louis-Philippe, dans les crises de sa
couronne, m'appelle confidentiellement aux Tuileries, où je
n'allais pas ; il me conjure avec des instances pathétiques
(plus pathétiques qu'il ne m'est permis de le dire) d'accepter
les postes les plus culminants à l'intérieur ou les plus lucra-
tifs à l'extérieur dans son gouvernement, et d'oublier enfin
les rois et les princes de l'exil. Je suis ému, mais inflexible :
« Vous pouviez peut-être, vous prince, vous croire obligé
« de tout oublier pour sauver le trône de votre race, mais
« moi, je ne suis rien, je n'aurais point d'excuse à ma défec-

« tion en passant à votre cause, je veux mourir avec mon
« honneur et avec la plus obligatoire des fidélités, la fidélité
« à l'impossible. — »

« Y a-t-il beaucoup d'hommes obstinés, monsieur, qui
aient repoussé pendant quinze ans de telles fortunes ? Et on
me raille sur ma fortune ! ! !

« Le tocsin de 1848 sonne : je m'élance, la République
dans la main, entre l'anarchie et la France ; on me crie : *A
bas ! tu n'es qu'un légitimiste !* Je réponds devant cent mille
témoins armés : « Oui ! j'ai été légitimiste et je m'en ho-
« nore, et je m'en honorerais encore, si le choix des mo-
« narchies était aujourd'hui en question devant vous : vous
« devez m'en croire, celui qui a été fidèle à la cause des
« rois tombés, ne trahira pas celle du peuple ! »

« Le peuple applaudit, il aime l'audace dans la franchise,
il se fie à moi.

« On sait le reste, on ne sait pas tout ; les petites plumes
rancunières qui griffonnent contre la souscription ces sar-
casmes et ces interdits auraient d'autres loyautés aussi mé-
ritoires peut-être à rémunérer en moi par leurs diatribes ;
mais je les tiens pour bien acquittés.

« Je ne désavouerai pas pour si peu ma considération héréditaire envers ce grand parti territorial qui fut la noblesse
du pays et qui peut rester toujours son honneur. Je lui ai
sacrifié, dans son adversité, faveurs de cour et faveurs de
peuple, fortune, avancements, ambitions, la plus belle partie
de ma vie active ; ses libellistes officieux m'en récompensent
comme vous voyez ! Je me garde bien d'attribuer à une opinion les torts d'une coterie.

« Je ne me vengerai de ces dénigrements et de ces ini-
quités de parti qu'en les constatant, et tout en réservant nos
devoirs désormais divers, comme nos situations, je conti-
nuerai à honorer dans vos amis ce que j'honore en vous,
monsieur, la constance dans le dévouement désintéressé,

cette foi du cœur, et le respect de soi-même dans la défaite de ses opinions.

« Recevez, Monsieur, l'assurance de ma haute considération.

« ALP. DE LAMARTINE. »

Paris, 4 janvier 1859.

« J'ai bien pensé d'avance à ce qu'on vous dirait de *l'Union*. Peut-être que si vous aviez été ici, sachant tout ce qui se passe et se dit, vous auriez compris l'opportunité pour *lui* d'expliquer sa vie passée...

« Un homme d'un esprit distingué est venu à Paris *exprès* pour dire à L... qu'il n'y avait que lui au monde capable d'écrire de telles choses, et de se placer si haut au-dessus de tous les partis, représentant la nation seule...

« Quand on ne dit que la vérité des faits pour venger l'unité d'une vie qu'on attaque, il faut laisser passer les opinions diverses. La vérité, il faut l'espérer, prévaudra du moins dans la postérité. Je me moque de la postérité quand on l'*invoque* pour me consoler des chagrins présents. Mais je m'y appuie quand il s'agit de justifier sa conscience ou ma conscience...

« Maintenant j'ai de l'ennui à l'occasion de la politique. On confond trop la question de la liberté italienne avec l'agrandissement du Piémont. Le mariage de N... est le semblant d'une liberté soutenue par le despotisme. Lorsqu'on parle contre une guerre intempestive, et dont les motifs sont percés à jour pour qui se *souvient*, on a l'air de parler contre l'Italie.

« Cela m'indigne et m'irrite. Je me suis levée hier soir, mais la conversation, très intéressante d'ailleurs, m'a empêchée de dormir. C'étaient tous des hommes d'esprit, de belles discussions, comme à la tribune, mais si souvent à côté de la vérité pour les besoins de leur cause, que j'aurais voulu être homme un quart d'heure pour leur dire des vérités. Mais il est vrai aussi que Dieu tire du bien des plus mauvais instruments et des projets les plus contraires à ses vues. Adieu, pour aujourd'hui. Je me fatigue. »

Le mot précurseur de la guerre d'Italie adressé le 1ᵉʳ janvier, par l'empereur, à M. de Hübner, ambassadeur d'Autriche, agitait tous les salons politiques. Lamartine prit tout de suite parti contre cette aventure, presque seul, au milieu de ses amis séduits par cette guerre populaire. Il prédit la fatale unité au profit du Piémont, la perte de la confédération italienne, et, après, l'unité allemande par la Prusse, **ce** Piémont de l'Allemagne.

« Je constate seulement que la fibre du public a été touchée, comme elle l'est toujours par la parole de L....

« Il y a une chose que je puis vous dire, c'est qu'il y a eu une circulaire du ministre de l'intérieur, défendant aux préfets de favoriser la souscription. Quelle déloyauté après la lettre! Tous les préfets ne l'ont pas reçue (1). Ce sont précisément ceux qui ont vu une tendance à y aller de cœur, et faire des comités, agir pour L... avec zèle, qui ont demandé ce qu'ils avaient à faire. La circulaire a répondu. Dès ce moment, ils ont été au delà de l'instruction, et ont défendu *tout chez eux*. C'est un préfet qui a *montré la circulaire* à un de nos amis. Qu'en dites-vous?... »

Je lui avais dit déjà mes soupçons si bien confirmés. Voilà un grave témoignage de la duplicité impériale, la preuve de la pure vérité de mon récit qu'a osé traiter de pur mensonge un journal du 2 décembre !

Les lettres se suivent, écrites de son lit de souffrances et de repos, tourmentées des plus hautes pensées.

---

(1) Un entr'autres, M. Paillard, d'une haute distinction d'esprit et de cœur, un fidèle admirateur de Lamartine. Il n'aurait tenu aucun compte de la circulaire. C'est un hommage à son caractère, un honneur pour lui.

« Si, par impossible, il se faisait une troisième restauration, vous verriez avec quelle fermeté inébranlable, il refuserait toutes les offres, toutes les instances qui lui seraient faites. Quand on ne renie pas son passé, on respecte son avenir, me dit-elle dans une belle parole. Quant à l'isolement, c'est ce qui a été reproché pendant les dix-huit ans de L. P.... Il en a fait justice. Il en serait ainsi si jamais on avait besoin de lui. Ce que Dieu garde ! Car, quand je vois la versatilité du peuple, qui préfère obéir à n'importe quoi qu'user d'une sage liberté, qui voudrait jamais être *au limon du vaisseau de l'État ?* comme on disait, vieux style. La phrase incriminée dit la même chose déjà dite de Béranger, et au fond, que dit-elle ? Que si en 48 on avait eu à choisir entre les deux monarchies, il aurait sans aucun doute choisi le droit d'alors et non l'usurpation d'alors, mais voyant que le salut du peuple n'était pas là, il fit la République. Il l'a dit assez haut. *C'est moi.* Sa jeunesse était à la légitimité, son âge mûr au peuple, non pour flatter ses passions, mais les relever par leur bon sentiment et leur grandeur d'homme, et c'est ce qu'il ferait toujours... »

Vraiment j'admire combien cette femme excelle à juger le caractère et la conduite de Lamartine. Elle a le don de la netteté, de la précision et de la grandeur du jugement. Dans une lettre familière, elle écrit ainsi des lignes d'histoire. Elle grave et elle colore à la fois comme l'eau-forte. Puis elle raconte en souriant une visite de Garnier-Pagès : « G.-P. est venu l'autre jour, il a dit ceci : Tout croule, la « catastrophe est imminente, mais *soyez tranquille, je suis* « *là !* » Voilà donc le chef tout trouvé, lorsqu'on ne voudra plus de L...

« Quant à la foi religieuse, je n'en parle pas avec la même désinvolture. Je donnerais mon sang pour vous savez quoi ! mais si la présence constante de Dieu devant les yeux, la foi à l'immortalité et à la justice d'en haut peut avec la *charité* qui couvre tout et qui demeure, lorsque la vision a succédé à la foi et à l'épreuve, si dis-je, ces dispositions de l'âme sont acceptables là-haut, comme je l'espère, sa place ne sera pas la dernière. Cependant si vous voulez savoir ma façon de penser pour *moi*, — je ne juge pas les autres, — je sens le besoin et le bonheur d'avoir mon Sauveur pour juge. Car quel est celui qui, à sa mort, ira paraître devant Dieu et lui dira : « Me voici avec ma vertu, récompensez-moi, je l'ai mérité » ?

« Non, ayez pitié! *Miserere!* Voilà le langage de tous. L'*humilité* est une vertu toute chrétienne, inconnue à l'antiquité. Il y a tant de gens qui sont chrétiens sans le savoir, et sans le vouloir, tant d'autres qui veulent bien des vertus, et de la morale chrétienne, en rejetant ce qui en fait la *base*, la *force*, sa sécurité, sa consolation, je les plains. J'aime mieux croire à la parole de Dieu qu'à la parole de l'homme. C'est ce qui fait que je ne suis pas anglicane, ni d'aucune dénomination de protestants. Mais il faut leur rendre justice, tous les hommes sérieux, du moins en Angleterre, tout en rejetant l'autorité du pape, plutôt comme souverain étranger, et après avoir examiné avec toutes les lumières que Dieu a données aux plus remarquables d'entre eux, tant dans les sectes diverses, et malgré les sectes diverses, croient fermement à la rédemption.

« Les capucinades et les faux miracles font mon désespoir. Dieu les permet, il sait pourquoi, mais moi je n'y vois que du mal, de la tentation et de l'ébranlement des faibles.

« Ici, Dieu merci, nous n'avons pas cela encore, Dieu nous en préserve! Mais les églises sont remplies d'hommes à six heures du matin, c'est la bonne heure, car on ne les taxera pas d'ostentation ni d'hypocrisie. Je les ai observés avec respect, avant de tomber malade. Maintenant je ne sors plus, je me lève à peine, ces jours-ci pas du tout, mais les autres jours un peu le soir, pour ne pas perdre la visite des amis. Aussi hier j'ai manqué quelqu'un que j'aurais voulu voir, c'est M. Fromentin. Nous voyons beaucoup ce pauvre M. Huet, bien souffrant. M. de L. vient d'aller chez lui avec Valentine.

« La guerre ou la paix tient à un fil, se nouera-t-il ou se rompra-t-il? On a envoyé un émissaire secret tâter la Prusse. Refus de l'entendre seulement. Un autre est à Vienne. Je ne sais pas encore le résultat. Montanelli est plein d'espoir. La fermentation, dit-il, est grande. Le Piémont tardera six mois, dit-on, on prépare beaucoup de canons, mais on ne sait que faire. Adieu, ma tête se fend d'avoir écrit ce peu de mots. »

Elle avait l'habitude de fermer ses lettres avec un cachet, donné par son mari, qui portait la devise de Jacques Cœur : « A cœur vaillant rien d'impossible. » Cette devise convenait à ces deux cœurs héroïques. Je lui avais écrit mon admiration de sa force morale dans sa vie d'épreuves : « Vous mettez votre devise en action. »

Elle me répondit avec sa modestie accoutumée : « Hélas ! la devise n'est pas mienne, je n'ai pas tant de présomption, — mais est celle de L. et me va moins que jamais. Je suis triste, je fais un carême moral, disait-elle dans une image haute et vraie, c'est le meilleur, si on le supporte bien. Quant au physique, loin d'être guérie, je suis descendue plus bas, après avoir peut-être trop voulu lutter, et hier je ne me suis relevée que parce que Valentine était couchée avec frissons et accès de fièvre... J'ai pu, tout en toussant tenir compagnie à M. de L. à son déjeuner et à Valentine.

« Il a eu un accident qui m'a épouvantée. Dieu merci, ce n'est plus rien qu'un sang noir et jaune extravasé sur son œil et sa joue. Mais une ligne à droite ou à gauche, le coup aurait eu une gravité qui fait frémir. Ce coup a tant appro-

ché l'œil que la paupière est fendue dans le coin! Les journaux, à bonne intention, ont mis qu'il s'était évanoui. Rien
de semblable. Il a épongé le sang avant de me laisser con-
naitre l'accident, mais comme heureusement le sang continuait à couler avec abondance, j'en ai eu malgré lui le spectacle effrayant. Il n'a rien voulu faire, pas même appliquer
l'arnica mitigé. Mais son sang est bon, il a été de suite cica-
trisé, mais sa *beauté* en souffre aussi, il a la mortification de
se présenter ainsi à la belle Grecque qui préoccupe notre
petit salon. Elle s'était proposé de venir et même de chanter. Jugez si je suis en train de l'entendre. Mais comme
j'aime mieux amuser les autres que m'amuser moi-même,
je consens à ce qu'elle vienne... Et si je savais une manière
ingénieuse de faire insinuer à Nadaud qu'une chanson de
lui, ce soir-là, ou un autre soir, nous consolerait des canti-
lènes russes qu'elle va nous débiter, ce serait charmant.

« Une charmante femme de ma connaissance ancienne a
chanté ici un soir un impromptu, et nos habitués en ont été
charmés. Elle chante avec une verve et un brio sans façon,
sans avoir besoin de se faire accompagner, ce qui a un
grand charme. C'est cet impromptu qui a excité l'émulation,
je ne veux pas dire la jalousie, de la belle Grecque, et elle
veut chanter aussi... »

Elle avait aussi son sourire de malice sous sa gravité, et pé-
nétrait la comédie des vanités humaines dans ce groupe de
femmes qu'attirait la gloire de son mari. Mais elle retournait
vite aux choses sérieuses. Ses lettres étaient un mélange
d'impressions mondaines et graves, de salon et d'église,
d'affaires domestiques et d'élévation d'âme, de charme et de
vie en tous sens.

La souscription nationale ne tombait plus que goutte à
goutte, comme la roche qui pleure de la forêt de Fontaine-
bleau. On avait résolu une entreprise littéraire d'une grande
édition en quarante volumes, à côté du *Cours familier*.

Le génie de Lamartine était plus fécond que la reconnaissance de la France.

« Enfin je tâche de mettre tout cela dans les mains de la Providence. Ce que Dieu voudra sera, mais il ne veut pas souvent ce que notre aveugle sagesse propose et désire... »

S'élevant des misères de son foyer à de hautes émotions, elle me disait : « Il y a un très éloquent prédicateur à la Madeleine. Je n'ai rien entendu d'aussi fort depuis Lacordaire; il est aussi libéral que lui et plus onctueux. Il a dit des choses étonnantes comme liberté de parole. Je suis très contrariée de ne pouvoir aller l'entendre aujourd'hui. Si je pouvais, dans cette petite page, vous citer certaines choses, vous crieriez : bravo !

« Adieu, on m'appelle. A quand votre volume ? Je l'attends avec une impatience d'*amie*. Les autres ne sont que des mots.

« Mille amitiés autour de vous. »

Elle avait l'ardeur des controverses religieuses, et se lançait dans ces discussions où elle excellait, témoin cette lettre du 2 février 1859 :

« Si je reprends un moment notre discussion, ami, ce n'est pas, croyez-le bien, que j'aie la moindre prétention de convaincre. Non, je sais bien que je ne suis pas digne d'être un instrument de l'esprit de Dieu. C'est seulement pour justifier mes compatriotes. Il n'y a aucun point de comparaison entre les hommes sérieux et savants des grandes universités d'Angleterre et les Thiers et autres. D'ailleurs la position n'est pas la même ; un Anglais est libre de devenir tout ce qu'il voudra. Les discussions religieuses s'agitent le plus librement du monde et le plus publiquement aux grandes universités anglicanes, d'où l'on sort tous les jours, les uns *puséistes*, d'autres catholiques, d'autres *indépendants,* comme mon cousin. Combien y en a-t-il de ces hommes qui abandonnent de grands bénéfices d'église pour suivre leur conscience! Après un bien libre examen, renoncer à sa propre fortune, ce n'est rien ; mais renoncer à la fortune d'une nombreuse famille à élever, c'est quelque chose pour laquelle il faut une bien vive conviction du salut éternel qui en sera le prix. Et cela se voit tous les jours, comme mon cousin qui, avec onze enfants, ne peut pas même prêcher dans son église, parce que, comme pasteur, il n'est pas payé, et qu'il est obligé de travailler pour vivre. Voilà des hommes qui quittent l'Église d'État qui paie très largement ses ministres, pour être ministres *indépendants* de la parole de Dieu comme ils l'entendent après de longs travaux. Pas un ne renonce à la rédemption. En Écosse, dans les assemblées religieuses, chacun se lève et prêche sans être pasteur. Ils (ou même elles) parlent, disent-ils, selon que l'Esprit saint les inspire. Voyez la doctrine de la Trinité au milieu d'une liberté par trop grande et trop dangereuse, ce me semble, car le droit d'examen ne donne pas toujours les facultés nécessaires à un si rude labeur et à un discernement si judicieux ; mais tel est l'empire de cette foi générale dans la population écossaise, la plus lettrée peut-être de l'Europe, qu'aucun scandale n'y survient. Quelquefois un puritanisme absurde, mais rien autre.

« Vous me dites que vous croyez à la parole de Dieu plutôt qu'à celle des hommes, je suis bien de votre avis, mais je me demande : Où trouvez-vous la parole de Dieu ?.. Les contradictions des Évangélistes ont été expliquées cent fois. Elles sont elles-mêmes une des preuves de la sincérité des apôtres qui transmettent ce qu'ils ont vu, entendu et retenu, et qui sont morts, comme saint Pierre, saint Paul et autres, pour attester non pas seulement ce qu'ils ont cru, mais ce qu'ils ont *vu*. Mourir pour une opinion, c'est beau, mais mourir pour un *fait* faux, que vous savez n'avoir pas été, c'est de la démence. Si tout ce qui nous est nécessaire ne se trouve pas dans l'Evangile, je ne sais où le chercher ;

car il y a une telle supériorité de doctrines dans l'Évangile,
sur celles des plus grands philosophes (toujours des hommes),
que je ne saurais hésiter entre eux.

« Vous dites, je crois, que la loi de Dieu est dans la
conscience ; je le crois comme vous, mais avec un autre point
de départ, car la conscience a-t-elle été la même dans tous
les âges ou dans toutes les nations ? La conscience est une
faculté donnée par Dieu pour suivre le bien et fuir le mal.

« La conscience s'éclaire de la lumière qui l'entoure.

« La conscience selon l'Ancien Testament n'est pas la
même que selon le Nouveau. » — Idée vraie, oui, la conscience est progressive. — « Et cependant le Décalogue
était un bon point de départ. L'antiquité nous prouve que
ses plus grands hommes, Platon par exemple, trouvait bien
ce qui, de nos jours, est appelé infâme, autre conscience
que la nôtre, et, dans les modernes, les mahométans agis-
sent selon leur conscience en usant de la moitié du genre
humain créé par Dieu, comme de vil bétail créé pour leurs
plaisirs dans ce monde et dans l'autre.

« Et combien parmi nous, éclairés par le christianisme,
qu'ils en conviennent ou non, se font une conscience fausse,
soit par ignorance, soit par passion, et croient bien faire
en faisant *très mal*, tout comme les sacrificateurs aux faux
dieux.

« La morale de l'Evangile est à peu près adoptée partout
comme règle de conscience dans le monde moderne, et depuis dix-huit cents ans, le monde civilisé n'a pas trouvé
mieux. Mais, si elle n'est pas de *Dieu*, elle est donc des
hommes? Quelle autorité peut-elle avoir? Je ne voudrais
pas jouer mon éternité sur une parole d'homme. Et même,
comme doctrine d'homme, je ne vois rien dans l'histoire qui
lui soit comparable. Je ne veux pas dire, Dieu garde ! que
la création ait été abandonnée par le Créateur jusqu'à la
venue de Jésus-Christ. Mais, dans une sagesse *infinie* que

la créature *finie* ne peut scruter, Dieu a donné à chaque âge
du monde les *portions de vérités* qu'il a voulu, et il ne jugera
que sur la lumière qu'il a donnée pour éclairer la conscience.
Cela me paraît incontestable, malgré quelques sophismes
qu'on a quelquefois opposés, et cette progression de vérités
religieuses me fait espérer que le christianisme lui-même
n'est pas compris encore *entièrement*. Le règne de charité
viendra.

« Un grand distinctif du christianisme, ce me semble, est
dans cette parole de Jésus-Christ : « Allez dire à Jean que
l'Évangile est prêché aux pauvres ! » Effectivement depuis
les brahmanes jusqu'à Jésus-Christ, qui s'est occupé de la
plèbe? Quel est le peuple qui a compris que l'âme du dernier des hommes est aussi précieuse devant Dieu que celle
du premier ? Et la partie la plus nombreuse de la création
n'ayant évidemment ni le loisir ni les moyens d'arriver, par
elle-même, à la connaissance de Dieu et de ses devoirs
envers lui, il lui faut un enseignement. Je suis peuple aussi
à cet égard, et j'accepte l'enseignement du catéchisme de
l'église. Les torts que peut avoir l'Église ne m'ébranlent
nullement. Dieu n'a pas envoyé des anges pour gouverner
son Église. La partie humaine lutte contre cette partie divine
qui me suffit pour la responsabilité de mon salut fondé sur
la parole de Dieu. Il y a longtemps que les exécuteurs de
la loi de Dieu auraient été anéantis et l'empire spirituel de
l'Église détruit.

« Je ne vois pas jusqu'à présent rien qui tend à se substi-
tuer à l'enseignement et à l'autorité de l'Église pour les
masses. Au moins le peuple, et les malheureux de toute
classe, a besoin de Dieu, il ne peut s'en passer. Dieu seul
peut le consoler des inégalités de ce monde. Un monde
futur vague qui nous mènera peut-être dans quelque planète
inconnue ne peut lui suffire. Et même pour le gouvernement
de ce monde, toutes les tentatives ont échoué. Ce n'était

pas des hommes ordinaires que les saint-simoniens et les fouriéristes. Qu'est-ce qui en reste? Les plus éminents d'entre eux sont devenus catholiques, comme Considérant, Laverdant et autres, en voyant le néant de leurs plus grands efforts. Mais voici que je suis entraînée bien loin de ce que je voulais vous dire.

« Je veux cependant finir par une considération qui m'a toujours consolée dans toutes les discussions. C'est que la miséricorde infinie de Dieu a donné assez de lumière à sa vérité pour la sécurité de ceux qui y croient, et y a laissé assez d'obscurité pour expliquer les doutes de ceux qui ne s'y rendent pas, et que lui seul peut juger de ce qui a été la cause sincère de la conviction de l'un et de l'incrédulité de l'autre. »

Puis, après cette conclusion de tolérance miséricordieuse, après cette haute défense du christianisme, digne d'un philosophe religieux, ce coup d'aile de sa raison, elle descendait dans son humilité de femme, et disait avec son cœur : « Pour moi je me fie avec reconnaissance à ce Dieu qui est tout amour et qui a tant aimé le monde, qu'il a envoyé son fils unique pour tirer de l'obscurité les âmes simples et de bonne volonté, et qui a bien voulu suppléer à ce qui manque de sainteté à toute nature faillible par sa sainteté divine, en faveur de ceux qui, humblement, demandent son appui et sa grâce. » Et elle concluait comme le fameux dilemme des *Pensées* de Pascal. « Si je me trompe, je ne risque rien, et je puis risquer en rejetant cette main que Dieu me tend pour arriver plus sûrement à lui, être fait enfant de Dieu, selon sa parole, et je voudrais que tout l'univers dise : amen. »

Le sujet sacré lui tenait au cœur, aussi reprit-elle, malgré sa souffrance. C'était le Carême, elle me prêchait sa foi.

« Dans mon lit. Vendredi.

« J'ai toujours compris que lorsqu'on discute avec un ami, au bout de peu de temps chacun revient au point de départ, tout comme si rien ne s'était éclairci. Aussi il me semble que j'avais déjà répondu aux objections de votre dernière lettre. Mais il y a un point où je me suis évidemment mal expliquée, si vous en avez inféré que les protestants sont tolérants. Hélas! non, le droit d'examiner, d'étudier, de discuter, de se décider, n'implique pas du tout la tolérance pour les idées des autres, bien au contraire.

« Un catholique, sans s'élever publiquement contre une phrase de l'Église *mal* interprétée et qui a été expliquée par Frayssinous, Lacordaire et autres, peut être tolérant si tel est son *caractère*. Il pouvait dire : cela ne me regarde pas. Je ne me crois pas capable d'examiner tout cela. Je suis catholique, parce que père, mère, curé, m'ont enseigné. Mais un homme, qui a passé des années de sa vie à examiner les concordances et les dissidences de l'Evangile, des Pères de l'Eglise, des apologistes du christianisme et des commentaires de la Bible et de gros volumes en *us*, et qui, après avoir discuté tout cela, s'est fait une croyance absolue et a adopté telle ou telle secte, cette homme-là trouve que la généralité n'a pas le droit d'avoir une opinion, et que ceux qui ont scruté, comme lui, n'ont pas eu autant de perspicacité que lui pour savoir ce qu'il faut croire et ce qu'il faut rejeter. Aussi les protestants disent un mal incroyable des autres sectes que la leur, ce n'est pas le dogme principalement qui fait l'intolérance, c'est le caractère. Les protestants sont généralement intolérants malgré et en dépit de leur dogme contraire de droit d'examen et de choix. La pauvre humanité est ainsi faite. L'individu peut être tolérant, l'esprit de secte et de corps ne l'est jamais. Il y a plus de cent ans, du vivant de mon arrière-grand-père, qui était

Ecossais, qu'un grand nombre de familles, femmes, enfants furent chassés d'Edimbourg, dans un délai de huit jours, pour cause de dissidence religieuse. C'étaient des familles pauvres, et la misère était affreuse. Ils n'avaient ni feu ni lieu. Et les protestants en Ireland avant le *repeal*, combien n'ont-ils pas persécuté les catholiques !

« Maintenant les mœurs s'adoucissent. Mais combien y en a-t-il encore de pauvres filles qui se sont faites catholiques et qui sont chassées de leur famille, et viennent chercher à être institutrices en France ? Encore l'autre jour, j'avais trouvé une situation très lucrative pour une que sa famille avait rejetée dans un couvent. La position que j'avais trouvée, était chez une des dames Rothschild. Mais l'idée d'être dans une maison juive fit refuser, malgré toutes les assurances qu'elle ne serait pas gênée.

« Dans ma propre famille, Mlle Churchil a été obligée d'aller vivre à Gênes. Les persécutions de famille abondent. Regardez aussi la tolérance des calvinistes à Genève.

« Il est vrai qu'il y a une secte plus tolérante que les autres, les quakers. Mais aussi ils vivent en dehors de tous, ils se tutoient, s'habillent de manière à se faire reconnaître. Ils ont eu de mon temps des individus très remarquables à leur tête, Mme Fey, M. Gurney. On peut dire qu'ils passaient en faisant du bien. Mais c'est comme un ruisseau arrosant une petite contrée. Ce n'est pas même un fleuve, encore moins un océan universel, pour féconder le genre humain. Car c'est là où il en faut arriver, ce qui n'est pas pour tous, n'est pas de Dieu. Que les brahmanes aient duré, ou les bouddhistes, ou n'importe quoi, c'étaient des initiés. Cela n'a jamais été le peuple. Dieu les a tolérés parce qu'il a l'éternité pour redresser tous les torts, tout comme il a le paradis céleste pour remplacer avec avantage le paradis terrestre pour ceux qui le veulent bien.

« Et il vaut mieux, ce me semble, mériter, par le combat,

qu'être impeccable par nature. C'est pourquoi nous avons la liberté. Dieu a donné à l'homme six mille ans pour trouver sa voie, l'histoire est là pour dire s'il l'avait trouvée, lorsque le Christ est venu prêcher aux pauvres et établir une doctrine par laquelle le plus ignorant en sait autant sur ses devoirs et sur la vie future que le plus savant, et mérite autant et probablement bien plus, ayant moins d'orgueil.

« Ne pensez-vous pas trop aux individus et pas assez aux masses? Qu'est-ce que Platon? un grand philosophe, enseignant quelques disciples, doué par Dieu d'une haute intelligence, obscurcie par de grandes ombres. Il dit lui-même que tout cela n'est pas pour le peuple. Et si l'homme a tout trouvé, ce qui n'est pas, car il n'a trouvé ni la chasteté, ni l'humilité, ni la charité chrétienne, mais, en admettant qu'il eût trouvé toutes les vertus, à qui les a-t-il enseignées, et qui a cru à l'autorité de son enseignement?

« Vous savez bien que rien n'égale l'abrutissement et l'abjection des pauvres Indiens. Le mot paria est devenu proverbial. Les bouddhistes sont-ils mieux? Les femmes sont brûlées au nombre de six, huit, douze sur le bûcher, et elles disent aux Anglais : Laissez-nous brûler, autant vaut mourir de suite que mourir de faim. L'orgueil du maître les brûle, l'avarice de l'hérésie refuse de les nourrir. Voilà la polygamie. Pour les vieillards, c'est la même chose, on les *tue* pour les empêcher de souffrir, par tendresse de conscience! Et cela est universel dans l'Inde.

« Ma cousine, lady B., était très mal vue d'avoir guéri un grand-père qui n'avait que soixante ans. Il fallait l'*aider à mourir*. Et les Chinois! qu'en dites-vous? Leurs savants ont tout trouvé, excepté Dieu. Confucius, grand législateur, n'a point fait de religion. Il a tout fait au profit humain matériel. Aussi ce peuple est dans un abrutissement complet. Ce n'est pas qu'ils fassent manger leurs enfants, comme on l'a prétendu, non, l'instinct de la mère est là, comme dans toutes les créatures de Dieu. Mais des superstitions effroyables s'y mêlent sans contrôle.

« Si saint Paul a parlé comme Platon, Dieu a pu inspirer l'un et l'autre, car tout don vient de lui, mais, à coup sûr, il n'a pas accepté le point de départ de *deux* principes, *matière* et esprit, c'est-à-dire deux impossibilités. Cela est bien plus difficile à comprendre qu'un seul Dieu en trois personnes, dont nous avons le type en nous-mêmes.

« Quant à l'Église, il me semble qu'elle ne pourrait pas ne pas exister. Le roi le plus débonnaire ne laisserait pas la lettre de la loi à interpréter et à appliquer par chaque individu à son gré. Il sentirait bien que l'anarchie la plus destructive de toute loi et de tout devoir en résulterait en bien peu de temps. Jésus-Christ a laissé la doctrine à la garde des apôtres en leur disant : « Allez et enseignez toutes les nations », parole qu'aucun philosophe n'a pu prononcer. Il a ajouté : « Je suis avec vous. »

« Les protestants en sont si convaincus qu'ils disent que l'Église de Rome a réellement été l'Église véritable et universelle jusqu'au quatrième siècle, par conséquent jusqu'après les trois siècles des martyrs qui ont attesté la foi. Les évangélistes ont été inspirés par Jésus-Christ et tout ce qui est nécessaire au salut s'y trouve, mais non pas tout ce qui peut satisfaire une vaine curiosité de chicane pour chacun. L'Église est dépositaire de l'enseignement et de l'interprétation. Et la diversité des opinions des sectes prouve qu'on peut faire sortir des textes *isolés* bien des choses contraires à l'esprit général. Je ne sais s'il y a un texte positif contre l'esclavage, mais je sais bien que tout l'esprit de l'Évangile y est contraire. Aussi ce n'est que dans les pays chrétiens qu'il est aboli depuis le progrès, dont j'ai parlé, je crois, de l'extension de la charité chrétienne bien comprise. Les textes sont assez clairs : « Faites aux autres ce que vous voudriez qu'on vous fît — aimez votre prochain comme vous-même

— aimez-vous les uns les autres, c'est à ce signe qu'on connaîtra que vous êtes mes disciples. — On vous a dit : œil pour œil, dent pour dent, mais moi je vous dis : aimez vos ennemis. »

« Je ne crois pas que dans l'antiquité et maintenant on ait considéré les ennemis ni les esclaves, la masse du peuple, comme notre prochain. Jésus-Christ avait à cœur de consoler les malheureux, leur apprendre à supporter leurs maux inévitables dans l'humanité, et leur donner l'assurance de la vie éternelle qui n'était qu'une conjecture et une probabilité avant lui. N'eût-il fait que cela, je bénirais son nom.»

« Si Lamartine a dit que la religion chrétienne était une religion d'esclaves, il a assurément constaté sa raison d'être, car l'homme est esclave de ses passions jusqu'à ce qu'il ait appris à les dompter et je ne sais au nom de qui l'homme s'imposerait cette cruelle lutte contre lui-même, lui, roi de la création, qui n'a que la force pour loi. Partout où Jésus-Christ n'est pas, la force règne, et malgré lui, elle règne encore dans un semblant de christianisme, où la partie humaine étouffe le dogme qui n'a point changé, pour autoriser l'*abus*. Mais, comme je le disais, Dieu a l'éternité. Il laisse pousser l'ivraie à côté du bon grain. Rejeter le bon grain à cause de l'ivraie, ce serait mourir de faim de peur d'être empoisonné, ce me semble.

« Vous comprenez, sans que je le dise, que je n'approuve pas le *bûcher*, quelle que soit la main qui l'allume; ici comme toujours, c'est l'abus de la force.

« Les guerres de religion prouvent que le plus ou moins de cruauté dépend de la force et du nombre dans les deux partis. Dieu est leur juge, non pas moi.

« Si j'attendais qu'une Église (humaine de gouvernement) fût régie par des anges et des saints, je ne me rallierais à aucune, je flotterais dans des conjectures qui ne me soutiendraient pas trop à l'heure de la mort.

« Que ceux qui ont eu aisance, loisir, instruction, se fassent par eux-mêmes une religion éclectique, ils en prennent la responsabilité. Mais ont-ils songé qu'ils se séparent entièrement du peuple ? Ils s'en séparent par croyance, ils s'en séparent d'*amour*, car ou ils croient qu'ils sont dans le vrai, ou ils croient que le reste est bon pour le peuple. S'ils sont dans le vrai, comme le salut est au bout, ils doivent par amour de leur semblable désirer ardemment de les éclairer.

« Je ne vois pas dans l'ancien monde des philosophes passer les mers et s'exposer au martyre pour instruire les peuples comme de pauvres missionnaires. Les philosophes ne demandent pas même de convertir leur femme, enfant, serviteur, donc ils sont égoïstes, s'ils sont sincères. Et si, malgré tout le mal qu'ils disent du christianisme, ils le trouvent encore bon pour les masses, n'y a-t-il pas un grand orgueil chez eux ?

« Mais non, je ne les en accuse pas. Ils sentent bien que leur parole serait insuffisante pour créer une religion (c'est-à-dire les rapports de l'humanité avec son créateur), ni une philosophie qui est le résumé de la sublime spéculation de l'homme d'étude, impropre, comme dit Platon, à être enseignée au peuple, qui, du reste, ne la prendrait pas de sa main. Tous les fondateurs de religions se sont dits inspirés de Dieu, même matériellement, les incarnations de Vischnou, type si ancien, du désiré des nations, les visions de Mahomet. L'homme ne peut pas, de son autorité, forcer, persuader les hommes de combattre l'orgueil, les convoitises, l'égoïsme. La doctrine de l'abnégation et du sacrifice ne peut être imposée que par Dieu. Et sans le sacrifice de soi aux autres, dans toutes les conditions, où en serait le monde ? Ce serait la guerre de tous contre tous, ou le droit du plus fort sans contrôle.

« J'avoue que, pour mon compte, je ne voudrais pas de responsabilité. J'ai examiné comme une pauvre jeune fille que j'étais, j'ai reconnu l'impossibilité pour moi et pour bien d'autres, d'aller plus *loin*. Fénelon, saint Vincent de Paul, et bien des grands génies, saint Augustin et autres, ont été satisfaits des *preuves* du christianisme, cela devait me suffire. J'ai lu de gros livres anglais des apologistes, je n'ai pas agi à la légère, mais j'avoue que les querelles des protestants ont beaucoup fait pour me décider au catholicisme. Je trouve le dogme chrétien le plus beau, le plus consolant pour les justes et les pécheurs. Je comprends que, sans une Église dépositaire et interprète depuis les apôtres jusqu'à nous, le christianisme se serait en allé en lambeaux comme la doctrine des Védas et autres, comme celle de Platon, qui n'ont jamais régénéré la centième partie d'une nation. Et quand je dis que le christianisme serait perdu comme eux, je dois dire bien plus vite. Venue dans la plénitude du temps où l'instruction chez les grands, l'imprimerie, plus tard, aurait sapé les dogmes jusqu'aux derniers, il me paraissait impossible qu'il n'y eût pas une Église : où était-elle? C'est ce que je me suis demandé, car tout autre conclusion aurait été, non pas de la tolérance, mais de l'indifférence, ce qui est bien différent. Et vous voyez que je ne suis pas indifférente pas plus à présent qu'il y a vingt-cinq ans !

« Je vous dois un million d'excuses de vous assommer de dix pages, encore si elles étaient lisibles ; mais mon excuse pour le fond et pour la forme, est dans la maladie.

« Depuis mardi je suis au lit avec une grippe très sévère. Ma tête est nécessairement pleine, dans quelques heures de solitude, de ce qui m'intéresse le plus pour moi et pour les autres. Mais ma main tremblante fait défaut. Ne me lisez que lorsque vous n'aurez rien à faire du tout. Et laissez-moi finir par deux phrases d'une prière catholique, que je répète, sur laquelle il n'y a pas, je crois, d'objections à faire :

« Jésus, divin rédempteur, soyez miséricordieux pour moi et pour le monde entier. Amen.

« Dieu saint, Dieu fort, Dieu immortel ! ayez pitié de nous et de tout le monde entier !

« Adieu. »

Toutes ses lettres, après la discussion, finissaient toujours par une prière, comme après la prédication du prêtre, le chant et l'encens de la bénédiction. Et je m'unissais à sa prière.

Sa foi, armée de science, combattait le bon combat. Sa logique sacrée était redoutable, elle avait à mes questions des réponses victorieuses.

Elle aussi, de sa chambre, de son lit, prêchait le Carême à son ami, avec un large esprit. J'admirais surtout son courage, son oubli de ses souffrances que son lit de douleur devait lui rappeler, son âme ouvrant ses ailes au ciel, pendant que son corps l'enchaînait à terre. J'admirais sa puissance de s'affranchir des tortures de la maladie et des affaires domestiques, d'écrire d'une main fiévreuse dix pages de ferveur et de foi.

C'était toujours de l'amitié, une amitié sainte. Les femmes mettent, pour ceux qu'elles aiment, de l'amour dans l'apostolat.

Comme je lui disais mes craintes de fatigue d'esprit pour elle dans ces hauts entretiens, elle me répondait :

« Vous avez bien raison. J'avais bien tort de me lancer ainsi. Je ne sais trop comment cela a commencé, mais je m'en excuse. La maladie en est grandement cause, car je suis malade depuis le commencement de l'année. Je crois avoir écrit chaque fois de mon lit... »

Puis elle m'ouvrait son âme et sa vie de piété touchante et fraternelle.

« J'aime à aller le matin, dès avant le jour, à l'église, avec ma femme de chambre et ma cuisinière, et nous agenouiller ensemble au même autel, au milieu de tout le petit peuple du quartier. C'est une fraternité devant Dieu et devant les

hommes qui me plaît... » Je l'aurais suivie. Elle commençait ainsi la journée par la prière matinale, s'agenouillait,
elle, la noble femme, à côté des humbles et des petits, à
l'heure où la lumière n'éclairait pas encore les vitraux, dans
le clair-obscur de l'église, les yeux levés vers les saintes figures des fresques, recueillie dans ses pensées, puis elle se
levait fortifiée du pain sacré, la tête à la fois éclairée de la
lumière de l'aube et de celle de la foi. Puis elle répondait
avec sa religion humaine :

« Dès que ma lettre a été partie, l'autre jour, j'ai eu le regret de l'avoir envoyée, et le premier livre que j'ai pris a été
d'un à-propos extraordinaire à la première page. Voyez
comme elle clôt la discussion admirablement, après avoir dit
que dans tous les points controversables, il faut laisser
prendre à chacun la direction qui lui plaît, il ajoute : « Souvenez-vous que, même dans les points qui ne sont point de
controverse, mais de foi, la vérité, loin de repousser la charité,
la recherche au contraire pour lui donner le baiser de paix,
et continuer ensemble le reste de la route. Faisons ainsi. »

Ah ! certes, j'aurais aimé continuer la route jusqu'au bout,
avec ce guide ami que Dieu me donnait, et qu'il devait m'en-
lever avant le terme. Ses lettres religieuses ne m'inspiraient
pas seulement de l'admiration, elles m'édifiaient ; elles me
charmaient l'esprit et me faisaient du bien à l'âme. Elle ne
se contentait pas de la foi du charbonnier. Ses lettres avaient
le fond catholique, la forme protestante. Mᵐᵉ de Lamartine
avait gardé les habitudes de discussion de son pays. Dans
la défense de sa foi, elle usait du libre examen de la raison.
Selon un mot de Lamartine, elle voulait sa raison religieuse
et sa religion raisonnable. Elle croyait, non selon la lettre,
mais selon l'esprit. Sa large interprétation ouvrait le cercle
de fer des dogmes ; on y sentait une femme sœur de ces
dames romaines amies de saint Paul et de saint Jérôme.
Elle avait beaucoup lu dans les livres et dans l'histoire, lu

surtout dans son âme et sa vie. Les épreuves, loin de l'a-
battre à terre, l'élevaient au ciel. *Sursum corda.*

« Quand on laisse une lettre un mois sans réponse, elle
est comme non avenue, je m'attendais à une approbation
d'une partie qui concluait — m'écrivait-elle le 12 mars, —
mais c'est égal, je vous remercie toujours de m'avoir écrit...
Voici trois jours que je vous attends. Comme je ne laisse
entrer personne, j'avais donné ordre pour que l'exception
soit formelle pour vous, je l'ai fait dire depuis le concierge
jusqu'à Louise qui me sert avec un dévouement sans pareil...
J'ai été bien plus mal depuis dix jours, sans sommeil, sans
nourriture, ne pouvant me tenir debout pour faire faire mon
lit. Aujourd'hui je me sens un peu mieux... J'espère que,
d'ici au 16, je serai en état peut-être de vous recevoir sur
mon fauteuil, jusqu'à présent, ce n'est que prostrée sur mon
lit que j'aurais tendu la main. »

Cette lueur pâle encore de guérison faisait illusion aux yeux
de son mari ; il avait un tel désir, qu'il voyait déjà son désir se
réaliser de jour en jour ; l'espoir voilait la réalité, troublait
son regard et l'empêchait de voir sous le sourire souffrant
de la chère malade la réalité de la souffrance. L'habitude de
vivre près d'une femme pâlie ôte la clarté de la vue, et il
suffit d'un rayon passager sur la figure éteinte pour donner
l'illusion d'un retour de la vie. La fièvre colore comme la
santé, et on s'y méprend. Les maladies lentes se voilent si
bien, que leurs progrès sont invisibles, même aux regards de
ceux qui aiment.

Elle pensait peu à ses souffrances, mais beaucoup aux
peines de ses amis. « J'ai tant déploré la mort de votre amie,
j'étais si accoutumée à en entendre parler, qu'il me semblait
tout à fait la connaître, et que s'il y avait eu occasion, je me
serais offerte en aspirante amie. Je plains bien votre femme,
ces amies d'enfance, rien ne les remplace. J'en sais quelque
chose !...

« Au revoir donc. »

« Il n'y a aucun numéro sans défaut. Mais Gœthe a le plus grand succès dans le monde qui circule autour de chacun de nos amis qui sont de positions d'esprit si différentes.

« J'avais fait une tête de Gœthe, lorsqu'il était à l'âge où on l'a connu le plus. » Puis, songeant au portrait qu'elle voulait peindre pour la cheminée du cabinet de Saint-Point, elle disait : « Maintenant si je veux faire accepter à M. de L. un Gœthe, il faudra le faire jeune et beau comme un Antinoüs !

« J'abuse. Au revoir. — M. »

On voit les deux natures, prises sur le fait. La femme préférait la vérité à la beauté, le poète préférait la beauté à la vérité ; il idéalisait, il voulait transfigurer l'homme dès cette terre, tel qu'il sera dans le ciel, et lui donner la beauté, cette vérité de l'avenir !

« J'ai trouvé votre silence bien *longue,* m'écrivait-elle en avril, avec une heureuse incorrection anglaise, qui faisait image et semblait le grandir. — Enfin le voilà rompu. Merci. Je vois que vous êtes plus ou moins souffrants tous, sauf la vie et la joie du cœur, Madeleine, et cependant c'est pour elle qu'on pouvait prévoir ces mille petites maladies d'enfance. Dieu merci, elle prend des forces avant de les avoir. Vous voyez que j'écris au lit encore, c'est que, à l'heure où je suis sur un fauteuil, c'est trop tard, je ne suis pas seule. Je ne suis pas toujours aussi agréablement soignée un *jour* qu'un *autre !* Mais enfin il y a toujours sur les quatre à cinq heures quelqu'un, et souvent Mme de Damrémont, dont le caractère aimable et le dévouement d'amitié m'a fait grand bien.

« Il paraît que votre printemps est bon, plus beau que le nôtre. Depuis huit à dix jours nous avons des tempêtes de vent du nord qui pénètrent par toutes les portes de notre pavillon de papier mâché. Cela n'a pas empêché les promeneurs de faire deux à trois lieues par jour, mais on rentre gelé. Et mes pauvres lilas qui faisaient ma seule perspective, de ma petite fenêtre, et qui étaient luxuriants, n'ont pu résister aux orages. Depuis hier soir, il pleut, je crois que ce n'est pas un mal, et que même pour moi, mon excitation nerveuse, que je combats sans cesse, s'en trouvera un peu détendue... »

Je lui avais donné une bonne nouvelle. Nous avions reçu, d'un créole ami, M. Alfred Le Juge, un chèque de 10,000 francs. Il avait embrasé les cœurs de l'île Maurice de son admiration chaude comme le soleil des tropiques, pour la souscription en faveur de Lamartine. Il avait recueilli ce don magnifique. L'île de Paul et Virginie admirait le poète et lui envoyait un beau fruit d'or. L'île de France donnait une généreuse leçon à la France.

« Il n'est que trop vrai que la généreuse contribution de Maurice ne peut pas combler le gouffre, mais si vous saviez combien la nouvelle a relevé les esprits de M. de L. Quelle satisfaction de cœur cela nous a fait ! Combien il revenait là-dessus avec joie ! Dites-le, je vous prie, à M. Boussin, et ajoutez que ses lettres ont fait autant de bien que la généreuse souscription. Quand on a bien souffert, on est si avide de tout ce qui peut contrebalancer des mortifications qu'on sent beaucoup plus vivement.

« Ce n'est pas moi qui ai voulu descendre. Je vous avoue que je prends à ma coquille. Je ne vois pas de raison d'en sortir. On a pensé que l'air changé me ferait dormir, et Aurèle m'a pour ainsi dire portée au jardin, pour une heure, les deux jours où il faisait chaud. Depuis nous n'avons que du froid. Cette sortie m'avait encouragée à essayer la seule que j'ai envie de faire pour aller un moment à l'église et revenir me coucher immédiatement, mais j'ai bien senti que c'était trop. Et depuis, les dimanches se passent et les semaines de carême, et je ne songe plus à quitter mon lit et mon portefeuille... »

Le lit est un ami pour les malades. Il est toujours là, doux et fidèle ; il s'ouvre au pauvre corps fatigué, il repose sa lassitude, il a des caresses pour ses membres endoloris, il les ranime sous sa chaleur. Et dans les longues heures de solitude et de tristesse, il vous enveloppe de ses plis, il vous envoie les rêves et les consolations. La sainte femme aimait son lit comme un berceau où son ange gardien se penchait.

« Oh ! je sais bien pourquoi Dieu m'a envoyé ces épreuves, et je sais le bien que j'en dois tirer, si j'en ai le courage et la persévérance. Les longues heures de méditation m'ont fait envisager bien des choses sous un autre point de vue, et me font vaincre des égoïsmes de cœur dont je souffre depuis bien longtemps. J'ai compris que Dieu savait mieux que mon aveugle égoïsme d'affection, ce qui était pour le mieux en tout. J'ai envisagé la brièveté de la vie et l'approche de son terme. J'ai senti qu'à ce moment-là, il n'y avait que des actes d'abnégation et de dévouement qui pourraient compter. Il est bon que je sois préparée et que je m'occupe plus du terme de mon voyage de la vie que de la courte route qu'il me reste à parcourir...

« Je réponds seulement pour justifier les voies de la Providence. Dieu veuille que j'en profite, et qu'en quittant mon lit et mes méditations, je n'en perde pas le fruit. Et ne pensez pas que toutes ces réflexions rendent tristes. Au contraire, plus on arrive à mourir à soi-même, plus on vit pour les autres, avec plus de calme et plus de joie intérieure. Lorsqu'on laisse passer les petits mécomptes sans les sentir, ou en ayant su en vaincre les mauvais effets sur les nerfs, sur le cœur, sur l'équilibre général, on est bien plus aimable.

« Je me suis laissée aller ! J'ai tort peut-être, mais vous

savez qu'avec vous, je ne puis pas écrire d'une manière banale. Deux ans de grande intimité ne s'oublient pas par des absences, des liens divers, des préoccupations, des chagrins, des joies mêmes.

« Adieu et amitié toujours. »

Cette lettre, plus intime, m'ouvrait la souffrance et la sainteté de son âme ; elle la fermait à son compagnon de douleur pour ne pas le décourager.

La France ne s'était pas honorée dans la souscription nationale. Alors l'empereur fit offrir par La Guéronnière un don magnifique. Lamartine, malgré sa détresse, refusa. Il ne voulut son salut que par le travail et l'honneur. Il honora sa vieillesse en refusant les deux millions de l'empereur.

Il était tellement absorbé dans ses terribles luttes de fortune, qu'il ne voyait pas les épreuves de santé de ceux qui l'entouraient. Le mal des affaires le dévorait, et pourtant, dans cet enfer, il trouvait des pages de fraîcheur pour le poème de Mistral. Son enthousiasme, jeune comme une admiration de vingt ans, saluait *Mireille*, ce poème épique de la Provence. Il écrivit, dans son *Cours familier*, un hymne au poète nouveau.

Mme de Lamartine l'admirait, elle aussi. « Avez-vous lu *Mireille ?* Je pense qu'elle doit vous plaire. L'auteur est charmant, simple, modeste, ne s'en faisant pas accroire ; enfin pas gâté. Que ses oliviers et ses mûriers le gardent ainsi, et qu'il ne se frotte pas trop à Paris. Il part heureusement pour Maillanne. Je regrette que vous ne le voyiez pas ici.

« Au revoir, amitié. »

J'arrivai trop tard, mais je la vis, elle, dans sa petite chambre, sa cellule de religieuse, toujours malade, atteinte au cœur de sa vie. Son lit était couvert comme une table, de feuilles d'impression, qu'elle lisait et corrigeait de sa main

amaigrie, pour l'imprimeur impatient. C'était un labeur difficile, délicat, pénible, de chaque jour, de chaque heure, où
elle mettait toute son âme.

Sa chambre à Paris était étroite, simple, modeste comme
elle. Un crucifix, suspendu au-dessus de son lit, se penchait
sur elle comme un divin ami, et semblait la regarder, comme
il regardait les malades sur les chemins de Judée. Ses yeux
avaient une pitié muette pour la pieuse femme qui souffrait
sur cette couche, et levait chaque jour vers lui ses mains et
son cœur. Entre ce crucifix et cette femme, il y avait une
sainte amitié.

Un lit, quelques meubles, une bibliothèque petite, chargée
de livres de piété, c'était tout.

Je serrai sa main amaigrie aux veines saillantes d'un bleu
pâle, les yeux attendris par cette noble figure, creusée des
plis de la souffrance, au corps sans chair, comme une religieuse du moyen âge.

Nous causâmes avec tristesse, à plein cœur, elle d'une
voix à tout moment entrecoupée par la toux sèche et aiguë ;
il fallut lui dire adieu, j'allai en Bretagne, revoir la mer
qu'elle aimait.

Lui, le génie infortuné, était à côté d'elle, dans une petite
chambre, séparée par le palier de l'escalier. C'était une cellule aussi, bien simple, plus nue que celle de sa femme. Il
écrivait sur la table de bois noir qu'il avait dans son cabinet
de la rue de l'Université. Bien des pages matinales étaient
jetées à terre, près de ses levrettes couchées sur le tapis.
Tout luxe absent de cette pauvre chambre dont n'eût pas
voulu le moindre bourgeois qui l'accusait et ne souscrivait
pas une obole de reconnaissance pour le grand homme qui
avait sauvé sa fortune !

Il se leva, avec ce beau et bon sourire qu'il me donnait
toujours, droit et noble, non courbé sous le poids du malheur, me serra la main, et me dit ce mot de détresse : « Mon

cher Alexandre, je n'ai plus que des toiles d'araignée dans ma caisse ».

En Bretagne, leurs lettres vinrent me visiter, surtout celles de Mme de Lamartine, elle aurait tant aimé y venir ! C'était un rêve, fait souvent ensemble et déçu toujours. Je les aurais tant aimés, elle et lui à mon foyer. « La mer, votre mer me fait venir l'eau à la bouche. Que vous êtes heureux de respirer la brise ! »

« Nous partons lundi soir ou mardi matin pour Saint-Point. M. de Lamartine, voyant la saison tout à fait morte et enterrée ici, va travailler là-bas. Ne vous inquiétez pas de la villa. Nous sommes encore loin de l'avoir. Il y a une trame abominable au conseil d'État pour faire avorter l'affaire.

« Les ennemis font tout ceci pour amener Lamartine dans un piège et le forcer à refuser lui-même la concession, mais il est sur ses gardes. Tout ce que la loi exige des affaires communales, il est prêt à le subir. Mais un mot, ou un pas hors de la légalité pour tous, il ne le subira pas.

« Ceux qui, dans le monde, entendent parler de la conduite du conseil d'État, ne veulent pas y croire et s'écrient contre l'iniquité du procédé.

« Ce matin, il y a un article de M. de Pène, très aimable et très inattendu.

« Allons, en voici assez de lui et de moi. C'est d'un égoïsme assommant, mais je crois que votre amitié le réclame.

« Mille amitiés à tous. — M. »

En ce beau mois d'août, si doux et si bleu en Bretagne, une lettre suivait bien vite l'autre.

« Vous avez en effet été si longtemps sans me donner signe de vie, que j'ai compris combien votre chère Bretagne était absorbante pour le cœur, et que vos occupations laissaient à l'esprit tout aussi peu d'espace à donner à vos amis.

Du reste, je savais de vos nouvelles, et je les savais bonnes, meilleures qu'à présent, puisque votre entorse vous tient lorsque vous devriez être à respirer vos bois et votre mer. »

Et elle me donnait avec sa bonté soigneuse des conseils et des remèdes. Elle avait l'habitude des malades, et faisait de la médecine populaire à Saint-Point et à Monceaux.

« Je m'étonne que vous n'eussiez pas les conditions de la paix, je m'attendais à un cri. Je n'en dis pas davantage, vous avez M. Boussin avec qui vous en causez davantage.

« La chaleur ici est presque insupportable, parce qu'il n'y a pas une feuille qui bouge, point de votre délicieuse brise de mer ! oh ! que je vous envie !

« J'en suis réduite à prendre des bains chauds dans une baignoire, c'est affreux. M. de L... ne veut pas même que j'aille à la rivière. Il faut s'enfermer chez soi et fermer les volets. Il est privé de ses longues promenades. On ne peut sortir que tard, et dîner à huit heures du soir, sans le mérite des petit soupers d'autrefois. Le meilleur moment, c'est le soir, assis dans le petit jardin, avec quelques hommes d'esprit jusqu'à dix heures et demie. Encore commencent-ils à devenir rares, on se disperse. Nous disons tous les jours : il n'y a plus personne, et tous les soirs il en vient encore. Nous ne sommes pas encore en possession du cottage au Bois. La bureaucratie n'en finit pas. Nous y allons quelquefois nous asseoir au jardin...

« Les pauvres d'Esgrigny me font mal. L'enfant va de plus en plus mal. Le père ne s'est pas déshabillé depuis sept semaines. Il est presque aussi changé que l'enfant, passant ainsi toutes les nuits. Et pourtant on dirait qu'il y a encore un peu d'espoir. Quel martyre !

« Adieu. Mille choses autour de vous. Ne vous attardez pas trop. Nous serons des voisins sans voisinage depuis le 20 août. Ce sera triste pour L... qui est déjà assez triste, Dieu sait.

« Il dit : Vive la paix quand même. La plus mauvaise paix vaut mieux que la plus grande guerre. Ainsi soit-il. Mais...

Au retour de Bretagne, j'accourus près d'elle, à Saint-Point. Elle revoyait *Jocelyn* pour la grande édition, suffisait à tous ses devoirs, correction d'épreuves, hospitalité.

« Adieu, je suis toute ennuyée et troublée de cette affaire, arrivant sans que j'en aie été prévenue. » Puis avec un soupir vers les belles années, disait : « hélas ! où est le temps où il me faisait copier tout *Jocelyn*, et toutes ses autres poésies... »

« Je voulais vous écrire, ami, pour commenter une lettre que je vous ai écrite à laquelle je suis sûre vous n'avez rien compris. Mais vous l'avez gardée pour vous seul, et les cendres en auront fait bonne justice.

« J'étais trop remuée en relisant *le Voyage en Orient*. Toutes les fibres de mon cœur ont tellement vibré et si douloureusement, que je ne savais plus ce que je disais... Il y a des moments où je suis bien nerveuse et fébrile. Excusez-moi et croyez que je ne pouvais vous donner une plus grande preuve d'affection qu'en ouvrant ainsi, mal à propos, pourtant, un cœur trop jeune pour mon âge et qui le sera jusqu'à la fin.

« Adieu et au revoir. »

« Je commence une tâche bien autrement difficile que celle du *Voyage en Orient*, et j'ai recours à vous. Jamais je ne m'en tirerai si vous ne venez à mon aide. C'est un service très grand à rendre à M. de Lamartine. Il a promis dans son premier prospectus de corriger tout ce qui avait été mal interprété. S'il n'accomplit pas cette promesse, il perdra tout crédit de sa parole. Et vous savez qu'il lui est physiquement et moralement impossible qu'il le fasse. Il faut que ses amis lui viennent en aide. Je ferai tout ce qui dépendra de moi. J'ai donc recours à vous ! »

Elle voulait, à tout prix, en dépit de l'histoire de la Bible, vêtir Ève. Le nu lui portait sur les nerfs, malgré son sentiment d'artiste. Elle savait bien pourtant distinguer la chasteté des statues nues de Phidias, et la sensualité des statuettes vêtues de Pradier. Daïdha sans robe est pure, et Lakmi, chargée de parures orientales, est lascive. La nudité de Daïdha la blesse, elle invente tout un voile de cheveux, de feuilles et de fleurs. Ses lettres se suivent pressées, rapides, fiévreuses. De sa hachette, elle abat des rameaux entiers dans cette forêt de cèdres. Je demande en vain grâce. Des exubérances de style abondantes dans ces vers touffus sont tranchées par sa plume d'acier.

« Mon Dieu ! m'écrit-elle, que vous devez être ennuyé de ce beau mais terrible poème ! »

Ennuyé, oh ! non, mais troublé. J'admirais la puissance, la fécondité, la nouveauté de cette poésie indienne, si différente de *Jocelyn*, cette création magnifique, cet avatar oriental, ces vers géants comme les cèdres. Ce n'était plus la poésie de grâce de *Jocelyn*, mais la poésie de force de la Bible.

« Vous m'avez bien manqué depuis mon retour à Monceaux. J'avais trop bien pris l'habitude de ces petites correspondances journalières, où, après le sérieux de la littérature, un peu de poésie s'en mêlait, une promenade pittoresque racontée, une sensation décrite, une pensée exprimée. Enfin tout cela m'a manqué, sans compter les dîners de famille une ou deux fois par semaine. Et je ne savais plus à qui dire que les montagnes de notre Mâconnais, profilées comme celles de la Grèce, me reportaient à de longs souvenirs. Vous voilà de retour. Mais, avant tout, il faut soigne- Fanny et vous reposer vous-même, après cela viendront les droits de l'amitié.

« Je vais ce matin à Mâcon si je ne suis pas trop oppressée de ma toux éternelle.

« Je suis profondément triste de nos affaires. Il faut bien
du courage !

« Venez dîner. Cela fera du bien à M. de L... de causer
et à moi d'écouter.

« Je travaille, tout bêtement dans mon lit. Je lis et je relis, j'ai toujours des scrupules, je fais à mesure de petites
notes pour vous ! »

Et après une attention charmante de bonté, elle abordait
les questions palpitantes de la politique.

« Je vois que vous ne comprenez pas le côté très libéral
de la politique de L... En y réfléchissant, vous le pénétre-
rez. La seule alliance libérale est celle de l'Angleterre.
Celle-ci fera partie, comme à présent, avec la France.
Celle de l'Allemagne est pour garantir la liberté et l'indépendance de l'Italie, qui sans cela n'aura jamais ni liberté
ni indépendance, menacée qu'elle sera toujours par l'Allemagne. L'Allemagne, une fois liée avec la France, devient
la frontière inviolable de l'Italie, qui, se sentant à l'abri de
toute attaque, pourra peu à peu secouer le joug du Piémont. »

Elle me conviait chaque jour à sa table, il y avait des
amis, Edmond Texier, l'aimable et amusant causeur, et l'intime et fidèle Louis de Ronchaud, qui s'effaçait toujours.
M. Vavin, Louis Ulbach, y avaient passé aussi.

Elle, toujours éprouvée dans son corps et son âme, suffisait à toutes les tâches. Le *terrible* poème l'agitait toujours.
« Bonsoir, et comment dirai-je toutes les excuses que j'ai à
vous faire du travail que je vous donne. Songez qu'il n'y a
que *vous* qui soyez capable de le faire, et à qui seul je le
confierais.

« Mille amitiés. — M. E. DE L... »

Un jour de novembre, elle vint à Lagrange seule, entra
au salon, serra la main de Mme C..., et lui remit un objet
caché.

D'une main impatiente, on ôta l'enveloppe. Une coupe de Sèvres, revêtue d'émail bleu, ravit les yeux. Au milieu de la coupe, sur la blancheur mate, brillait un bouquet de deux pavots, les fleurs du sommeil et de l'oubli. L'artiste semblait y avoir peint l'image de deux âmes dont l'amitié avait endormi et charmé sa douleur.

Une couronne de liserons enroulait, au bord intérieur du couvercle, ses calices bleus, violets et roses, ses feuilles et ses lianes pleines de grâce, enlacées comme les pensées de l'artiste aux cœurs des amis. C'était l'œuvre de Mme de Lamartine. Son pinceau avait caressé des teintes les plus douces ces corolles charmantes, images de sa fraîche et belle amitié. Elle avait mis là son âme, la rosée du cœur dans cette coupe de la reconnaissance.

Sa bonté multipliait les surprises et les dons. La veille du premier jour de l'an, elle m'adressa de Monceaux un cadeau avec ce mot charmant.

« Madeleine a sans doute reçu de belles étrennes, mais si elle n'a pas un petit coffret venant de Londres, peut-être voudra-t-elle l'accepter pour sa poupée, et pour que la France et l'Angleterre ne soient pas jalouses du regard qu'elle y jettera, j'y ai mis un médaillon de Fourvières que j'en ai rapporté moi-même après l'avoir fait bénir. Unissons ainsi nos deux pays jusque dans les cœurs des enfants.

« Bonsoir et à demain. — M. »

C'était bien finir et bien commencer l'année.

LES DONS

1860

Les foyers ont leur saison d'automne. Sous les rafales domestiques, leur parure tombe comme les feuilles des arbres. Depuis longtemps Mme de Lamartine avait vu disparaître des choses précieuses et regardait avec tristesse leur place vide.

Du coin du feu où je relis ses lettres, je regarde un vieux bahut en chêne, de la Renaissance. Après la mort de mes deux grands amis, à la vente des meubles de Monceaux, j'ai recueilli ce cher débris. Il ornait autrefois la salle à manger. Aujourd'hui il est devenu un reliquaire. Là, reposent des lettres de Lamartine, de sa femme, des manuscrits de poésies donnés par le poète, toutes ses œuvres, une bibliothèque intime. Le bel exemplaire illustré du *Lac*, offert au poète, est là aussi. Tout ce trésor est bien gardé. Par un hasard heureux, sur un panneau intérieur, une vieille fresque d'un artiste inconnu représente un chien retenu par une chaîne avec cette devise : *le plus fidèle*.

Ce meuble a un prix d'art, Mme de Lamartine l'a enrichi de sculptures. Sur la face supérieure se détachent trois statuettes, trois femmes debout adossées à des niches ; la sculpture, la peinture et la musique. Entre elles deux petits génies encadrés sous des portiques, aux fines colonnes torses, aux frontons triangulaires à l'arcade cintrée. C'est l'œuvre de l'artiste du foyer, de la femme du poète. La Sculpture, la tête penchée vers la terre, les bras pendants, le ciseau et le marteau aux mains, se tient dans le repos. La Peinture, la figure encadrée d'épais bandeaux, le pinceau à la main, lève la tête et rêve. Au milieu, la Musique à la robe flottante, le voile agité par la brise mélodieuse, enlace une harpe, et de sa main tire des accords, la tête aux étoiles. A côté d'elle, un génie enfant, au rire joyeux, bat la mesure, tandis que l'autre petit génie, le pied levé, frappe de son marteau sur le ciseau sculpteur d'une statue invisible.

Au milieu du corps supérieur du meuble, la belle photographie d'Adam Salomon, couronnée d'un buis bénit, la figure héroïque de Lamartine, au retour de l'Hôtel de Ville. Et au-dessus, le buste athénien de Brian, la tête du génie, passé dans son antiquité, selon le beau mot de Bossuet, transfiguré dans la paix sereine de l'autre vie.

Les Trois Grâces de l'art, plus modernes qu'antiques, moins muses que vierges, rappellent l'artiste à ce moment de sa vie. Elle se reposait comme la sculpture, elle avait achevé son œuvre, sa pendule de marbre, semée de douze enfants, images des heures, son gracieux bénitier de Saint-Germain l'Auxerrois. Comme la Peinture, elle rêvait aux deux œuvres finales de sa vie, la décoration du cabinet de Saint-Point et de la salle à manger du chalet. Les deux charmants génies n'étaient-ce pas ses enfants, un souvenir de la mère ? Et la femme à la grande harpe de David, la tête au ciel, ne rappelait-elle pas la Poésie religieuse de Lamartine ?

Elle m'écrivait le 23 février ses pensées sur la politique italienne, et sa vie d'intérieur.

« Vous avez donc deviné que j'étais au lit comme l'année passée et que j'avais besoin d'un signe de vie, de la vie de l'amitié, pour accepter moins tristement mes pensées qui ne sont pas gaies !

« Vous dites bien des choses que je dis tout haut et d'autres que je dis tout bas. Mais il y a des choses à redresser aussi. Je n'ai pas entendu L. une seule fois prêcher pour le grand-duc. On l'a sans doute supposé parce qu'on le connaissait généreux pour les tombés, et qu'on connaît son ancienne amitié d'homme à homme avec lui. Mais là n'est pas la question dominante pour le moment.

« Une Italie *centrale indépendante*, oui, c'est à désirer par mille raisons. Si vous entendiez Montanelli comme je l'ai entendu deux fois, éloquent de patriotisme et déroulant les dangers de la suprématie piémontaise pour l'Italie, vous le croiriez plus que moi naturellement. Moi j'étais moitié Italienne par un long séjour dans toutes les parties de l'Italie qui pourraient se confédérer, mais jamais s'unir au Piémont, ainsi j'étais moins suspecte que vous ne le pensiez. Que ne pouvez-vous voir Montanelli ?

« Une comparaison par exemple bien éloignée à la vérité, mais enfin, je suis catholique, n'est-ce pas ? Eh bien, je ne voudrais pour rien au monde voir l'Angleterre dominée par l'Irlande ! Et certes il y a moins d'incompatibilité entre un Irlandais et un Anglais qu'entre un Piémontais et un Italien. Avez-vous lu la brochure de L. Normanby sur la Toscane ?

« J'ai loué un piano, il est encore en bas dans la salle à manger, muet comme la tombe. Vivier est venu, il y a plus d'un mois, nous divertir excessivement... J'ai une dame de mes amies qui chante les barcarolles italiennes, et qui serait venue si je n'étais pas dans mon lit depuis huit jours, j'espère que ce ne sera pas long, mais je ne fais guère de progrès.

« L. est, vous le savez, d'impression et d'inspiration soudaine. Mme Récamier l'a occupé, et peut-être pour le public ce numéro a eu plus de succès parce qu'on était saturé de brochures éternellement sur le même sujet : Pape et congrès.

« Le roman d'Ulbach est charmant. Je voudrais en avoir beaucoup d'aussi bien à lire pour me distraire dans mon lit. Vous voyez qu'il n'y a pas question de peinture, je ne peins sérieusement qu'à la campagne. Ici, il y a l'obscurité des brouillards, tant que j'étais debout, maintenant je suis malade et très contrariée de ne pouvoir faire un lot pour une loterie très intéressante pour une famille de pauvres honteux très respectable. Ce sera mon premier travail, mais Dieu sait quand !

« Je ne suis pas sortie. J'ai sacrifié les Italiens. Ils ont bien joué du *matrimonio*. Quant à *Eurydice*, si on nous avait envoyé une loge, peut-être que ce serait moi qui en aurais profité, car M. de L. ne s'en serait pas tant soucié que des Italiens. Mon abnégation n'a pas été récompensée, car tous les amis et habitués croyaient que nous étions tous au théâtre, et j'ai vu M. et Mme de L... *tout seuls*. Il est assez aimable pour en conclure que nous sommes abandonnés, lorsqu'au contraire nos petites réunions sont plus agréables que jamais. J'en suis privée depuis quelques jours, mais l'écho m'en arrive d'en bas.

« Mille choses affectueuses à tous et toutes en embrassant Madeleine. Adieu, adieu. »

J'admirais ce don d'intérêt en tous sens, qui rendait ses lettres si variées, ce mélange de bon sens, d'esprit, d'équité pour les livres et pour les religions, de bonté, d'amitié, de sacrifice personnel. Elle restait au foyer comme Cendrillon.

Un volume de poésies avait paru au printemps. Voici la lettre bonne et charmante qu'elle écrivit :

« *The last not least in love*.

« Ce qui veut dire que si je suis la dernière à vous parler de votre volume, je suis peut-être celle qui l'a le mieux apprécié et le plus goûté et aimé.

« Je ne l'ai eu que le troisième jour, après M. de L., ce qui m'a d'abord un peu contristée. J'espérais un exemplaire pour moi, *moi seule*, au lieu d'avoir à l'emprunter, le volume de dessus la cheminée de M. de L., qui le gardait pour lui. Mais enfin lorsque je l'ai eu à lire je ne l'ai plus quitté, et j'en ai joui. Je fais mes réserves sur quelques lignes qui ne sont pas selon ma manière de conscience. Mais, cela dit, j'ai des sympathies et des admirations à exprimer si j'en possédais la langue. Malheureusement je sens mille fois plus que je n'exprime et mieux que je ne saurais exprimer.

« J'ai retrouvé avec attendrissement le St.-P. que vous m'aviez donné en manuscrit, puis la belle promenade à travers les montagnes entre Milly et St.-P. Vos descriptions sont admirables, autant que les vers, de sentiment et d'inspiration.

« La symphonie pastorale est un *chef-d'œuvre*. Et là, par exemple, je me crois la plus compétente en appréciation. J'ai connu cette langue, j'ai éprouvé ces émotions, j'ai lu et accompagné un grand nombre de partitions de Beethoven. Ma jeunesse était à cette école par goût, elle me revient au cœur en vous lisant. Je veux montrer votre symphonie à quelques vrais amateurs, connaisseurs en musique.

« Je ne puis pas me débarrasser de mon rhume et surtout de la toux, qui devient nerveuse je crois ; mais je travaille toujours, je viens de faire une *page* comme celles d'autrefois, plus riche d'abondance, pour une loterie d'une pauvre famille que Mme d'Esgrigny tire de misère, et la page a été gagnée par un inconnu. Heureusement que je n'ai pas signé et que les vers de L. étaient anciens.

« Adieu, mille choses à tous les vôtres, qui sont miens par sympathie.

« J'ai mon cousin Georges (celui qui a onze enfants) ; il a passé la fête des vacances et nous quitte lundi. J'ai été heureuse de l'avoir, c'est mon frère de jeunesse. Je crois que vous le connaissez.

« Adieu, écrivez, écrivez, cela vous va bien.

« Profitez de vos beaux loisirs et de vos douces impressions de famille. Les heureux doivent chanter. »

Je la revis en traversant Paris pour me rendre à Londres, au grand festival de juin. Ah ! si j'avais eu là mon amie pour me guider, me conduire au *British Museum*, cette nécro-

pole des marbres du Parthénon, à sa maison de famille, à
son parc, à ses souvenirs d'enfance et de jeunesse, elle qui
avait gardé, comme elle le disait, son cœur plus jeune que
son âge.

Rien de plus vrai. Elle gardait sa chaleur de jeunesse
sous les neiges de l'âge mûr. La passion coulait en elle
comme le sang. Ses lettres avaient des cris à peine contenus
sous sa résignation. Dans ces âmes virginales et pures, la
jeunesse subsiste malgré les épreuves. Elle avait gardé sa
taille de jeune femme. La religion n'avait pas dompté la nature humaine, son âme n'avait pas perdu sa flamme. Sa figure
avait ce contraste de jeunesse et de gravité, de la vie de
l'âme dans le dépérissement du corps comme un présage
d'immortalité.

« J'accepte l'augure d'une journée à Saint-Point et la
promesse d'un poème comme vous les savez faire. Je suis
persuadée que si vous vouliez, vous et tant d'autres, étudier
des livres modernes comme le P. Gratry, vous pourriez toujours blâmer le gouvernement de l'Église en tant qu'admi-
nistré par des hommes qui se trompent ailleurs que dans
l'Église; mais que la doctrine ou plutôt le dogme de la rédemption vous apparaîtrait dans toute sa magnificence
d'amour, expliquant tout, fortifiant les voies de la Providence.

« Mais qu'est-ce qui m'amène donc à ces paroles, appa-
remment c'est que mes idées du dimanche m'y portent, mais
aussi que j'ai tant admiré plusieurs et plusieurs pièces de
votre volume et que quelques-unes touchaient, d'une manière qui m'était pénible, à ce qui m'était *sacré*. Vous savez
que mon cœur et mon esprit sont tout à la tolérance. Je
comprends pourquoi on ne croit pas, et je n'en accuse personne ».

Son cœur miséricordieux adoucissait la sévérité de sa foi.
Sa charité tempérait le dogme. Si elle croyait à l'enfer, elle
le croyait vide. Le cœur de la femme avait pitié et brisait

les cercles des terreurs religieuses. J'admirais les libertés d'interprétations de sa large foi. Comme l'Alceste de Glück, elle luttait contre les divinités infernales. Elle était de la religion du pardon. A l'image du Christ, elle répandait les grâces de la miséricorde sur ceux qui avaient beaucoup aimé.

Elle m'écrivait : « Je sais que Saint-Point est loin, que vous avez des amis à recevoir ; mais nous avions pensé que M. Pichat serait venu avec vous, au moins un jour ».

Mme de Lamartine appelait sans cesse les amis. Elle les conviait à lire leurs vers. Lamartine se plaisait à les entendre ; il les écoutait avec une jeunesse, une bienveillance naturelle, non avec une banale complaisance. Il y prenait vraiment plaisir.

On ose tout quand on est jeune. Nous osions lire nos pauvres vers à ce poète d'inspiration. A cet âge, on ne doute de rien ! Mais les hôtes de Saint-Point et de Monceaux avaient une telle grâce d'accueil ! Un jour le grand poète hospitalier aux vers d'inconnus dit cette belle parole que son Jocelyn seul avait réalisée : « La vérité, c'est la grande muse ».

Un soir d'automne 1860, un messager de Monceaux apporta un petit paquet à Lagrange ; c'était un entretien du *Cours familier*, envoyé par la main délicate de Mme de Lamartine, heureuse de donner cette belle surprise à la jeune femme de son ami ! Grande fut son émotion en lisant l'entretien. Après un long éloge de leur ami Laprade, Lamartine avait donné de nombreuses pages d'éloges et d'amitié au jeune poète. Il avait idéalisé le poète et son livre. Ce prodige de bonté avait répandu ses largesses à pleines mains : *manibus lilia plenis ;* il lui avait joué le même tour de bonté qu'aux petits bergers dans la montagne, raconté dans le poème. Ainsi que sa femme à ses poésies, il avait fait un beau cadre de fleurs et de fruits à ces vers inconnus. Son cœur donnait l'hospitalité littéraire aux noms ignorés comme aux noms glorieux. Ce grand poète rayonnait à la fois sur les grands et sur les petits, comme le soleil sur les arbres et sur les herbes. Il justifiait le vers du poème :

> Il aime les petits, car il a le cœur grand.

Il avait fait plus, il avait fait l'honneur à ces humbles vers de les citer. Il avait pris plaisir à en corriger quelques-uns, n'était-ce pas charmant ! Puis le généreux poète avait donné cinq vers de lui inspirés par la petite aventure des bergers, des vers pleins de grâce rustique, dignes de Jocelyn, comme éclos du jeune poète ; un faux d'amitié. En citant les vers sur la légende, il avait écarté les vers d'enthousiasme et le culte des paysans :

> Le mort sera vivant dans toutes les mémoires,
> Sous le nimbe doré des épis de maïs,
> On mettra son image au faîte des armoires,
> On le priera, le soir, comme un saint du pays.

La prédiction s'est réalisée, son image orne les armoires des chaumières du pays, et les vieilles femmes et les enfants prient le soir devant lui.

La jeune femme remercia Mᵐᵉ de Lamartine avec effusion, de son exquise pensée. Mᵐᵉ de Lamartine lui répondit :

« Chère madame,

« Votre billet m'a touchée aux larmes. Si vous étiez venue, nous nous serions attendries ensemble. J'ai obéi en ne montrant pas textuellement ce que vous m'écrivez, mais croyez que l'expression perd en passant par un autre organe. Mais il en est toujours resté assez pour pénétrer M. de L. de sympathie et de reconnaissance. Je garde le reste pour moi, en attendant que je puisse vous embrasser.

« M. E. DE LAMARTINE. »

Comment redire ces souvenirs, sans larmes aussi, sans bénir ces deux grands cœurs qui me faisaient de tels dons d'amitié.

Je n'ai pu revoir le grand cabinet de Lamartine, illustré par une chère artiste, sans être attendri. J'avais eu la confidence de la cheminée peinte, par Mme de Lamartine, au génie bien-aimé. Elle se cachait dans son haut et petit atelier de Paris pour peindre en secret. Enfin, un jour, elle découvrit la belle surprise. Il fut ravi.

C'était tout un foyer idéal, les figures des poètes immortels que leur frère aimait, peintes sur fond d'or, dans la nimbe de la gloire ; le vieil Homère, le grand aveugle, les yeux ouverts vers le ciel ; Dante, au visage sévère, sous sa cape brune, éclairé des reflets rouges de l'enfer ; Shakespeare, dans son justaucorps de satin noir ; puis, sur les côtés de la cheminée, Pétrarque, au costume violet ; l'Arioste dans sa riche parure ; Sapho avec sa lyre immortelle, dans sa grâce passionnée ; Vittoria Colonna, la chaste muse de la Renaissance, toutes ces têtes ceintes du laurier, puis au bas, les deux poètes, sans couronnes, des temps modernes, Corneille et Racine.

L'artiste avait peint avec amour, elle avait caressé de son pinceau toutes ces figures des génies ; elle avait mis là tout son art, toute sa conscience, tout son cœur pour toucher et charmer son mari. Elle avait donné toute son imagination et toute son âme. Puis, dans un coin, sous les feuilles, elle avait caché une branche de fleurettes exquises, sa timide et suave pensée, l'intime parfum de son amour.

Lamartine le sentit et admira cette fresque du foyer, ces poètes transfigurés dans la sérénité des Immortels.

Maestri et duci di color che sanno.

Elle avait mis au bas ses initiales presque invisibles. Ce cabinet aux murs presque nus avait maintenant sa décoration. Un crucifix lui donnait un caractère religieux. Cette peinture sereine était pourtant éclose du sein des larmes. Mme de Lamartine l'avait faite en pleine souffrance. Un génie y manquait qu'elle aurait voulu placer à côté de ses frères immortels.

Elle fut heureuse de l'émotion et de l'admiration de son mari. Il est des moments où les choses muettes semblent parler, les portraits vivre et s'associer aux fêtes des vivants. Julia en robe blanche, debout dans le jardin, des fleurs dans son tablier, semblait les porter en souriant à sa mère, comme autrefois, tandis que la grand'mère, jeune et pleine de grâce, paraissait bénir ses enfants, et que le crucifix de chêne priait pour eux sur sa croix, la tête au ciel.

A la fin de l'année 1860, vers l'automne, comme un fruit mûr, vint un petit livre. Il sortit sans bruit d'une librairie catholique, voilé sous l'anonyme, revêtu d'une couverture grise comme une robe de sœur de charité. Il portait seulement des initiales : M E D L. C'était l'œuvre d'une femme, d'une mère et d'une sainte : Mme de Lamartine. Elle en fit don aux enfants de Saint-Point.

L'humble livre apparaissait escorté des approbations de hauts personnages, d'évêques éminents et du conseil royal de l'instruction publique, dans ce temps heureux où l'État ne proscrivait pas des écoles l'idée de Dieu, n'ôtait pas aux lèvres des enfants le lait de l'âme.

La première partie de ce livre, parue en 1843, venait d'être augmentée d'une seconde partie. Au livre ancien, s'était joint un livre nouveau, inspiré par l'âge nouveau des enfants de l'école de Saint-Point. Les petites filles de 1843 avaient grandi; devenues jeunes filles, elles avaient atteint seize ans, l'âge de la transformation, des premiers troubles, des sèves de la jeunesse et du printemps, l'âge des parfums et des désirs.

A ces imaginations écloses le premier livre ne suffisait

plus. Leur mère adoptive le sentait. Elle les suivait d'un cœur attentif et inquiet. Elle consacrait son âme à ce nouvel enseignement, et tentait d'y attirer la jeunesse. Ce livre bienfaisant aux enfants l'était aussi aux hommes ; il versait le lait et le vin de l'Évangile.

Comment, dans ses dernières années douloureuses, en proie à la fièvre des épreuves domestiques de la fortune et de la maladie, écrasée de labeurs dévorants, put-elle oublier ses peines, s'affranchir de ses douleurs ? C'est qu'elle aimait ses enfants des campagnes ; la mère en deuil avait reporté sur ces jeunes cœurs son amour maternel trompé. C'est qu'elle avait la vaillance de la bonté, l'héroïsme de la charité, le don du *sursum corda*, comme Lamartine, et selon la belle parole du P. Monsabré : la compassion sans rivages. ·

Le matin, après sa prière, elle se recueillait dans ce saint devoir, elle dérobait quelques moments, afin d'écrire, chaque jour, quelques pages pour les jeunes filles du village. Les yeux et le cœur sur ses enfants, elle demandait à *Dieu, la grâce de lui accorder l'onction qui fait pénétrer les paroles jusque dans le cœur.* Elle faisait la prière de Jocelyn :

> ...Je demande
> D'élever mon esprit à la simplicité
> De ces esprits d'enfants, aube de vérité !
> De mettre assez de jour pour eux dans mes paroles
> Et de me révél r ces claires paraboles
> Où le maître, abaissé jusqu'au sens des humains,
> Faisait toucher le ciel aux plus petites mains.

Elle révélait à ses enfants des campagnes le Dieu des simples et des champs, le Jésus populaire, le divin ami des enfants, le guérisseur des malades, des blessés, descendu du ciel.

Elle aussi, faisait toucher le ciel dans ces pages d'onction maternelle. Elle attendrissait ces âmes de jeunes filles par son accent de tendresse et d'humilité.

« Prions ensemble, afin que vous ayez le goût des choses de Dieu, et que moi j'aie la grâce de la persuasion, et qu'ayant cherché à vous instruire, je ne sois pas rejetée de Dieu comme indigne de parler de ces profonds mystères. »

Ainsi parlait cette voix pénétrée de la sainteté de sa mission. Cette âme élevée aimait à descendre, à se pencher vers les petits enfants. Elle avait le don de fixer ces têtes légères, de les charmer à ses leçons entremêlées de belles histoires, à ses fêtes rustiques, à ses distributions de prix, à ses banquets d'enfants dans la grand'salle de Saint-Point.

Et elle écrivait, en secret, sans le dire à personne, aux heures les plus douloureuses de sa vie, cette touchante *explication familière des devoirs du Dimanche*. C'était un entretien simple et élevé tour à tour ; cette voix de femme entrait dans ces jeunes esprits avec la douceur de la lumière. Elle les éclairait comme l'aube. Elle demandait à ces jeunes filles leurs pensées à leur réveil. Elle leur disait, en souriant, leurs petits secrets : la robe plus fraîche, le bonnet plus joli, le repos du travail des champs, la promenade ; puis leurs distractions à la messe, l'envie d'être la plus belle et la mieux parée. Puis, après s'être unie à leurs plaisirs du dimanche, elle leur parlait de leurs devoirs. Sa voix à la grave douceur les conviait à la piété. Sa foi les intéressait au spectacle sacré, leur animait les scènes du saint poème de la messe, l'appel suppliant du *Kyrie*, l'hymne d'allégresse du *Gloria*, le sermon sur la montagne, l'évangile consolateur des pauvres gens, les béatitudes promises à ceux qui souffrent et à ceux qui pleurent, le cri de foi du *Credo*, le chant solennel de la *Préface*, la joie des fidèles en extase devant le mystère qui va s'accomplir, à l'*Elévation*. Elles les recueillait au *Memento* des vivants et des morts, au souvenir de leurs mères et de leurs pères, des courageux laboureurs, des vieillards morts à la peine du sillon, et couchés dans le cimetière à l'ombre de l'église. Elle éclairait, attendrissait tous les actes du divin sacrifice, exaltait dans son émouvant récit, la charité, la vie de Jésus immolé pour tous.

. Le dimanche à la campagne est une triple fête, la fête du repos, de la prière et du plaisir. L'âme s'y épanouit au son des cloches, aux brises, aux senteurs des bois, aux harmonies pastorales. Le pieux petit livre les faisait chanter. Il amenait les jeunes filles à l'église, comme à une fête et non à un ennui. Elles allaient à sa voix, aux vêpres; elles entendaient les psaumes du *Beatus vir*, du Juste d'Israël, image de leur grand-père, de leur Juste de famille. La sainte femme les faisait vibrer au magnifique psaume lyrique de la sortie d'Égypte, qui fait tressaillir toute la terre à la venue de Dieu. Elle les recueillait dans les hymnes du soir. Puis elle les laissait courir à la danse, en les prévenant des retours périlleux de la nuit.

Sa tâche accomplie, sa moisson faite, son cœur répandu à ses enfants de village, elle faisait un retour douloureux sur elle-même. Elle portait sur l'autel sa gerbe de bonnes œuvres. Elle se sentait près de sa fin, et écrivait sous ce titre : *Élévation du cœur à Dieu dans la maladie*, des paroles de résignation, d'acceptation de la souffrance à ces jeunes filles des champs destinées peut-être à souffrir comme elle : « Mon Dieu, tout ce que vous ordonnez ou permettez est pour notre bien, faites que cette maladie me profite pour la vie éternelle. »

La grâce, elle la cherchait et la trouvait dans ses œuvres. Sa piété faite de raison et d'action, nourrie de la moelle de Bossuet et du miel de Fénelon, était une piété moderne. Elle ne s'égarait pas dans les transports mystiques du moyen âge; elle regardait le ciel les pieds sur la terre. Elle n'avait pas les visions et les extases d'une sainte

Thérèse; mais elle avait son bon sens et son courage. Elle eût pu dire la fière et vaillante parole de la sainte à de grands seigneurs espagnols qui la menaçaient : « Hormis le péché, je n'ai peur de rien! »

Elle n'avait peur que du bruit autour du bien qu'elle faisait. Aussi étendait-elle un voile sur ses œuvres de charité. Elle avait pris le pseudonyme de Mme Dumont pour cacher son vrai nom aux jeunes filles de son asile de Paris. Dieu seul était son témoin.

Je n'appris que longtemps après sa mort l'existence de sa dernière œuvre, par le don d'un ami, Élie Margollé, le religieux officier de marine, un pieux admirateur de ce petit livre répandu par lui dans les écoles libres de Toulon. Je le lis souvent comme un bréviaire intime, et je tâche, à ses douces prières maternelles, d'y reprendre mon âme d'enfant.

LES PENSÉES ET LES ŒUVRES

1861

Les lettres se pressent dans leur cours. Retenue encore à Monceaux, elle me développe et m'éclaire la pensée politique de Lamartine sur l'Italie. Il l'avait dite dans *Machiavel* du *Cours familier*, d'un mot prophétique : « C'est assez d'une Prusse du Midi » ; dans *Talleyrand ou l'état actuel de l'Europe*, plein aussi de prophéties sur l'unité allemande.

« Je regrette beaucoup que M. de L... n'ait pas dit toute sa pensée. Sa pensée sur l'Italie n'est point les duchés ni François II. Il parle des uns avec la reconnaissance de quatre années de séjour à Florence, de l'autre par pitié pour un héroïsme inutile. Il voudrait l'Italie *libre, républicaine, confédérée*, selon le génie des peuples disposant d'eux-mêmes, *self-government*, comme disent les Anglais, et l'alliance de France et Autriche, pour assurer l'indépendance de l'Italie. C'est pour cela qu'il veut lier l'Autriche à cette politique française et la rendre solidaire de la liberté de l'Italie.

« Il ne peut pas appeler *libre* Naples gouverné par des Piémontais, ni Florence, lié à ce peuple du Nord. On comprend que, faute de mieux, l'élite de l'aristocratie, à Florence ou à Naples, ait passé par les Fourches Caudines du Piémont, ne se sentant pas assez fort pour d'eux-mêmes faire autre chose, et ce n'est pas un condottiere qui puisse établir un gouvernement régulier républicain. Mais la France le pouvait après avoir chassé les Autrichiens, la France pouvait faire un cordon sanitaire, pour ainsi dire, et empêcher le Piémont d'entrer dans les différentes nationalités, car une nationalité, *une*, indivisible du nord au midi, est une tyrannie déguisée sous le masque de la liberté. Ces nations diverses ne peuvent pas s'amalgamer. On cite (comme fait M. de Circourt) que l'Alsace, l'Aquitaine et toutes les provinces qui forment la France d'aujourd'hui se sont amalgamées. Mais il n'y a rien d'analogue dans les situations, sans parler de conquêtes, de temps, de mille autres circonstances ; ils ne tiennent pas compte de l'élément moderne, le *peuple*. Autrefois il ne comptait pour rien, maintenant il doit compter pour tout. » Réflexion profonde !

« Mais en voilà assez de ma politique à moi... Vous pensez bien que l'Angleterre ne dirait pas non. Ce qu'elle veut, c'est l'Italie libre, indépendante, afin d'avoir accès et prépondérance dans tous les ports. Dans le projet de L..., la France aurait sa part de prépondérance. Maintenant elle est tout entière à l'Angletere, et la France ne pourra pas, sans faire la guerre, lui disputer son influence.

« Je suis si malade (car souffrante n'est pas le mot), que je ne puis tenir ma plume.

« Je voudrais vous remercier, mais je ne puis. Je sens,

mais je n'exprime pas. Si vous voulez dîner un jour de cette semaine, je choisirai ce jour pour envoyer chercher Mme de Cessiat, ce qui vous favoriserait le trajet par le jour et par la nuit... Pour la semaine prochaine, j'aurai un dîner de chevreuil envoyé par M. de Beer. Nous en profiterons pour inviter nos deux curés de Charnay et Prissé... »

Le chevreuil ne me tentait pas, j'avais horreur de la chasse et de la mort de ce charmant animal. Lamartine, ce brahmane si doux aux bêtes, n'y toucha pas. Elle, de race anglaise, ne craignait pas cette chair des forêts, cette saveur qui ravivait son sang appauvri.

« Croyez que je sens tout ce que vous avez fait pour moi, et pour lui. Merci ! Voilà un mot qui dit tout ou rien, selon le sentiment de celui qui le prononce et de celui qui l'accepte. Pour moi, les mots ne disent pas la moitié de ce qu'ils veulent dire.

« Nous voici au dernier jour de notre étape, et, avec ma santé, Dieu seul sait si elle se renouvellera... Combien je regrette que vous-même n'alliez pas où je vais. N'avoir plus ces communications presque journalières sera pour moi un grand regret.

« Bonsoir, et prenez le mot merci pour ce qu'il vaut dans ma bouche. »

Arrivée à Paris, elle me donne de ses nouvelles, toujours la souffrance, la toux déchirante, la bronchite aiguë, les visites au petit salon.

« De jour en jour, de semaine en semaine, j'attends des lettres de vous et rien ne vient. Je ne puis comprendre pourquoi vous me tenez rigueur de correspondance, me sachant malade, tourmentée, inquiète et contrariée.

« Si je pouvais me contenter du présent sans penser à tout ce qui reste encore à l'horizon, il y aurait de quoi contenter les plus difficiles. L'arrivée du courrier chaque jour est *miraculeuse*. Des quarante et cinquante lettres, toutes d'admiration, de dévouement de toutes les classes. Des lettres qu'on ne pourrait pas inventer ni imaginer d'avance, chacune avec son offrande, selon ses moyens. grande ou petite ou moyenne, chacun se disant heureux de l'occasion C'est attendrissant de lire ces lettres de tous les matins. Mais tout cela ne guérit pas ma muqueuse. J'ai la fièvre tous les jours. Lorsqu'il faisait moins froid, on me mettait en voiture pour prendre l'air une heure... Les jours moins mauvais, je peins une heure avant de sortir pour achever mes panneaux.

« Adieu, si je vous écris tous ces égotismes. c'est pour vous donner des *remords* de me quitter ainsi. Bien des amitiés à ceux qui sont chez vous et à votre femme, dont le châle de fine laine blanche qu'elle m'a brodé fait ma parure lorsque je descends ; c'est si léger et si chaud que c'est tout ce qu'il y a de mieux pour moi. Remerciez-la. Adieu. — M. »

« Il est vrai que moi je rêve décors dans mes insomnies, mais de là à l'exécution, il y a loin, et si ma patience peut avoir le moindre mérite, c'est par le chagrin que j'éprouve de ne pouvoir avancer d'un pas, les affaires de la salle à manger du chalet...

« Voici donc ce que j'ai rêvé une nuit. C'est que le meilleur emblème de Michel-Ange serait un *lion*. N'est-ce pas : l'idée est bonne ? J'ai fait déclouer tout ce que j'avais fait à Saint-Point, et j'ai fait mettre une toile neuve. Vous voyez que j'ai du courage, mais chaque jour dément mon projet; je me dis : je serai peut-être mieux demain, et le lendemain, comme ces jours-ci, je recule considérablement.

« Quant aux affaires, je tâche, comme vous, de n'y guère penser. Après avoir dit tout ce que je crois devoir dire, je confie le tout à la Providence, et je tâche de retourner ma pensée, et voilà pourquoi je rêve aux *lions*...

« Vous savez qu'avant-hier il y a eu deux émeutes dans Paris. M. Renan a été sifflé et hué dans la salle des cours

et applaudi par la populace dans la rue. Sainte-Beuve a été
apostrophé au Sénat, et le soir une ovation dans la rue.

« Mon Dieu ! quand, à force de mauvais journaux et de
mauvais discours, on aura façonné ce peuple à n'avoir pas
de religion, quel frein aura-t-il ? Il me semble que l'exemple de 92 et 93 devrait leur servir d'épouvantail. Tous les
honnêtes gens de tous les cultes ont peur !

« Mais le gouvernement, dans ses vues personnelles, encourage tout cela. Ils en seront les victimes, s'ils arrivent au
but où ils tendent. »

Elle aussi, avait des pressentiments prophétiques ; les
Empires et les Républiques corrompent toujours le peuple
pour l'asservir, et au jour de la Commune, la bête fauve se
venge.

Presque chaque jour m'arrivaient des lettres. Elle me disait avec une fine malice :

« Écrivez Madame plus *gros*. Votre fine écriture ressemble trop à une jeune élégante pour ne pas être portée à M.
de L... sans y regarder de plus près. J'ai eu un moment d'é-
motion lorsqu'il m'a envoyé la lettre *tout ouverte*. Heureusement il a ajouté : — Dites que je suis tout à fait de son
avis. — J'étais sauvée !... »

J'allais la revoir, et elle me témoignait sa joie de ce retour près d'elle. Elle avait travaillé tout bas, sans me le
dire, elle avait achevé six panneaux pour le chalet de la
Muette, et m'invitait à aller avec elle voir sa décoration de
la salle à manger.

« Les Entretiens continuent à faire tapage, on retrouve
dans les discours du Sénat et de la Chambre bon nombre de
ses arguments et même de ses phrases ! Mais la politique
fait tort à la littérature. Il y a une telle anxiété dans les esprits qu'on n'y pense pas trop.

« Puis viendra Pâques, la semaine sainte, les sermons,
les églises, autre empêchement, mais je ne suis pas forcée

à aller aux offices. Je fais mon carême en souffrant depuis cinq mois. Ainsi je me tiens à peu près quitte.

« Adieu, ma main me refuse service. Et cependant j'ai des peintures à finir pour le chalet. Que Dieu me donne force !

« Amitié et à tous chez vous. »

Elle m'écrivit en juin :

« Notre soirée de mercredi s'est très bien passée. Le temps était beau. Listz a été admirable et disait lui-même qu'il était dans son meilleur moment. Beethoven, Schubert et la marche hongroise en grand brio ont été préférés par moi. Mais tout était excellent, je vous ai bien regretté.

« Nous avions beaucoup de jolies personnes, Mme H. de Lisle, votre admiration, quoique changée, bien encore ; une créole, Mme A..., qui par la nouveauté attirait tous les yeux ; la cadette des Peyronnet, une véritable Hébé. Cette Mme A... est folle en imagination de M. de L..., et veut absolument acheter la maison de Fiorentino, au bois de Boulogne, qui touche à notre jardin, pour être assez près pour le voir constamment. Elle a offert à peu près le double de ce que vaut la maison, et ajoute encore tous les jours à son offre qui n'est pas acceptée encore. Nous faisons des vœux pour qu'elle ne le soit jamais ! Vous voyez, je suis franche ainsi que Valentine. »

Presque chaque jour une causerie écrite m'arrivait ; il semble que les lettres éclosent comme les fleurs sous le soleil d'été.

Elle dégageait de tout une leçon morale et tournait ses déceptions d'art en vertu.

« J'ai eu à dîner un très zélé partisan de l'*unité*, qui était épouvanté de la cruauté employée pour subjuguer le royaume de Naples. Hélas ! M. de L... a eu trop raison contre l'unité. Il n'en triomphe pas, il déplore. Ricasoli sera plus dur encore que Cavour. C'est le *compelle intrare* pris au rebours...

« Ici, on parle encore et toujours de l'Italie. et je voudrais que vous eussiez l'occasion de lire la réponse de Cernuschi à Cavour. Elle avait été écrite avant la mort. Elle explique bien l'Italie comme mon mari, et parle comme lui en tout. L'autre jour, il s'est trouvé en société de trois diplomates français qui, eux aussi, parlèrent comme lui et lui firent compliment sur la justesse de ses vues. Ils trouvent l'unité aussi impossible qu'inique de la part de l'ambition du Piémont, qui opprime en conquérant avec un hypocrite prétexte d'affranchir...

« Je comprends bien la politique qui veut contenir Naples par des étrangers, mais ce n'est pas une mesure conciliatrice. J'ai vu une Piémontaise et une Napolitaine également indignées et s'apitoyant sur la population.

« Et savez-vous ce que m'a répondu un homme partisan de l'unification : « La France aussi a été bouleversée en 93, « elle n'en est sortie que plus grande. » J'ai répondu que, puisqu'il m'accordait que cela pourrait ressembler à 93, je ne demandais plus rien de concession, si ce n'est que la France s'est bouleversée elle-même, et que Naples est bouleversé par des étrangers. J'espère que le bouleversement, comme il l'appelle, n'ira pas jusqu'aux massacres. Mais le sang-froid avec lequel on passe sur les massacres de tout un peuple pour l'accomplissement d'un système abstrait m'indigne...

« Je n'admets pas toute votre réponse à l'occasion de Platon. Je trouve parfaitement comme vous que le prêtre est absolument tenu d'appliquer à lui-même la doctrine qu'il prêche, et plus que tout autre ; moi je n'incrimine pas la doctrine avec l'homme. Voyez comme on fait peser sur la religion les fautes de quelques-uns de ses prêtres, aussi on inculpe très injustement l'Église pour les fautes de quelques-uns de ses membres. Je ne sais qui, mais un auteur peu suspect de partialité, a dit que si l'on comparait le même nom-

bre d'hommes de quelque association, métier, agglomération,
avec le même nombre d'ecclésiastiques, on verrait qu'en
masse ils sont très supérieurs aux autres. Ils sont hommes,
et ce que l'humanité régit souffre des passions des hommes,
de leurs vices, de leur ambition, même pour le bien à leurs
yeux, qui les rend persécuteurs, mais le dogme reste et les
hommes passent.

« Le christianisme est loin de prétendre *inventer*; le
Christ, au contraire, a été l'accomplissement de l'attente des
nations, le Messie attendu, symbolisé par toutes les incarnations de l'Inde, par tous les sacrifices offerts par toutes
les nations du globe et qui ont tous cessé à l'avènement de
Jésus-Christ... »

Et elle continue avec une puissance de dialectique religieuse vraiment surprenante dans une femme :

« Que la Trinité puisse sauver l'humanité sans l'action du
Verbe, je ne le conçois pas, et Platon ne le concevait pas
non plus ; car il a dit « qu'il fallait qu'un Dieu vînt ensei-
« gner comment on doit se comporter à l'égard des dieux. »

« Et certes si la religion du Christ qu'il a fait porter à
toutes les nations, avait été dès le début abandonnée à l'interprétation individuelle, elle n'aurait pas subsisté six mois.
Que les consciences éclairées cherchent, étudient, choisis-
sent à leurs risques et périls, c'est leur affaire. On ne doit
pas les juger, encore moins les condamner. De très grands
esprits ont été de bien des côtés en sûreté de conscience.
La conscience doit être libre, car elle l'est de fait et de droit.
Mais qu'on enseigne à la partie de la nature humaine qui ne
peut pas discerner, étudier et chercher, à mépriser l'Église
qui est dépositaire de l'Évangile prêché aux pauvres, ce n'est
pas bien. Otez-leur ce frein et cet enseignement et on verra
à ses dépens jusqu'où on ira. Robespierre aussi voulait un
Être suprême au-dessus de la déesse Raison.

« A propos de lui, si vous avez lu la première édition des

Girondins, il y a eu bien des choses modifiées par M. de L. dans les éditions subséquentes et des atténuations des conversations de l'abbé Lambert, mais surtout de G. Duval, qui vécut jusqu'à quatre-vingt-dix ans. — Il avait vingt ans à la Terreur et était secrétaire d'un des gouvernants, peut-être de Danton. Ses souvenirs de jeunesse et ses enthousiasmes de l'idéal de liberté qu'on poursuivait à travers la plus atroce tyrannie de l'échafaud, lui faisaient oublier le mal réel et influençaient L., à son insu, à représenter ces hommes comme on les lui dépeignait. Il a modifié depuis, pas assez assurément, car toutes les fois qu'il écrivait cette phrase, R. n'osait pas refuser ce sang, qu'en conclure ? Il avait trop d'esprit pour être dupe, donc il était lâche, et cette phrase arrive plus d'une fois tout à côté d'un courage dont on le gratifie. Chamborant n'a fait que demander quelques suppressions insignifiantes sur la reine. Certes, elle a assez expié pour qu'on oublie les fautes de sa jeunesse, de son éducation et du milieu où elle vivait. Alph. a lu et consenti.

« Adieu, adieu, je ne dirai jamais assez merci, merci.

« Vous êtes trop sévère. Il s'agit de la *République* de Platon, non pas de tout Platon, également de Fénelon. Personne n'a plus admiré ses lettres et traités, mais Salente a toujours choqué son bon sens. Et si vous avez relu dernièrement la *République* de Platon, vous devez être de son avis. Et d'ailleurs, ce qui a été tant admiré par saint Augustin et tous les catholiques, ou pour mieux dire les chrétiens (n'est pas précisément ce qu'on y trouve de plus beau), c'est que son génie investigateur l'a amené à la prévision prophétique du Messie !

« J'ai lu, il y a deux ans, trois gros volumes de Platon. De très beaux aperçus pour le temps du paganisme, très supérieurs. Souvent des argumentations pour et contre, sans conclusion. On espère toujours, on n'arrive pas. Au milieu de choses élevées, divines, des sophismes qui étaient de son temps ; mais peut-être voulait-il les réfuter comme Pascal, à qui le temps a manqué et dont les fragments, publiés comme des axiomes, n'étaient que des arguments à réfuter plus tard.

« Quant à Jean-Jacques — Lamartine lui avait consacré plusieurs numéros du *Cours familier*, et, à propos de ses utopies, avait parlé de celles de Platon et de Fénelon, — comment lui savoir gré de l'allaitement des enfants, lui qui jetait les siens à un allaitement problématique sans s'informer même de leur destin ? Je vous assure qu'en Angleterre, on n'avait pas besoin de J.-J. pour apprendre aux mères à nourrir leurs enfants. Et moi en France, je suis persuadée que ce n'était que la haute classe qui négligeait ce devoir, et cela par le système des médecins qui trouvaient les femmes trop mondaines et trop faibles de santé pour former une génération saine. La nature parle trop haut dans la mère, pour que toutes n'aient pas le désir de donner leur lait à leur enfant.

« J'ai lu l'*Emile*, lisez, pour cet enfant de la nature, les pages sur son mariage, si vous ne riez pas de l'absurdité, vous fermerez le livre d'ennui de l'inconséquence. C'est un peu comme le démocrate Michelet, qui écrit pour ceux qui ont au moins 15,000 livres de rentes.

« Ici on dit comme vous qu'il n'a jamais été si fort, si éloquent. On n'a pas l'air de regretter sa critique plus accentuée. Ils disent tous que la nouvelle génération n'a rien lu de J.-J. que ses *Confessions*, et que c'est une lecture bien malsaine.

« Amitiés. »

On était en juin. Elle m'entretenait tour à tour de philosophie, de poésie, de politique avec sa raison sévère : « Je ne vous tourmenterai plus pour le moment du poème.

« Ceux qui préconisent l'unité italienne sont les séides du gouvernement. Ils veulent l'unité pour exonérer l'empe-

reur d'avoir été dupe de Cavour. Ce sont les impérialistes
qui parlent ainsi. Atteler Naples aux canons du Piémont,
c'est un lèse-nationalité, lèse-humanité. Rien ne peut être
plus antipathique que les deux nations, les deux natures.
Voyez la différence. Naples a ouvert ses bras à Garibaldi
venant seul, Italien comme eux, voulant leur apporter liberté
et indépendance. Et il faut à V. E. quatre-vingt mille
hommes pour conquérir Naples ! Je ne vois pas dans nos
amis d'autre opinion que la mienne là-dessus. Pelletan est
pour la fédération, et j'entends beaucoup dire que l'accou-
plement de Naples avec le Piémont est monstrueux. L'empereur veut qu'on vante l'unité parce qu'il n'a pu l'empêcher, il veut qu'on dise que c'est sa volonté, et c'est à
peine s'il ose dire la vérité, parce qu'il sait très bien que
c'est contre les intérêts de la France autant que contre l'indépendance de l'Italie. Les plus avancés espèrent que
l'unité actuelle n'est qu'un pas pour déposséder le pape et
ensuite la subdiviser en républiques. Mais c'est dangereux
de créer ou laisser créer une monarchie forte pour avoir à
la renverser pour arriver aux républiques. C'était bien simple de se fédérer, dès qu'ils ont été délivrés des Autrichiens.

« Nous venons d'avoir une visite très intéressante, et encore la conversation était aussi instructive qu'agréable.
C'est l'ambassadeur de Belgique, qui a vécu trente ans dans
les cours d'Allemagne et qui nous a tout expliqué et com-
menté pendant trois heures de non pas tête à tête, mais à
trois têtes. Il est un peu inquiétant en parlant des projets
formidables de la Prusse pour l'unité de l'Allemagne, et
même pour y joindre l'Alsace et libérer le cours du Rhin.
Une guerre générale semble malheureusement dans l'air,
cela peut se retarder, mais pas se conjurer, je le crains, et si
la Russie s'en mêle, comme un pas vers l'Orient, la France
sera complètement subalternisée, et entre deux murailles.

Alors il faudra les franchir avec des milliers d'hommes et des millions d'argent.

« Adieu, au revoir. »

Ses amies étaient parties de Paris, elle avait hâte de partir elle-même, de retourner à son cher Saint-Point. Juillet, le beau mois ensoleillé, la tentait. Mais les affaires retenaient Lamartine. Elle me disait la mort de Cavour, et la jugeait : « Cavour est à regretter, mais il est mort à temps pour sa gloire. Il était dans une impasse dont il ne savait comment se tirer. Maintenant à chaque embarras on dira : S'il était là ! »

Pendant son absence, une belle fête animait et charmait Mâcon, un immense festival de musique. La musique, cet art d'union, avait ravi la ville et la foule venue des campagnes, de ses fanfares d'accord et d'allégresse.

Ces fêtes populaires, ces fédérations de chanteurs et de musiciens, accourus des villes et des campagnes lointaines, n'étaient pas seulement des symphonies de musique, mais des symphonies d'âmes ; elles étaient une musique d'alliance, et réalisaient, un moment dans un monde de haines, selon le mot du moyen âge, la grande Amitié.

Il y avait dans cette armée musicale passant dans les rues de la ville, sous les arcs de verdure, avec ses bannières pacifiques, ses groupes de voix et d'instruments obéissant au Dieu invisible de la musique, chantant, jouant, à leur tour, aux forces unies, au faibles soutenus par les forts, un esprit d'harmonie, de justice et d'union qui enchantait, épanouissait, attendrissait les foules, un souffle d'amour qui entraînait les âmes enivrées dans la patrie idéale de la fraternité humaine, un présage sonore de l'accord à venir !

A mon récit elle répondit : « Je suis enchantée, nous sommes enchantés du succès de Mâcon. Alph. disait : « Je suis plus patriote que je ne croyais. Si je n'étais pas si tourmenté d'affaires, je ferais une ode ! »

« Nous vous avons suivi, toute la journée du dimanche, de nos vœux, de nos paroles. Il me semble que j'y étais et je passais de là à votre fenêtre ouverte le lendemain, comme vous me l'avez si bien décrite avec les impressions de l'aurore. » En attendant son retour à St.-P., elle allait au chalet. « J'y vais, M. de L. et V. vont dans le bois de Boulogne se promener. Je reste, espérant me reposer, car j'ai encore une grande faiblesse. Et pas du tout. Il m'arrive du monde qu'il me faut recevoir. C'est devenu un motif de curiosité, chacun veut l'avoir vu. Le jardin est plein de fleurs, comme une soie émaillée de mille couleurs... Il y a trois bananiers sur le gazon, en fleurs et en fruits. C'est tropical par le soleil qu'il fait. Ces plantes luxuriantes, lorsque leur fruit est mûr, tombent et meurent, laissant un rejeton au pied.

« Et nous, hélas! notre tâche accomplie, ne laisserons pas de fruit ni des rejetons. Je sens cela vivement pour *moi*, car pour *lui*, ses œuvres sont les fruits de son âme. Peu importe la poussière, du reste... »

L'été lui inspirait une image. Les images étaient rares dans son style simple et chaste. Ici, elle avait coloré sa pensée des reflets de son art. La peinture qu'elle faisait en ce moment projetait des teintes sur son style. Elle était dans le feu de son ornementation de la salle à manger du chalet, et me parlait, sous une impression heureuse, des succès de son œuvre. « Un peintre d'histoire, que je ne connais pas, a été un jour avec un de nos amis, lorsque nous n'y étions pas. Il a dit : « Mme de L. a le génie de l'ornementation. » J'espère que c'est un compliment! Je ne le dis qu'à vous.

« Maintenant il faut que je soutienne ma réputation, car j'aurai cinq panneaux à faire ! Et la saison se passe, je ne puis commencer qu'à St-P. d'où l'automne nous chassera. J'ai peur de n'avoir pas la santé et le loisir de faire *tout* cela !

« Mais à chaque jour son mal suffit. Si je succombe avant d'avoir fini, disait-elle avec un pressentiment mélancolique qui devait être heureusement démenti, et avec une résignation religieuse, — j'espère bien que cela me sera parfaitement égal dans l'autre monde, et qu'il faut, dans celui-ci, faire tout ce qu'on peut. Et l'intention sera prise pour le fait par celui qui le juge. Oh! comme j'aime la pensée du jugement de Dieu plutôt que celui des hommes, » s'écriait-elle dans un élan de confiance en ce Dieu qui pardonne quand l'homme condamne. « Combien seront justifiés par les motifs et les intentions, les occasions et les tentations. Et l'esprit que Dieu a donné, plutôt que les connaissances que l'homme a acquises ou perverties sans s'en douter, là la vérité, ici les apparences.

« Adieu, je bavarde et, comme vous dites, je touche légèrement — trop légèrement — à des choses bien profondes, au-dessus de mes moyens, mais pas au-dessus de mon cœur.

« Au revoir, je voudrais que ce fût demain! — M. »

Elle me confiait tous ses arrangements domestiques et ses goûts de simplicité : « Un lit de mousseline blanche, c'est tout ce qu'il me faut. Mais cela ne m'est pas permis. M. de L. veut de l'étoffe... » Elle était heureuse d'un don de son mari, comme aux jours de son jeune bonheur. « Il vient de me faire un beau cadeau. Vous savez, ou peut-être ne vous l'ai-je pas dit, que j'ai perdu ma montre, il y a trois mois. Elle m'a été volée en descendant d'un fiacre. Je n'en ai rien dit, gardé mon ennui secrètement. Mais il paraît qu'avant-hier, M. de L. l'a su par hasard, et il a été très aimablement me choisir une montre chez Leroi, qui est le meilleur horloger, dit-on.

« J'ai éprouvé comme vous une grande émotion en lisant la catastrophe de la fin du poème, c'est poignant. Oh! si on sentait ce poème comme nous. Quelle admiration il exciterait. Jusqu'à présent les gens un peu scrupuleux n'ont pas voulu le lire, il est *très inconnu.* » Il s'agissait de la *Chute d'un ange.*

Un autre sujet, éveillé par certaines paroles de Lamartine, dans son *cours familier* sur Jean-Jacques, la préoccupait : « Quant au droit d'aînesse, je suis, non seulement de votre avis, mais je me suis fait fermer la bouche, lorsque j'en ai parlé. Mais ce n'est pas d'aujourd'hui qu'il a cette idée politique. A St-P., l'année dernière, il en parlait avec M. Texier, qui était tout à fait de son opinion ! Je grillai de répondre, mais la certitude de n'être pas écoutée, et la timidité devant ces deux *autorités*, m'a empêchée de me lancer.

« Je trouve que c'est non seulement contre nature, mais que par ce droit on *crée* des vices et on suppose des vertus qui devraient exister, et qui existeraient même sans cette injustice, dans l'aîné, l'orgueil et l'égoïsme, au lieu de la générosité et l'abnégation; dans les cadets, l'envie et la jalousie et jusqu'à la haine quelquefois, au lieu de l'amour fraternel et le soutien mutuel dans les liens de famille.

« Quant au mot liberté qu'il a pris abstractivement pour le besoin de son argument, cette liberté absolue ou indépendance absolue ne peut pas exister, la liberté de tous serait sacrifiée à la liberté individuelle, ce serait la force au lieu du droit. Je viens de recevoir à l'instant une longue lettre d'admiration sur cette distinction dans l'entretien. Du reste, il ne faut pas accuser les légitimistes des changements qui s'opèrent chez lui. Il n'y en a pas un seul dans notre salon et il n'en fréquente aucun. Il est même très aigre à leur endroit, et pour cause. Mais ce qui vous étonnera, c'est l'enthousiasme qu'ont excité ces deux numéros. Non, il n'y a pas d'influence, si ce n'est l'influence des contraires souvent exprimés devant lui, et, pour redresser des erreurs, il tombe dans l'excès.

« S'il y a une influence inaperçue de lui-même pour le droit d'aînesse, c'est l'Angleterre. Je ne sais pourquoi, mais là il n'a pas les mêmes inconvénients moraux de l'injustice. C'est passé dans les mœurs. Et il faut dire que chez le paysan français cela existe, aussi il n'y a pas de paysan qui ne fasse un aîné autant que la loi le permet ; le désir de transmettre sa chaumière, qu'elle ne soit pas vendue, qu'il reste quelque chose de lui enfin, est dans le cœur du cultivateur autant et plus que chez le riche qui en a assez pour tous. C'est aussi le sentiment qui fait préférer un garçon à une fille, chez la plupart, quand au contraire la fille est mille fois plus utile surtout dans la vieillesse, que le garçon, et donne bien moins de chagrin. C'est le nom transmis sur le même sol, c'est plus matériel que moral, mais cela existe, et, politiquement, cela pourrait avoir son utilité, si quelque chose d'injuste pouvait jamais être bon. Oh! la bonne maxime : Faire ce que doit, advienne que pourra.

« Adieu et plaignez-moi des ennuis matériels et spirituels. — M. »

Enfin elle était de retour dans son cher asile de Saint-Point ; elle lisait le beau livre de Louis de Ronchaud sur *Phidias* : « Je pense exactement comme vous sur *Phidias*, l'introduction est très belle... »

« Merci de votre bonne lettre, elle m'a fait grand plaisir pour M. de L. Vous savez qu'il est très sensible à la louange et assez insensible à la critique. Il écrit d'après son inspiration... »

Il publiait alors sa *Critique de l'Histoire des Girondins*, faite, par lui-même, la vérité du haut de sa conscience sereine, non plus entraînée par l'enthousiasme de la révolution et l'ivresse du succès. J'avais applaudi à cette magnanime sévérité.

Nadaud, notre charmeur accoutumé, ce rossignol d'automne, était venu à Lagrange, et, invité à la fête de Sainte-

Cécile, avait ravi la société chorale au banquet qu'il enchantait tous les ans par ses chansons. J'avais raconté la fête à Mme de Lamartine.

« Votre lettre est charmante! Il n'y a que vous pour dépeindre les choses de manière qu'on les voit, et on dirait volontiers qu'on les entend. J'ai ma part de la fête chorale. Je les vois manger, rire, se monter à ce degré d'enthousiasme qui est vraiment l'âme de tout. Oh! que vous avez raison! La froideur, l'étiquette des salons, tuent l'art en toute chose. Soi-même, on aurait volontiers cet enthousiasme. Il faut le réprimer, ne pas se faire remarquer, on a honte de sentir et d'exprimer.

« Tout cela est vrai de toute vérité. J'ai été, une fois quand j'étais bien jeune, à une fête de cour, où les meilleurs acteurs jouaient leurs meilleurs rôles. Rien n'était si froid, si glacial. Personne n'osait applaudir, il fallait que le signal en vînt de plus haut. Oh! que je plaignais les pauvres acteurs! Je me plaignais moi-même de n'oser jouir de rien, de laisser tomber les paroles spirituelles qui demandaient au moins un battement de mains. J'en suis sortie avec une glace sur le cœur. Vive le parterre pour encourager les acteurs et faire vibrer la musique! Enfin vous et bien d'autres ont joui de cette verve de jeunesse et d'enthousiasme, et Nadaud peut se dire qu'il n'a jamais été mieux compris. »

Elle me faisait ses adieux. Elle allait partir, et les amis et la famille, Monceaux allait devenir désert.

Elle reprit son travail à Paris, et m'écrivait ses critiques : « Il y a des choses qui m'arrêtent et me laissent en perplexité, par exemple, la pièce à Musset est *mauvaise*, L. a dit et imprimé qu'il la regrette. J'ai envie tout bonnement de la supprimer...

« Il faut le prendre tel qu'il est, le génie d'un côté, le laisser-aller et l'excessive générosité de l'autre. »

Puis elle passait à un autre labeur, son ornementation du chalet. On était en décembre, un mois sans jour, sans soleil, contraire à la peinture.

« Je voudrais faire les deux panneaux, et je n'ai ni lumière ni temps. J'ai pourtant composé le Ronsard, je crois qu'il sera bien.

« Mais Klopstock n'est pas commencé...

« Je trouve qu'il n'y a rien qui puisse faire douter s'il est fier de l'œuvre des *Girondins;* il a voulu, au contraire, le purifier des taches qu'on avait signalées pour le laisser resplendir, et montrer que le fond est le *sien,* sa pensée, sa volonté...

« Le volume de 1848, de Garnier-Pagès, a bien des erreurs dans bien des endroits. Il a voulu faire croire qu'il avait tout fait et déguise la vérité. Son seul défaut est une grande vanité. Il paraît qu'il a été encensé en Allemagne, et cela lui a tourné la tête, qui n'est déjà pas si bonne que le cœur.

« Nous commentions tout doucement les vers de Laprade, pendant qu'il recevait le coup ! Oh ! combien il eût été mieux et plus politique à l'empereur de refuser cette vengeance à son ministre. Mais nous ne sommes pas dans des temps de grandeur et de générosité. Laprade devait s'y attendre. Mais, puisqu'il voulait dégonfler sa poitrine, il aurait mieux fait, lui aussi, de donner sa démission d'avance. Mais, au fait, il vaut mieux peut-être pour son avenir d'avoir été destitué. »

Elle revenait sur le succès de *la Critique des Girondins.* « Le lendemain du jour où l'Entretien a paru, il est arrivé au bureau vingt et une personnes pour prendre les *Œuvres complètes,* et, dans une moindre proportion, cela continue toujours. Rien ne peut vous donner une idée de l'enthousiasme produit par ce numéro. Un de mes amis, M. de Peyronnet, qui, comme vous savez, est très libéral, est arrivé le matin, à neuf heures, dans un enthousiasme dont je ne le croyais pas capable. Ensuite l'autre parti (sauf quelques intimes de Berryer) exprime le même sentiment. On vient me dire que dans tel ou tel cercle on ne parle que de cela avec une approbation unanime et extrême. Hier, un homme peu flatteur, Didot, est venu du conseil de l'Hôtel-de-Ville, transporté de tout ce qu'on disait. Puis, le soir, Garnier-Pagès et les siens, même expression. Ils disent tous le mot consacré :

« Je ne trouve pas qu'il se soit dédit en rien. Il est évident qu'il s'était étendu sur Robespierre d'une manière qui vous avait fait peine à vous et à bien d'autres. »

Elle avait renoncé aux plaisirs de ce monde, même à ces belles fêtes de musique si bienfaisantes, à ces symphonies de Mozart et de Beethoven, à ces consolations enivrantes, à cet harmonieux *Sursum corda*. Sa vie austère l'exilait de tous les bonheurs.

« Il est bien doux de se croire aimée, m'écrivait-elle, qu'on se fasse illusion ou non. Mais il y a des personnes de qui l'illusion n'approche pas, ou bien une illusion en sens contraire, c'est mon fait... »

C'était vrai. Elle avait l'illusion pessimiste, elle se croyait moins aimée, elle s'attristait d'être malade, elle avait peur de lasser, d'être inutile, impuissante à secourir celui qu'elle aimait.

Il y a des âmes qui s'ignorent, elle était du nombre. Elle était la madone du foyer, la femme de bon secours. De son lit de souffrance, elle priait et combattait pour lui, comme ces femmes héroïques du XVIᵉ siècle qui, couchées dans leurs litières, suivaient leurs maris à la bataille.

LES LETTRES D'AUTOMNE

1862

Le premier jour de l'an, vint son salut d'amitié : « Vous connaissez mes vœux pour vous, je n'ai rien à renouveler de ce qui est permanent. » Puis elle me quittait pour des devoirs de famille, et disait ce mot de vertu qui était sa vie : « Enfin, commencer par un devoir, c'est toujours bien com-« mencer l'année. »

« Montherot, sa femme, ses enfants, je ne puis penser à autre chose, sauf à l'amitié. »

Trois mots charmants dans un simple billet du jour de l'an. Partout elle mettait son cœur.

Le 21 janvier, elle me donna une bonne nouvelle.

« Je ne vous écris qu'un mot pour vous faire partager la consolation que j'ai. Le succès du *Cours familier*, hier dimanche, dix mille ; ce matin lundi, dix mille ; mais c'est la manière dont cela est fait, qui en fait tout le mérite. Chaque offrande est accompagnée de lettres plus touchantes les unes que les autres d'admiration, de dévouement, le remerciant de leur donner l'occasion de lui rendre un léger service et de lui témoigner leurs sentiments de son héroïque persévérance, de sa conduite loyale, de son travail surhumain, enfin, enfin.

« Vous savez combien je m'alarme, et je suis ici prostrée sur un lit de douleur, prête à recevoir les impressions les plus tristes. Je ne forme pas d'espérances grandes, mais j'accepte, avec reconnaissance, les témoignages d'affection de tant d'inconnus. Vraiment tout le monde dit qu'il n'a jamais été plus populaire.

« Adieu, mille amitiés. — M. »

Le 23 janvier, sa lettre avait un accent d'irritation triste :
« Je trouve que la France n'a pas fait grand'chose pour celui qui l'a sauvée de l'anarchie et qui n'a rien voulu accepter du gouvernement qui l'aurait enrichi à plaisir, Dieu sait ! Il travaille, il offre son travail, voilà tout. Il a des amis, et beaucoup, Dieu merci. C'est ma seule consolation dans toutes les peines qui se succèdent jour après jour et qui finissent par m'abattre. »

Et le 27 janvier, une lettre d'angoisse :

« Oh ! le point noir. C'est plus qu'un point, c'est tout mon horizon obscurci !

« Nous faisons tout ce que nous pouvons pour détourner l'orage.

« On vient d'amener au pied de mon lit le plus beau chien qu'on puisse voir, Ayscha en noir, même race, venu du même pays. »

Elle aimait les chiens aussi, comme des amis du foyer (1).

Nous étions éloignés l'un de l'autre, elle était revenue à Monceaux, à Saint-Point, j'étais allé en Bretagne. Les lettres nous rapprochaient.

____

(1) Dans un article très bienveillant pour mes *Souvenirs*, mais inexact sur l'action de Lamartine aux journées de juin, M. de Pontmartin a rapporté un mot de Mme de Lamartine à Decaisne sur son mari : « Il n'aime que ses chiens. » Cette boutade féminine a-t-elle été vraiment dite ainsi, sans nuances, avec cet accent passionné ? J'en doute. Mme de Lamartine, qui me disait ses plus secrètes pensées, ne m'a jamais rien dit, rien écrit de pareil. Sa vie et ses lettres, défense ardente de son mari, sont un démenti de cette parole. Et du reste, comme a dit Alphonse Karr dans un mordant et éloquent article, *Une dette*, publié dans le *Moniteur universel* du 11 août 1886 : « Hélas ! peu d'hommes ont eu autant le droit d'aimer mieux les chiens que les hommes ; mais Lamartine n'aimait pas seulement les chiens, il aimait tout ce qui était bon, tout ce qui était beau, tout ce qui était grand, tout ce qui était noble ; il aimait la gloire, il aimait la justice, il aimait la liberté, il aimait la mort elle-même, si elle se présentait héroïque. »

« Mercredi, Saint-Point, 1862.

« J'étudie comme une leçon les charmants vers de M. Boussin pour les lire tout haut dans la chaumière, devant la famille assemblée. Je ne voulais laisser à personne ce plaisir, c'était *ma* chose. On a bien écouté et bien applaudi les diverses nuances de cette poésie philosophique et douce, badine avec une pointe d'ironie, charmante enfin...

« J'ai pris mal aux yeux. Maintenant encore des mouches noires me flottaient devant les yeux avec une telle semblance de vérité, que je ne pouvais m'empêcher d'étendre la main comme pour les rattraper, et le soir ces points noirs deviennent des points de feu en éclairs, plus pénibles encore. On me fit cesser toute occupation. Quelle pénitence pour moi dont vous connaissez l'activité dévorante...

« Hélas! je sens que je ne suis plus bonne à rien dans ce monde, et que les jouissances d'autrefois, la mer, la promenade à pied ou à cheval ne sont plus pour moi... »

Elle s'était fatiguée à m'écrire, malgré la défense du médecin, mais elle ne pouvait se résigner au silence et recommençait.

« Dimanche.

« Oh! oui. Vous avez raison. Le mauvais temps m'a fait bien mal. « Dieu est le maître », comme disent les paysans, et « *Ci vuol patienza* », comme disent les Italiens.

« Oh! vous avez raison, il ne faut pas parler politique, il n'y a rien à gagner et tout à perdre pour la cordialité des rapports. Moi-même je n'en parle plus en famille, j'y trouve des dissidences d'opinions que je n'espère pas convaincre. Je comprends que chacun doit avoir raison. Ainsi soit-il.

« Le mot Garibaldi met tout le monde en feu. Moi, je pense qu'il fait sa partie, et qu'à sa place, je ne serais content du joug piémontais, et je suis bien aise qu'il tienne tête à V. E., pourvu qu'ils ne s'entendent pas. Mais cela ne veut pas dire que je crois son succès ni possible ni désirable, ce serait une anarchie épouvantable et des bandits lancés sur le monde, eux qui ne reculent devant rien. Et puis, je suis trop catholique, comme vous le pensez, pour désirer que le pape soit persécuté, et nous voyons par expérience que dès qu'il est chassé de Rome, les Romains le redemandent à grands cris. Ce qui ne veut pas dire non plus que j'aime le gouvernement des cardinaux. Cependant il faut avouer que si ce gouvernement était aussi tyrannique qu'on le dit, il n'aurait pas admis librement, depuis tant d'années, à Rome tous ces réfugiés de toutes les parties de l'Italie, qui viennent fomenter des troubles et des insurrections. Et croyez-moi, ce sont d'autres que les Romains qui désirent renverser le pape. Et ceux qui disent que l'indépendance du pape n'importe à la religion sont des hypocrites. Ils ne veulent renverser le temporel que dans l'espoir de saper la catholicité. Ils font les bons apôtres, mais ils ne sont pas sincères. Là encore, Dieu est le maître.

« Il peut par de rudes épreuves soutenir au lieu d'ébranler. Mais nous, à courte vue, nous jugeons selon les probabilités humaines.

« Si je me permets de dire que G. vaut mieux que V. E., on me jette la pierre. Aussi je me contente de le penser, sans le dire.

« G. voudrait l'indépendance de l'Italie tout comme moi. Ce n'est pas sa faute s'il n'a pas reçu le génie de l'organisation et surtout s'il n'a pour instruments que quelques rares aides de camp et des ramassis de volontaires de toutes sortes qui font peur aux honnêtes gens. C'est là son malheur. »

Puis revenant à ses corrections littéraires, elle me parlait de cette grande méditation : *Job lu au désert* et des quatre derniers vers, où Lamartine, de plus en plus solitaire, disait son vœu :

Mourir seul au désert dans la foi du Grand Seul.

Ce vers d'une grandeur biblique, si plein du sentiment de Jéhovah, le fameux grammairien ne l'avait pas compris. Aussi me disait-elle : « Je m'étonne que le grammairien n'ait pas senti la portée de cette expression. Chateaubriand lui-même, qui n'était pas suspect, a été très vivement attaqué pour avoir écrit : « Le grand solitaire des « mondes ».

« Je viens de lire un grand article qui attaque L. comme panthéiste, il est vrai qu'il ajoute que c'est sans le vouloir. Certes, personne n'est moins panthéiste que lui. » Elle avait raison, et le mot du *Grand Seul* le prouvait bien.

« M. de L. arrive et me dit : « Voici qu'une dépêche télé- « graphique annonce que Garibaldi est pris et blessé, que « la joie est universelle. » Je lui dis : Je ne partage pas cette joie. — Il me répond : « Ni moi non plus. » G. a été pris par un Pallavicini dans les montagnes de Calabre. Adieu. »

C'était la récompense de Victor-Emmanuel au héros qui lui avait donné un royaume.

« Ah! que je vous remercie de votre lettre! Votre description si poétique, vos rêveries si émues, vos sentiments, vos souvenirs, tout m'a été au cœur. Et j'ai lu à Mme de Danrémont la partie descriptive de la montagne, des vallées, des arbres, de l'horizon qu'elle a goûtée extrêmement. Elle est très artiste, et voit la nature poétiquement. Elle a compris et admiré. Moi, je vais au delà. » A son tour, elle me contait une fête populaire, la distribution des prix de son école d'enfants à Saint-Point. — « La nouvelle salle à manger a été décorée en théâtre, en festons, en guirlandes. C'était transformé par Jean, aidé de toute la jeunesse, qui était ivre de bonheur et d'agitation, courant de tous côtés, presque sans savoir pourquoi, pour user un excès de vie.

« Après la pièce pas mal jouée, il y a eu la distribution des récompenses. Chacune était récompensée en robes, les plus avancées avaient des livres en outre. Puis le festin ! Plus de cinquante à table couverte de solides et de sucreries, gâteaux, etc. Là, mon rôle finissait, et je me suis jetée à moitié morte de fatigue dans mon lit, où je suis encore.

« Adieu. Écrivez-moi tant que vous pourrez, vos lettres me font du bien. »

Pendant ce temps une mort cruelle d'une jeune mère frappait notre famille, et nous rappelait en hâte à Lagrange. Une lettre émue de mon amie vint vite sympathiser à notre douleur.

« 1862. Septembre. Jeudi soir.

« Hélas ! quel triste événement dans votre famille depuis que nous n'avons communiqué ensemble. Oh ! que j'ai été occupée de vous, de vous tous, chacun pour sa part... Puis le pauvre mari ! Oh ! que de désolation !

« Si vous saviez combien, dans cette longue réclusion, j'ai pensé à vous tous, suivant chacun dans les diverses phases de chaque jour. Quand on souffre, on songe à ceux qui souffrent, et quand on ne peut les soulager, on prie pour eux que Dieu se charge de toute consolation...

« Je suis si affaiblie par ma dernière maladie que si je ne me fortifie ces jours tièdes, je ne pourrai supporter le froid de l'hiver. Ma campagne d'été est perdue...

« Adieu, bientôt à revoir, je l'espère.

« M. E. DE L. »

Elle ne s'en tenait pas à cette lettre de sympathie, elle revenait à notre malheur, en se rapprochant de nous, par son retour à Monceaux.

« Vous savez, ami, que je suis plus en position de sympathie avec les douleurs qu'avec les joies de ce monde. .

Aussi je pense davantage à vous tous que lorsque je vous savais heureux...

« Ainsi va la vie au rebours de tout ce qu'on désire, et Dieu sait, mes désirs ne sont pas exagérés. Ils se réduisent en tout et pour tout à un peu d'amitié pour moi et autour de moi. Tout le reste m'est indifférent. Mais je ne suis pas indifférente aux choses qui me font peine. »

• Jeudi soir.

« Il n'y a que vous pour écrire les choses qui consolent et relèvent. Merci des deux lettres auxquelles le cœur répond. »

Elle faisait en ce moment la lecture émouvante pour son cœur de mère de ce beau et triste *Voyage en Orient* : « Je suis aussi sous le charme de ces merveilleux récits qui me retransportent à des temps qui me sont toujours présents comme hier ! Mais vous jugez avec quelles poignantes émotions j'en entends parler par une autre parole que ma parole intérieure !

« J'ai peu de temps, j'en passe chez Valentine le plus que je puis. J'aime mieux surtout être seule avec elle, pendant qu'on déjeune, dîne, promène, alors je suis utile et semble lui faire plaisir...

« Dieu soit loué, elle est mieux aujourd'hui...

« Moi, je suis plus souffrante aujourd'hui. M. Perrusset m'a enjoint de me faire mettre en voiture pour une petite heure... Mme de Cessiat m'a escortée. J'ai trouvé l'air bon et la vallée de Pierreclos charmante sous une brume bleuâtre transparente comme un voile sur les collines échelonnées et les grandissant, et me rappelant par moment les montagnes arrondies de la Grèce en pleine mer. La brume cachait la nudité de l'hiver, comme elle cachait l'aridité des sommets de l'Hellénie. Du reste, je trouve que M. de Lamartine ne rend. pas toute la justice que je sens pour la

Grèce. Plus elle est petite, plus elle est merveilleuse... »

L'artiste s'était laissée séduire par ce paysage, et l'avait peint avec un sentiment profond. Comme elle sentait bien la Grèce, son génie et sa grâce, dans ses proportions exquises comme le Parthénon, en ce trait de lumière : « Plus elle est petite, plus elle est merveilleuse. » Puis, après cette échappée dans la nature, quel charmant retour : « Mais me voici loin de la chambre de malade, j'y retourne, mais auparavant j'ai voulu vous dire un affectueux bonsoir. Venez, quand vous pourrez quelques heures vous absenter de votre cher foyer, j'en serai bien reconnaissante. »

Sa compagne de promenade, Mme de Cessiat, la sœur aînée de Lamartine, fut frappée d'une congestion pulmonaire, à son retour à Mâcon. Elle succomba à cette attaque foudroyante. Ce fut une perte sensible pour ses enfants et ses amies. Le 7 octobre, elle leur dit adieu. C'était une femme d'une bonté souriante ; sa mort fut un désastre pour sa famille. Le nid se ferma, et les oiseaux, rassemblés sous l'aile de la mère, se dispersèrent.

Sa lettre d'octobre est l'écho de cette douleur : « Je suis comme une âme en peine, je vais de l'une à l'autre, non pour les consoler, ce qui n'est pas possible, mais pour m'occuper de ce qu'elles peuvent avoir à demander, et pour parler avec elles au milieu de leurs larmes.

« Je vous fais le tableau de ce que vous-même avez fait et supporté, et je ne parle pas de ma propre peine ; cependant elle est poignante. Je l'aimais, cette mère qu'elles ont bien le droit de pleurer. Je l'apprécie ce qu'elle valait : bonté, abnégation, tout pour les autres. Et cela avec cet aimable sourire qu'il semblait qu'elle faisait tout pour son propre plaisir. Et c'était vrai, elle trouvait son bonheur dans celui des autres, et compatissait tendrement à leurs peines.

« Ah ! quelle perte ! Chaque jour dévoilera sa profondeur... Je me délasserai dans votre amitié.

« J'apprends que vous ne partez pas encore ; tant mieux. Quoique vous ne quitterez votre propre maison de deuil que pour entrer dans des douleurs plus récentes encore. — M. E. DE L. »

L. Ulbach publia, dans l'*Indépendance belge*, une belle notice funèbre sur Mme de Cessiat, qu'il avait connue à Monceaux. Mais toutes les notices ne valaient pas l'élan si simple et si vrai de Mme de Lamartine, et les versets de saint Mathieu écrits sur le *memento :* « Bienheureux ceux qui sont doux ! »

Elle m'appelait à elle, me félicitait d'une naissance tardive et inespérée dans notre famille, et me disait : « Venez nous relever de notre abattement par l'amitié. »

Dans une autre lettre, elle me disait son impression à une nouvelle promenade dans la vallée de Pierreclos, sous tout un autre aspect. « Le sérieux de l'hiver y avait du charme. Ce n'était plus l'idéal, mais un peu le réel. Les sommets enfoncés descendant en ombres jusqu'à leurs pieds, puis quelques rayons de soleil doré par plaques sur la fraîche verdure des prés arrosés par le ruisseau. Au fond, au bord de ce sentier que j'ai tant parcouru à cheval, passant à gué la petite rivière, pour remonter sur les coteaux.

« C'est un peu la vie. Lumière radieuse, ombres profondes et un peu gris dans l'ensemble... »

Puis un mot de ma lettre l'avait touchée au cœur, avait réveillé l'amour maternel en deuil : « J'ai senti tressaillir deux fois mes entrailles de la plénitude du bonheur maternel. Dieu ne m'a pas jugée digne de jouir longtemps de ce bonheur, mais jamais rien ne le remplacera... Je vois toujours mes anges tels qu'ils m'ont laissée, *orba madre*, au ciel comme sur la terre, avec leur tendresse infinie, leurs caresses innocentes, leurs paroles gravées au fond du cœur, comme s'ils étaient présents... »

Elle allait partir, c'était un jour de novembre, le mois des tristesses. J'étais venu à la gare au rendez-vous d'adieux. La halte fut courte, agitée par la fièvre du départ. Nous échangeâmes quelques paroles attendries, et un serrement de main. Ni elle, malgré sa maladie, ni moi, malgré ma tristesse, ne pressentions un dernier adieu.

Elle m'écrivit, aussitôt son arrivée, son regret du départ précipité.

Dans ces jours gris d'hiver, elle ne pouvait reprendre ses chères peintures : « Je ne peins pas du tout, on ne voit pas en plein midi, et je n'ai le cœur à rien, comme on dit...

« On me dit beaucoup de bien de Socrate et Platon, les derniers entretiens de Lamartine.

« J'aurais voulu distinguer au moins davantage le Platon philosophe du Platon politique, qui est faux en tout point. Son temps n'était pas celui des organisations politiques. Il n'y avait point de *peuple*, selon notre interprétation vraie du mot, mais il y avait toujours la nature. Platon pouvait le sentir au moins, mais il fallait dire les circonstances atténuantes...

« Je suis de votre avis, Dargaud est en progrès. C'est très intéressant, mais il n'y a pas assez sur Jane Gray ! Aujourd'hui Préault et lui dînent en intimité. Hier, j'ai eu mon cousin, le frère de Rosmordu, qui était en Imérétie. Il a épousé une charmante Circassienne, très jolie, avec les plus beaux yeux du monde, naïve, naturelle, parlant les langues, comme les Polonaises. Ce soir-là, il y avait, par hasard, des personnes de tous les pays imaginables. C'était très curieux, mais fatigant pour moi. Chacun ne connaissait que nous. Il fallait être tout à tous.

« Adieu, mille amitiés à tous. »

Elle vivait dans l'inquiétude sur les *Entretiens*. « Si je pouvais seulement causer avec lui sur ce qu'il écrit, je le convaincrais souvent de l'inconvénient de mots qui lui sont échappés. Il en est de même pour son portrait (1). Il a fait l'été passé un dessin pour la gravure, et voici venir une belle gravure aussi peu ressemblante et aussi prosaïque que toutes les autres. Je lui ai reproché de ne m'avoir pas consultée, disant : Vous pouvez penser que je ne m'entends pas en littérature, qui n'est pas mon métier, comme *tu* dis, mais tu conviens que j'ai du goût en peinture, et que je suis même un peu du métier, pourquoi m'exclure, quand, par une petite observation de moi, j'aurais mis le doigt sur le défaut, ainsi que je le fais maintenant que c'est trop tard : je vous aurais épargné des dépenses fâcheuses en éclairant l'artiste par la connaissance que j'ai de vos traits et de votre physionomie. »

Elle mêlait ainsi les *tu* et les *vous*.

Puis elle me donnait un charmant remède pour une enfant malade, en me contant un souvenir d'enfance :

« Quel dommage que ce ne soit pas la saison des fraises. C'est parfait pour la coqueluche, j'étais fort petite lorsque je l'ai eue. Je grimpais partout, jusque sur les cheminées, pour surmonter l'étouffement et je me jetais en avant, à la grande terreur de ma mère et de ma bonne. On mettait des fraises sur tous les endroits où je pouvais les prendre, afin de me tenter d'en manger petit à petit toute la journée. »

L'année finit par ce frais souvenir d'enfance. Passé heureux où ses lèvres ne goûtaient que des fraises, où son âme ignorait l'amertume des larmes !

---

(1) Lamartine avait demandé à Chenavard de lui faire son portrait. Chenavard refusa. « Je n'ai pas osé, il aurait fallu être Van Dyck ou Velasquez. » Le grand artiste qui a fait le César de l'épopée picturale destinée au Panthéon, aurait pu oser. Il était digne de peindre Lamartine. Il l'avait pénétré. Il me disait : Je sentais près de lui une grande âme héroïque. »

LES DERNIÈRES LETTRES

1863

Dans la ville natale de Lamartine, sur une place de Mâcon, s'élève une grande église romane, d'une beauté austère ; sa façade nue, aux murailles pleines, traversée d'arcades sans jour, aux cintres étroits, semble la dérober aux regards vulgaires et la fermer aux profanes. Elle se cache sous son épais voile de pierre. Ses sobres sculptures n'attirent pas les yeux. Ses portails bas attendent sur leurs tympans inachevés les figures saintes. Seule, une rosace s'épanouit comme un sourire sur un grave visage. Elle n'a pas l'éclat, la richesse, la magnificence, les larges ogives, les immenses rosaces aux verrières flamboyantes de l'église gothique. Elle prie plus au dedans qu'au dehors. Pourtant de ses clochers aux arcades élégantes, deux flèches, d'un essor plein de grâce, s'élancent au ciel.

Dès qu'on a franchi le seuil, on est saisi, sous cette haute nef, d'une impression de grandeur, de piété et de recueillement. Cette église a une âme, l'âme de l'apôtre de charité, du frère de saint Vincent de Paul, qui l'a élevée. L'artiste, *le maître des pierres vives,* selon le mot du moyen âge, fidèle au style religieux de l'art roman, l'a empreinte d'antiquité. Quoique neuve, elle paraît ancienne. Sous les bas côtés du chœur et de la nef, dans la pénombre du clair-obscur, se groupent des chapelles mystérieuses, où, par les vitraux des fenêtres étroites, un demi-jour coloré se glisse dans les ombres. L'église romane se souvient des ténèbres des catacombes, des cryptes souterraines, des terreurs de l'an mil, et n'a pas l'adoration radieuse de l'église gothique, de la nef aérienne.

Les chapelles sont tournées vers le maître-autel, comme les saints vers Dieu. Une galerie, aux arcades géminées, circule autour de la nef. Sur des piliers puissants, aux riches chapiteaux, s'appuient la nef et la voûte aux arceaux croisés. Puis, dans le haut de l'église, par les cintres étroits aux vitraux ensoleillés, rayonne le jour du ciel.

Cette église me rappelle Mme de Lamartine. Elle avait l'âme grande, sévère, recueillie, pleine de sainteté intérieure. Elle, aussi, voilait son âme aux curiosités banales, et la tenait fermée. Elle n'avait pas achevé ses œuvres ; elle était vêtue de simplicité, mais son cœur rayonnait au dedans comme la rose mystique, et, comme la flèche ailée, sa prière s'élançait à Dieu.

Elle cachait ses pensées, ses sentiments, ses souvenirs, ses vertus, à l'image des chapelles mystérieuses, dans le clair-obscur du cœur, plein aussi de belles et saintes figures, sœurs des fresques de l'église. Elle entourait Dieu de ses adorations, comme les chapelles le maître-autel. Sa vie s'appuyait sur les colonnes de la foi. Ses pensées, liées aux pensées du poète, se déroulaient comme les arcades unies de la galerie. Tandis que le génie déployait au jour ses magnificences, ses rosaces, ses arcs-en-ciel de poésie, ses volées de prières à Dieu, la femme priait dans l'ombre, en silence, et son âme montait en haut, dans la lumière des divines espérances.

Elle était à ses heures du soir, aux vêpres de sa vie. Depuis longtemps, devant les lumières, les espérances éteintes, le chant d'allégresse, le *Magnificat* du bonheur, avait fait silence. La fête était finie.

Elle était à ce moment, où le lugubre *de Profundis* exhale à voix basse, aux accords sourds de l'orgue, le murmure des lamentations humaines, après la fête évanouie, aux lueurs de la lampe du chœur qui brille toujours comme l'immortelle espérance. Elle aussi, dans l'intimité de ses lettres, au

soir de sa vie, soupirait, le regret du bonheur perdu, aux
accords attendris de l'amitié, des tristesses et des prières.

Les lettres se pressaient, mais trop intimes pour être
redites. La vie avait pris la monotonie douloureuse de la
souffrance ; du foyer elle intervenait avec sa douceur conciliatrice. Elle me disait le courage et la peine de son mari :
« Il écrit tous les matins avec une abstraction de ses
propres chagrins qui est vraiment admirable, mais le reste
de la journée se passe tout à ses préoccupations et ses
calculs du réel et du probable qui me désolent...

« Rien de nouveau dans notre vie. Je souffre du froid et
de l'humidité. Je ne sors que pour les devoirs de carême et
encore pas tous les jours... » — « On en est aux privations
d'intérieur, d'hospitalité, des dîners intimes d'amis. —
L'absence de ces petits dîners est fâcheuse pour L......,
c'est sa seule récréation, mais il est trop triste, il n'en veut
pas. Certes, ce n'est pas pour moi que je le regrette... »

Elle était dans la fièvre du travail de la grande édition qui
pesait sur elle : « Je ne saurais vous dire tout ce que j'ai à
faire matériellement dans ma journée et combien je suis
excédée de fatigue, quand vient le soir ! L'éditeur me vient.
Je livre trois volumes ce matin pour alimenter cette machine
à vapeur... »

Elle se réjouissait du succès des Entretiens sur les
Misérables : « Ici cela a été un événement... Les d'Esgrigny sont très occupés de la réception d'Albert de Broglie. On ne peut pas avoir de billets, tant il y a de demandes.
Je pense que vous n'avez pas été dans le cas de lire un
article qu'il a écrit. Il est dans le *Correspondant.* Cela vaut
la peine d'être lu. Je fais mes réserves parce que sa catholicité va plus loin que la mienne. Mais j'y trouve des choses
qui me conviennent et qui éclairent la situation...

Et, s'élevant d'un malheur d'une famille amie aux pensées
éternelles qui l'occupaient de plus en plus, elle me disait

avec son accent de tristesse : « Hélas, quel monde que celui où nous sommes. Oh ! n'ébranlons pas la foi de ceux qui se fient à Dieu et à l'immortalité, comme le fait M. Littré. Oh ! que de discussions se passent sur lui, sur la Pologne, sur l'empoisonnement du Polonais W. Sa famille vient souvent ici. Elle nous a raconté que deux nièces avaient subi l'influence du poison en dînant ce jour-là chez lui... La crainte d'une guerre préoccupe excessivement Paris...

« Hélas ! j'ai un bien triste bulletin à vous donner. M. de L. est au plus fort d'un fort accès de rhumatisme aigu !

« Il faut lire tout haut pour endormir les douleurs, et c'est une difficulté pour moi, à cause de ma toux et ma membrane muqueuse de la gorge. Mais, Dieu merci, j'y suffis depuis six jours, et je l'endors chaque nuit sans trop veiller... »

La vaillante femme, la plus faible soutenant les plus forts, me disait : « C'est ce Dieu dont on ne veut plus qui me soutient et me console. Voltaire a bien dit : « Il faudrait l'inventer. Certes, pour mon compte, il m'est indispensable à moi et à la grande masse des esprits simples et faibles. Que les forts s'en passent, s'ils le veulent, cela ne me regarde pas ; et ce n'est pas parce qu'il nous épargne que je l'adore, car les épreuves douloureuses ne nous manquent pas. Mais puisque la douleur est *partout* dans cette *vallée de larmes*, que les forts n'y échappent pas plus que les faibles d'esprit, quelle consolation de penser que toute douleur est comptée, appréciée par l'Etre-Dieu et profitera pour l'avenir... »

C'était la logique passionnée de la femme qui cherchait dans les angoisses de son âme et les agonies de sa vie, un refuge en Dieu. Aussi ses lettres se pressaient ardentes en ces heures suprêmes, à la veille de la mort.

Elle était entre deux tourments : « Vous jugez dans quel

état je suis, entre Alph., au premier, et Val., au second, tous les deux malades à voir et revoir toutes les heures... »

« Adieu, je me joins à votre conclusion de grand cœur, aimons-nous ; aimons ceux qui ne pensent pas comme nous, mais sans adopter leurs principes. Je serais au désespoir de penser que *tout*, vertu, vie, affection, *tout* vient des organes du cerveau, et que la puissance d'un de ces organes sur d'autres détermine les plus saintes affections et les plus profonds dévouements. Le *libre arbitre*, la *liberté sainte*, que devient-elle ? Et en quoi cela est-il un progrès ? Et la difficulté est-elle moindre ? Qui a donné ces propriétés à la *matière ?* Quelle science peut démontrer cela ? Le fini voulant se passer de l'infini, qu'il rencontre à chaque pas, me semble absurde, et la matière devenant esprit n'est pas dans mon esprit. Les mots ne sont rien, on peut si facilement les interpréter de différentes façons.

« Mais le sentiment inné du genre humain se révolte à cette dégradation, qui ne laisse ni espoir ni consolation dans les maux dont nous sommes environnés. Pour moi, vivre sans Dieu, ce n'est pas vivre. Et le suicide serait le seul refuge. »

Voilà l'éloquence de la vérité. Ainsi une femme, dans une lettre intime, acculait, dans sa simplicité, la philosophie vide de Littré au néant. Claude Bernard saluait ces sublimités de l'ignorance, mais ici ce n'était pas l'ignorance, c'était le divin instinct de l'âme, le Verbe de saint Jean, cette lumière qui illumine tout homme venant en ce monde.

« Merci de vos bonnes nouvelles. J'étais inquiète, vous savez combien je m'intéresse à mes amis.

« Le même courrier m'apportait une lettre d'un homme d'esprit, un protestant, qui jugeait précisément la polémique dont ;vous parlez tout en faveur de l'évêque, finissant par dire : « Heureuse, une religion qui a un tel avocat, protes-« tants et catholiques doivent se réjouir d'avoir un tel défen-

« seur de la foi commune ! » Songez donc au danger qu'il y a dans les doctrines qui, sans nier positivement Dieu, n'admettent qu'une sorte de *cause première* sans Providence, sans dépendance de la créature à son Créateur, par conséquent être ainsi sans prière, sans consolation, sans base même pour la vertu ou le vice, également indifférent à ce Dieu sourd-muet ! Et cette immortalité, s'ils l'admettent, quelle serait-elle ? La vertu se récompenserait elle-même sans arbitre. Et le crime, qui le ferait expier ? Sera-ce une métempsycose ? Ce n'est pas la peine de progresser depuis des milliers d'années pour arriver à ce néant pire que le néant. Cela ne vaut pas mieux que le panthéisme.

« Ou il y a Dieu, ou il n'y en a pas. S'il y a Dieu, il est de toute nécessité logique, parfait en bonté, en justice, en toutes les beautés et toutes les grandeurs ? Donc, il n'est pas nul, sans providence, sans action sur sa création, sans puissance suprême sur toute chose, sans justice suprême pour récompense ou faire expier.

« Je n'ai pas lu la brochure de l'évêque, mais je suis sûre qu'il doit être éloquent sur un tel sujet, je vais tâcher de trouver le temps de le lire. »

Et elle descendait des hauteurs religieuses aux affaires domestiques. Elle se donnait à l'art, dans ces mille détails d'une édition à composer, à corriger. « Je fais ce que je peux, je compte avec lui les pages, les matières pour former tel ou tel volume. Ce n'est pas facile... »

En vain je la conviais à l'espérance, au retour du printemps, elle me répondait, avec découragement, ces lignes si tristes :

« Oui, le printemps est beau, mais je ne suis pas en état d'en faire une jouissance. Quelquefois, lorsque je m'asseois solitairement dans le jardin du chalet, je me dis : il fait beau ! mais mon cœur ajoute : hélas ! je ne puis pas en jouir. *Rien* ne m'est *rien*. J'ai passé par ces mêmes sensations dans les plus terribles événements de ma vie, mais il y avait *lui*, il ne souffre pas comme une mère. Il faut vivre pour qu'il ne soit pas accablé de mon fardeau joint au sien. Maintenant je ne puis plus rien, et *lui* est plus bas que je ne l'ai jamais vu. Enfin il voit en *noir*, et Val. et moi, nous en sommes le reflet. Encore elle, elle peut le distraire, marcher avec lui, lorsqu'il est indispensable de marcher pour dégager un peu la tête. Mais, moi, je ne suis bonne à *rien*... »

Elle était à cette heure de poignante lassitude où on est à bout de la vie. Elle disait sur le mode triste son cantique de Siméon.

Je la vois, la noble femme désespérée, malade, épuisée, seule, assise dans le jardin, les yeux tristes, indifférente aux fleurs qu'elle aimait, morne figure au milieu de la fête du printemps. Elle dépérissait, sa poitrine se déchirait sous les accès de la toux sèche, aux chants joyeux des oiseaux. Pâle, amaigrie, au seuil de la mort dans la saison de la vie, les yeux sur l'horizon, elle rêvait au loin à la douleur de la terre, à la vision souriante de ses enfants dans le ciel. Et elle aussi était une vision, une apparition funèbre ; pauvre femme mourante qu'on ne voyait pas mourir !

Elle était malade depuis si longtemps, de ce mal aux progrès insensibles, cachant sa marche mystérieuse comme la croissance invisible des plantes dans la nature. Les maladies de langueur, qui usent la vie sans crises violentes, se dérobent ainsi aux regards des cœurs les plus familiers, vivant tout près, absorbés eux-mêmes par leurs propres douleurs. On voit sans voir, alors surtout que la chère malade voile elle-même son mal et cache la pâleur mortelle de sa figure fiévreuse.

Elle m'écrivait en mai :

« Trop de fatigue m'a mise à bas, et je suis depuis deux jours avec grand mal de tête, mal de gorge, jusqu'à cracher du sang, et des maux d'estomac terribles, courbature partout. Avant-hier Valentine est descendue, très bien, mais faible ; elle a pu prendre ma place de temps en temps, pendant que je me jetais sur mon lit.

« Mais je ne veux pas attendre pour vous dire que votre lettre à L... lui a fait le plus grand plaisir : vous avez si bien senti et si bien jugé, qu'il en a été touché.

« Je ne vous avais pas parlé du succès, parce qu'on peut penser qu'on dit ces choses à moi sans que ce soit bien sincère ; mais le jour où L... a été à l'Académie, il a été reçu comme... tout ce que vous voudrez de flatteur. Et entre ceux qui préconisaient *Fior*, se trouvait Cousin, qui la mettait aux nues...

« Ce que l'on dit de la tolérance des opinions est tout à fait ma manière de voir ; mais lorsque ce ne sont plus des opinions, mais de l'enseignement avec toute l'autorité du professorat, de la renommée du savant, et que cet enseignement ne s'adresse pas à des hommes faits, mais à de jeunes carabins trop enclins au matérialisme par leur métier, cela devient tout autre chose, et c'est très grave, et c'est le droit et le devoir de tous, laïques ou ecclésiastiques, d'éclairer la jeunesse parfaitemeut incapable de discerner la portion de vrai d'avec l'alliage du faux qui sape la base de toute obligation morale ; si on le fait avec trop de passion, c'est l'affaire du caractère de l'écrivain. L'évêque a prêché tout l'hiver à Orléans, dans la cathédrale, m'a raconté une personne qui y habite, sur ce qu'il a appelé l'*athéisme pratique*, sans nommer personne, mais bien la doctrine.

« Hélas ! cette terre n'est-elle pas une vallée de larmes ?

« Qui n'a pas souffert dans son âme ou son corps, matériellement et moralement, et tous deux souvent ? Qu'est-ce qui consolera les malheureux ?

« Et ces professeurs eux-mêmes, si le malheur venait à

les accabler, leur plus grand triomphe sera un stoïcisme stérile qui n'a pour but que le néant !

« Au lieu de cette doctrine qui élève l'homme au delà de cette terre et lui apprend que chaque larme est comptée et recevra sa récompense... »

Elle aussi ne pensait plus à la terre où elle avait souffert, et s'élevait de plus en plus aux pensées religieuses, aux divines espérances. Puis son cœur se tournait vers son mari, malade aussi, et ajoutait : « M. de L..., outre les jambes, a la main droite prise. Cela n'annonce pas une prompte solution. Hélas ! »

Hélas ! sa main à elle ne devait plus reprendre la plume. Ce poème d'amitié allait finir, ce dialogue intime était près d'expirer. J'allais perdre pour jamais ces tendres et hautes confidences d'affection, de souvenirs, de poésie, d'art, de philosophie religieuse, de foi, d'espérance et de charité, où elle soutenait, élevait son ami, à l'exemple de ce fils, assis devant l'infini de la mer et du ciel, près de sainte Monique, sa mère, à la figure creusée de la pâleur fiévreuse de la mort et ravie dans l'extase en Dieu.

Le grand silence allait venir. J'attendais en vain ces lettres où l'âme parlait seule, où, entre la pensée et la parole, l'art n'étendait pas de voile, où son style chaste dans sa pureté revêtait la robe de blancheur et de deuil, et rejetait les parures mondaines.

J'aimais ces lettres si pénétrantes par leur touchante sincérité, colorées du rayon intérieur de l'âme, vibrantes de l'accent intime de sa voix, où elle me disait ses impressions sur les choses et les hommes du temps, sur le génie adoré, ses souvenirs, sa vie, ses douleurs, ses tristesses, ses ascensions d'âme.

Je vivais de ses lettres, écrites au courant de la plume, au battement du cœur, dans sa ferveur d'amitié et de foi ; lettres familières et éloquentes, tour à tour, où l'artiste se réveillait devant un paysage, un tableau, une statue ; où la croyante défendait sa foi ; l'Anglaise, son pays ; la femme, le grand homme infortuné.

Lamartine m'écrivait en mai :

« Mon cher ami,

« Pris d'un violent rhumatisme avec fièvre tierce, je ne puis sortir ni agir. Ma femme est horriblement malade, Dieu est là-haut et les amis en bas. »

Puis, après le mot religieux, il ajoutait : « Voilà tout, et priez le Dieu des poètes, qui n'est pas Plutus, de penser à moi.

« Amitiés bien tendres tout autour de vous. — LAMARTINE. »

Près de la chambre où il souffrait, sa pauvre femme, agitée de fièvre, était étendue dans son lit. Sa noble tête en feu frissonnait, et ses mains pâles, aux longs doigts amaigris, s'étendaient sur les draps blancs. Elle les joignait par moments, dans l'attitude de la prière, les yeux au ciel. Près de la malade veillaient les fidèles serviteurs. Des femmes à la physionomie inquiète entraient dans la chambre, s'asseyaient près du lit et regardaient tristement, puis elles sortaient dans l'angoisse et l'appréhension d'un malheur.

Celui qu'elle désirait près d'elle n'était pas là. Il était captif de la souffrance, cloué à son lit, les membres déchirés comme Prométhée enchaîné. Tous deux étaient près et loin, à la fois, l'un de l'autre. Un palier étroit séparait à peine leurs chambres, mais par une fatalité cruelle, malades tous deux en même temps, ils ne pouvaient se rejoindre. Sans se voir ils s'entendaient seulement gémir, impuissants et désolés. Un drame douloureux se passait là, entre ces deux nobles victimes, aussi poignant que le désespoir de deux blessés sur un champ de bataille, couchés l'un près de l'autre, sans pouvoir se porter secours.

Au dehors, dans le petit jardin, le printemps faisait éclore les lilas en fleurs, les chants d'oiseaux dans la fraîche oasis de verdure, tout renaissait.

Au dedans, tout souffrait, les deux chambres étaient des nids de douleurs, d'où les cris de souffrance répondaient aux voix joyeuses des oiseaux. C'était le duo éternel de la joie et du deuil, le contraste cruel de la nature et de l'agonie humaine.

Mme de Lamartine allait à la mort. Elle regardait les lilas, la fête du printemps, le réveil de la vie, les yeux désolés. Hélas ! elle me l'avait bien dit, elle ne pourrait plus en jouir !

Depuis le 13 mai, le délire l'agita de sa fièvre, les jours et les nuits. Quelles paroles s'échappaient dans son délire ? Des regrets du passé heureux, des appels à son mari absent; des élans vers ses enfants perdus, des soupirs d'espoir, des mains tendues vers les deux blondes têtes qu'elle allait revoir, vers l'époux qu'elle allait quitter. Qui le sait ! Le masque de feu de l'érésipèle la brûlait, paralysait le cerveau et arrêtait l'essor de l'âme. Dans un éclair de lucidité, elle se dressa et voulut s'élancer hors de son lit, en criant : Alphonse m'appelle. » Le délire dura huit jours et huit nuits. La fièvre la dévorait, elle s'agitait dans une nuit de cauchemars et d'hallucinations, traversée de lueurs de rêves et d'espoirs. Puis vint le jour suprême, après vingt-quatre heures d'agonie.

Depuis longtemps, sa vie n'était qu'un lent martyre, son pauvre corps ne palpitait plus que de souffrance.

Dans ce combat solennel de la vie et de la mort, l'abbé Deguerry, le futur martyr de la Commune, vint lui apporter les divins secours.

Mme Valentine malade, et remise, quoique faible encore, put descendre au chevet des deux chers malades. Sa sœur, Mme de Pierreclos, veilla aussi sa tante. Les lettres de ces deux intimes témoins m'ont raconté cette affreuse agonie. « Je n'ai jamais quitté sa chambre et le pied de son lit pendant les huit jours de sa maladie que pour aller à côté du lit de mon oncle, les soigner jours et nuits tous les deux. J'ai assisté *seule* à 11 heures du soir avec les femmes de chambre à son extrême-onction donnée par un prêtre de saint Augustin, et à sa terrible agonie qui a duré un jour et une nuit, comme M. d'Esgrigny *qui ne l'a pas quittée* non plus pendant ces heures affreuses... » Mme de Pierre-clos m'écrivait : « C'est vous que j'appelais du fond de ma détresse, c'est vous que j'évoquais dans cette nuit d'agonie pour veiller avec moi cette Passion douloureuse... Pour vous-même, mon ami, je ne me suis pas senti la force de revenir vers ces scènes d'horreur dont je voudrais effacer le souvenir de ma mémoire. Autant, malgré les déchirements de la séparation, il m'est doux de me reporter aux derniers moments de ma sainte mère adorée qui, après avoir été l'ange consolateur de ma vie, avait enlevé à la mort tout son effroi, dont la fin n'a été qu'une assomption où je l'ai vue porter au ciel par ses vertus, sa foi, sa piété, sa charité, autant cette mort sans lueur d'immortalité m'a replongée dans le gouffre du doute. Où était l'âme alors... » L'âme, elle était là, au fond de cette prison en feu du corps, quand ainsi qu'elle me l'écrit plus loin de sa pauvre tante : « sa main froide et frémissante de l'agonie cherchait la mienne, m'attirait à elle. »

Pendant ces funèbres heures, la fête du petit jardin continuait, les sèves, les feuilles, les fleurs, les oiseaux parlaient d'amour, de bonheur, de résurrection, le printemps conviait à la vie cette femme qui allait mourir. Ce n'était pas une ironie, n'allait-elle pas à la vie aussi.

La mort allait être sa délivrance, la fin de la tourmente, le coup d'aile vers ses enfants adorés. Eut-elle ce pressentiment, cette vision de la vie immortelle à cette voix du printemps, ce beau prophète d'immortalité. Qui sait les mystères des mourants ! Elle devait faire ce dernier sacrifice de n'avoir pas la douceur de partir, les yeux sur les yeux, la main dans la main de celui qu'elle aimait.

Hélas ! moi aussi l'ami des jours sombres et de l'automne de sa vie, j'étais absent à sa mort, captif des inexorables servitudes. J'eus le regret, presque le remords, de n'être pas près d'elle, agenouillé dans les suprêmes prières et les suprêmes espérances.

Le 21 mai, elle s'en alla de ce monde, abreuvée de toutes les douleurs de la terre, après en avoir goûté les courtes félicités. Enfin son lit de travail et de souffrances devint son lit de repos et de paix. Elle reposa les mains en croix sur sa poitrine, son crucifix sur le sein, ce crucifix regardé tant de fois les yeux en larmes.

Aux lueurs des cierges, dans le clair-obscur de la chambre funèbre, sa noble tête, creusée par sa longue agonie, apparaissait dans le recueillement solennel et l'auguste sérénité de la mort. Le divin ami, le Christ, veillait au-dessus d'elle. Des amies venaient en silence contempler la sainte femme et s'agenouiller.

Le lendemain 22 mai, un cercueil sortit de sa chambre. Son âme envolée, elle devint vide comme un sanctuaire après la lampe éteinte.

Quand son corps passa devant la porte de la chambre de son mari, il ne put se lever pour saluer le cercueil qui emportait la douce, la fidèle compagne de sa vie.

Un convoi d'amis attendit dans la cour. On avait choisi deux amis intimes pour accompagner la morte dans ce long voyage de Paris à Saint Point; le noble M. d'Esgrigny, le fidèle Louis de Ronchaud, l'homme des missions douloureuses.

J'attendais à Mâcon. La bière voyagea la nuit, la nuit, l'amie des choses funèbres. La morte arriva à l'aube à la gare de Mâcon, à la place même où elle m'avait dit adieu, où 'espérais la revoir vivante. Elle revenait morte...

Je perdais à la fois une mère, une sœur vénérée, une amie, une intime providence.

J'avais devant moi les deux visages des compagnons du cercueil. Nous nous serrâmes la main en silence. M. d'Esgrigny, au deuil grave; Louis de Ronchaud, la figure altérée, pâlie par cette nuit funèbre.

Un groupe de famille et d'amis entourait la bière, tête nue, l'âme en deuil. Le char funéraire s'avança, le convoi intime et populaire se mit en marche pour le dernier voyage, il suivit le faubourg de la Barre entre une double haie d'hommes, de femmes, d'enfants, debout, d'une foule levée malgré l'heure matinale. Cette femme, à l'âme si grande, presque inconnue, aux vertus cachées, passait dans la ville sans bruit sous le nom plein de gloire de Lamartine.

C'était un jour d'azur voilé. Le printemps n'avait pas cet éclat blessant qui semble une indifférence de la nature à la douleur humaine. Il semblait s'harmoniser par ses nuages avec le deuil du convoi, et glisser discrètement une lueur d'espérance du haut du ciel, sur cette foule recueillie sous la tristesse.

Le cercueil gravit la longue route, suivi de voitures de deuil, et d'assistants à pied, descendus des villages. Devant l'avenue du château de Monceaux aux fenêtres fermées, près des deux pavillons de style anglais, élevés par l'artiste morte, à l'ombre des platanes, il s'arrêta pour recevoir les honneurs funèbres. Le curé de Prissé, entouré de villageois, l'attendait; ce noble prêtre, qui disait la messe à la chapelle de Monceaux, venait bénir la mère des pauvres du pays. Tête nue, il répandit l'eau bénite sur son cercueil, donna les prières à son âme.

Après la station pieuse, le cercueil traversa le village de Saint-Sorlin, sous la colline et la maison de Milly, si pleine de souvenirs, en vue du jardin où ses enfants avaient joué

si peu d'années, sous les regards de la mère, où son court
bonheur maternel avait été fauché par la mort.

Il gravit la montagne du Bois-clair, au joli nom, éclairé
du soleil levant. Que de fois nous avions fait halte sur ce
faîte, pour admirer ensemble le splendide et religieux horizon des Alpes, le mont Blanc, dressé comme un autel. A
chaque pas, à chaque tournant de la route, je retrouvais une
impression, un souvenir, une contemplation, une pensée,
une mélancolie partagés avec elle.

Le cercueil descendait dans la vallée de Saint-Point,
suivi du convoi grossi le long de la route. Il parvint ainsi au
Bourg Vilain, un hameau de la vallée pastorale. Là, on fit
une seconde halte.

Le cercueil entra dans la pauvre église des humbles et des
petits que cette femme aimait. Il reposa là, sur les dalles
froides comme la mort, aux lueurs des cierges, aux prières
d'une messe à voix basse, recueillie, en accord avec les
âmes.

Le convoi remplissait l'église.

Il reprit sa marche après cette station au chemin funèbre.
Tous à pied, tous unis, marchant du même pas, tous en accord de tristesse et de piété unanime dans ce pèlerinage en
deuil.

Alors les impressions devinrent plus intimes. Ce convoi
lugubre défilant dans la vallée en fête, au rythme lent des
funérailles, cette bière noire s'avançant sous le ciel bleu, les
bois reverdis, au murmure des eaux vives, aux chants des
oiseaux, sous les regards des grands bœufs indifférents aux
douleurs humaines, cette nature sans pitié, ce printemps
faisant tout renaître, excepté ce cadavre couché au cercueil,
cette mort passant au sein de la vie ; tout serrait le cœur.

Quand le cercueil arriva au chemin escarpé de Saint-
Point, ce chemin creux bordé de charmes et de chênes aux
troncs noueux, j'entrai plus avant dans le passé, plus avant

dans les souvenirs. Je suivais incliné, dans un recueillement triste, les yeux et le cœur sur la bière, la perçant de mes regards, cherchant à revoir la tête auguste endormie dans la mort.

Des couronnes de fleurs voilaient le drap noir, images fraîches et fragiles de la légère et courte mémoire humaine.

L'âme avait quitté ce cadavre captif. Volait-elle au-dessus de nous comme ces oiseaux s'échappant des buissons au bruit de nos pas, et s'envolant dans l'azur ? Son cœur ne tressaillait-il pas au glas de la cloche de l'église où elle avait prié et qui priait pour elle, aux rayons caressant son cercueil, à l'émotion pieuse de la foule, aux regards naïfs des enfants de l'école populaire, qui ne croyaient pas à sa mort ; aux prières attendries, aux larmes de l'ami la pleurant à l'écart.

La cour du château était pleine de paysans, de femmes, d'hommes, de vieillards, d'enfants groupés sur la pelouse, les yeux fixés sur le cercueil, debout, les mains jointes, dans la ferveur de la prière, comme le jeune homme et la jeune fille de l'*Angelus* de Millet, le grand artiste des paysans.

Le cercueil reposa devant le porche gothique, à l'ombre du château, et s'embauma du parfum des glycines plantées par elle ; c'était l'encens des fleurs mêlé aux regrets, cet encens des cœurs, comme si la nature, par cette sympathie mystérieuse des choses, voulait aimer aussi la femme qui l'avait tant aimée.

Son foyer fêtait le retour de sa maîtresse morte ! Une foule en deuil remplissait le parc. A cette femme qui avait secouru les misères en se cachant sous un faux nom, dans ses visites aux pauvres de Paris, avait ouvert un asile à ses jeunes filles abandonnées, sauvé leur corps et leur âme, à cette grande sœur de Charité, cette foule faisait des funérailles populaires. On pouvait redire le mot de Lamartine, aux funérailles de sa sœur : « C'était l'apothéose de la bonté. »

Après cette troisième station devant son foyer, on porta le corps à l'église par la petite allée qu'elle et moi suivions ensemble, quand nous allions prier pour celui qu'elle aimait. Une haie vivante de petites filles, aux cierges allumés, suivait le cercueil. Il passa sous l'étroite porte du parc, au seuil du cimetière, puis entra sous la vieille église romane du village, aux colonnes trapues, aux voûtes basses comme une crypte souterraine. On eût dit un tombeau. On plaça le cercueil devant le chœur, sous les regards de sainte Geneviève filant son fuseau, en priant, et sainte Élisabeth de Hongrie à la corbeille de fleurs, la reine et la bergère, peintes par elle, pour orner la pauvre église nue comme l'étable de Bethléem.

La messe funéraire fut dite avec la touchante simplicité des campagnes. Abîmé dans mes pensées, je murmurais en moi-même une oraison intérieure de souvenirs, de regrets et de prières, les yeux fermés, pour mieux revoir en dedans la sainte figure.

On sortit de l'église en suivant le cercueil. On défila à pas lents et l'ont fit cercle autour, dans le cimetière. Les hommes debout, les femmes à genoux, attendaient dans l'angoisse la descente du corps au caveau, le dernier adieu. Entre les nuages une soudaine éclaircie du soleil apparut. Du ciel un rayon jaillit sur le cercueil et pénétra jusqu'au fond du caveau ouvert, caressa les morts déjà ensevelis comme un baiser de Dieu.

C'était solennel et poignant ! Ce cercueil rejoignant des cercueils, la mère morte descendant vers sa fille morte et allant se coucher près de son enfant. En vain le rayon d'immortalité illumina la scène funèbre, le cœur me faillit au bord de ce gouffre du tombeau.

LES DERNIÈRES PAROLES

Les douleurs sans larmes dévorent comme le feu. Je parlais un jour à Lamartine d'une grande douleur de femme. « — Pleure-t-elle, me demanda-t-il ? — Oui, lui dis-je. — Tant mieux. » Et il m'expliqua son mot par cette profonde et saisissante image : « Les larmes sont à la douleur ce que la sueur est à la fièvre, c'est la transpiration du cœur. »

Lamartine n'avait plus de larmes. La mort de ses enfants. de ses sœurs, de sa mère, de ses amis, avait tari la source ; les grandes épreuves intimes et publiques l'avaient brûlé comme un vent du désert.

Parmi les lettres inspirées par cette mort fatale, la meilleure, la plus émue peut-être, vint de l'exil. Le noble esprit d'Edgar Quinet avait pénétré cette grande âme. Aussi avec quel accent de respect, de piété et d'admiration, il parla d'elle dans cette lettre si belle et si haute, il unit ces deux âmes à l'heure même de la séparation.

« Genève, 24 mai 1863.

« Cher illustre ami,

« C'est hier que j'ai appris quel coup vient de vous frapper. J'ai besoin de vous dire combien je prends part à votre deuil.

« Cette personne vénérée que vous venez de perdre me rappelait à moi-même les temps où il était permis d'espérer. Elle a joui de ses vertus et de votre gloire. Sa perte sera ressentie dans chaque famille ; aucune douleur ne trouvera plus d'écho que la vôtre. Vous lui avez fait une destinée grande, magnifique, telle que son âme courageuse la souhaitait. Elle vivra avec vous dans l'avenir.

« Il faut continuer notre œuvre telle quelle, comme si on avait une raison d'espérer.

« Adieu. Vous pouvez faire encore de grandes choses. *Elle* les attend de vous et vous applaudira.

« Votre très sincèrement dévoué qui s'associe, de cœur, à vos douleurs privées et publiques.

« Edgar QUINET. »

Il perdait une providence dans cette femme qui ne l'avait quitté que par la mort. Toute sa vie, à elle, avait été un long amour du génie, un dévouement toujours grandi par l'infortune. Au milieu des ruines, son cœur vaillant était resté debout. Elle était un caractère, un cœur profond et sûr. Aux heures de ténèbres, elle l'avait éclairé, étoile fidèle, de sa douce clarté.

Elle lui avait tout donné : amour, fortune, sauf sa personnalité et sa conscience. Son testament fut un dernier témoignage de son généreux amour. Elle avait prodigué sa vie à ses amis, aux pauvres, à la famille ; cette vie avait été une incessante charité, une ascension à Dieu. On pouvait consacrer à cette noble femme le beau vers lyrique de Lamartine sur la duchesse de Broglie, une autre sainte aussi :

Un élan naturel l'emportait vers les cimes.

Ses lettres sont la confidence d'une perpétuelle ascension, l'histoire d'une âme religieuse au milieu du monde. La vie mondaine ne l'enivra jamais de ses fêtes, ni en Italie, ni en France, à l'heure des bonheurs et des triomphes. Avide d'intimité, cette grande âme de femme aimait le demi-jour, la causerie intérieure, le travail, l'art, la promenade dans les sentiers ombreux, les fleurs sauvages et les pensées cueillies sous les bois aux lueurs du couchant. Ses lettres révèlent, à son insu, dans sa simplicité naturelle, ses sentiments, ses méditations, ses effusions, ses tendresses, ses amitiés, ses pitiés, ses larmes, ses adorations. Après un récit d'une anecdote de salon, elle passe vite, se recueille et termine souvent par une prière.

Elles ont la variété de la vie, un vivant intérêt ; tour à tour, elles parlent d'art, de peinture, de sculpture, de musique, de philosophie, de politique, de poésie, de religion, des choses du monde et des choses du ciel. C'est à ces dernières qu'elle s'arrêtait le plus. Cette figure grave qui, au premier regard, semblait froide, monotone, avait, au contraire, le charme du sourire à travers les larmes, la douceur du rayon glissant sous les ombres. Rien de banal en elle, tout était sincère, profond, pénétrant, comme son accent.

Ces lettres ont ainsi la poésie du clair-obscur. Elle excellait d'un mot à peindre un site, un paysage, à s'élever de terre au ciel.

Elle avait cette qualité rare et précieuse entre toutes, elle était droite et toujours vraie. Quand elle disait à un ami un mot du cœur, il pouvait la croire, tant elle avait l'accent de l a sincérité. En parlant de son cher génie, elle avait presque son éloquence. Elle sentait le prix de ce qui est grand. Elle avait tous les dons, sauf la beauté ; du moins, il n'en restait plus de traces quand je la connus à l'automne de sa vie ; elle avait les plus difficiles vertus dans la femme, elle pardonnait aux autres leur charme et leur triomphe, elle avait des grâces du cœur pour les jeunes femmes de ceux qu'elle aimait. Elle se résignait aux enthousiasmes des belles créatures, venues de tous les horizons du monde, comme des oiseaux du paradis, chanter leur hymne d'amour à l'Enchanteur. Elle pouvait craindre le charme de tant de beautés sur son mari, mais il lui confiait leurs lettres d'amour, il rassurait ainsi lui-même sa femme, si sa nature passionnée avait parfois des palpitations ; depuis la mort de sa fille, Lamartine était tout à l'amitié et aux souvenirs.

Elle n'atteignit pas cette perfection d'abnégation sans efforts et sans souffrances, et, comme elle me l'écrivait, dans une injuste sévérité pour elle, elle eut à vaincre des égoïsmes de cœur.

Voilà cette âme aimante et sainte ! Je n'ai pu relire ses lettres poignantes souvent, sans être remué jusqu'au fond de l'âme ; elles m'émeuvent davantage depuis sa mort que dans sa vie, la jeunesse ne sent pas aussi profond, elle a d'autres échos qui la distraient : il faut le soir, il faut une similitude d'âge pour tout comprendre d'une autre âme, il faut avoir passé soi-même par l'épreuve.

A cette heure de ma vie, ces lettres ont une telle flamme, qu'elles me font revivre tout le passé, il me semble la voir sortir du tombeau, reprendre sa figure humaine, me parler et me sourire encore comme autrefois.

Quel vide creuse la mort ! Je ne puis me résigner à cette peine de l'absence, à la disparition de ces deux grandes âmes de ma vie.

> Je pleure dans mon ciel tant d'étoiles éteintes !

L'une eut le génie, l'autre l'amour ; toutes deux eurent la bonté, supérieure au génie, la bonté, ce génie du cœur.

Dans ces jours de ténèbres où les esprits errent comme Dante dans la forêt obscure, sans lueurs, sans idéal, sans foi, sans Dieu, où les grands hommes sont morts, où la poésie est ensevelie comme Juliette au tombeau, où les justes et les saints sont lapidés dans les cercles fangeux des âmes basses, où la patrie est traînée dans une république de boue, je me réfugie au fond du passé, j'évoque les figures augustes couchées au cercueil dans leur sérénité paisible ; je vis avec les morts pour me consoler des vivants.

Je reviens à l'amie surtout, au génie qui m'aimèrent, je remue leurs lettres comme des feuilles d'automne, au murmure triste, si vibrantes au moment de la vie et si sonores encore après la mort du souffle immortel de leur âme.

J'ouvre un reliquaire plein des *memento* de mes morts bien-aimés ; je relis ce pieux *Remember* donné par Mme Valentine, et consacré à la mémoire de Mme de Lamartine. Elle y a inscrit les versets sacrés, la plus digne oraison funèbre de cette noble femme de foi, d'espérance et de charité.

Speravit anima mea.

PRIEZ POUR LE REPOS DE L'AME

DE

Marie-Anne-Elisa de LAMARTINE née BIRCH

MORTE A PARIS LE 21 MAI 1863

« Elle a ouvert sa main à l'indigent, elle a tendu ses bras vers le pauvre. »

(Prov., ch. XXI.)

« Le pauvre peut lui dire : j'ai eu faim, vous m'avez donné à manger. J'étais nu, vous m'avez vêtu. J'étais malade, vous m'avez soigné. J'étais en prison, vous m'avez visité. »

(Saint Matthieu.)

« Là où elle n'est plus, le pauvre gémit. »

(Ecclés.)

« Sa mémoire ne s'effacera pas de l'esprit des hommes, et son nom sera honoré. »

(Ecclés.)

ÉPILOGUE

Comme chaque année, à la saison des souvenirs, vingt et
un ans après ce deuil, un soir d'octobre, je montai au château de Saint-Point. Je traversais le village désert, et gravis
un sentier rocheux tout semé de pierres brisées, les yeux
levés vers un monument funéraire, posé au seuil du parc et
du cimetière, entouré d'un cloître aux arcades gothiques,
aux chapiteaux ornés d'emblèmes et d'oiseaux funèbres,
une chapelle à l'arceau ogival, où brillait, en caractères de
bronze, cette inscription radieuse :

Speravit anima mea !

Dans le clair-obscur de la chapelle, un autel de pierre
blanche rayonnait, paré de couronnes d'immortelles suspendues aux murs, et de vases de fleurs. Au-dessus de l'autel,
un tableau de la Vierge et de l'enfant Jésus rappelait la
fille et la mère. A côté s'élançait une palme d'Orient en
l'honneur de ceux qui dormaient là. Sous la pierre du sépulcre, au fond du caveau, reposaient cinq cercueils étendus
côte à côte, dans les ténèbres, une mère, une enfant, une
femme, un grand homme, une servante, dans l'égalité fraternelle du tombeau.

Au pied de l'autel, sur un lit de pierre, une statue de
femme couchée, reposait, la tête serrée dans les plis d'un

voile, le corps amaigri, sous une robe aux plis de linceul, la
main gauche posée sur le cœur qui avait tant battu d'amour
et de douleur dans la vie, la main droite le long du corps,
étendue à la fois vers celles qui l'avaient devancée au tombeau et vers celui qu'elle attendait. Par son costume funéraire, elle semblait une religieuse, comme elle le fut dans la
vie. Elle dormait recueillie dans la paix de la tombe et le
rêve des espérances immortelles.

Une main amie, celle du pieux statuaire, Adam Salomon,
avait écrit cette touchante épitaphe : « Il est plus doux de
s'associer aux douleurs des grands hommes qu'à leurs
gloires ; leur deuil n'appartient qu'à ceux qui les aiment,
leurs gloires appartiennent à tous. »

A l'entour de la chapelle, dans le petit jardin circulaire
du cloître, des fleurs ouvraient leurs corolles à la rosée du
soir et du matin, toujours fraîches comme le souvenir. Une
main pieuse les avait semées là. Au-dessus de la chapelle,
des cytises, des tilleuls, des sycomores aux feuilles dorées
étendaient leur auréole sur les morts.

Deux cyprès debout, aux angles de la chapelle, dont
les pèlerins aimaient cueillir des branches, n'y étaient plus.
Étaient-ils morts aussi ? ou les avait-on enlevés, ces
arbres de deuil, pour ne plus laisser que les fleurs de l'espérance ?

Auprès s'étendait la vieille église basse, d'où montait son
clocher roman jauni par le temps ; sur les parois du bas
côté, des arbustes avaient poussé entre les pierres mous-
seuses du toit humide. Un vieux noyer incliné comme un
ancêtre, qui ombrageait les tombes à fleur de sol dans ce cimetière rocheux, avait été abattu par le vandalisme avide
d'un conseil municipal. On avait fauché l'ombre des morts.

Après un long regard de tristesse au tombeau, après une
station, un souvenir, une prière aux morts couchés là, j'entrai dans l'enclos.

Par la clairière, m'apparut le vieux château aux tours massives, ceint de sa galerie aux trèfles gothiques, recueilli au crépuscule sous le silence et la tristesse, le parc paisible, les paons, les oiseaux domestiques errant sur le gazon des pelouses, autour de la maison restée douce à tous les êtres. Je suivis une allée ombreuse aux feuilles mortes gisantes, rejetées sous les arbres, j'arrivai dans la cour muette du château.

Partout des plantes, des fleurs montaient comme un rideau mouvant devant les murs; les corbeilles de fleurs d'automne abondaient.

D'un bassin créé par Mme Valentine, un jet d'eau jaillissait et colorait ses gerbes blanches, irisées d'un arc-en-ciel, aux lueurs du soleil couchant ; image de la source vive du cœur de la fille adoptive qui entretenait la fraîche mémoire des morts.

Partout, on sentait un soin pieux, un culte de femme, nulle trace d'abandon. Mais un changement s'était accompli. Le grand silence de la mort enveloppait la maison. Plus d'aboiements joyeux à la venue des amis ! Les pauvres chiens de Lamartine étaient morts comme leurs maîtres. Les nouveaux ne me connaissaient pas.

Nulle figure ne souriait aux fenêtres. Seule, image de vie, une fumée bleue montait des cheminées, dans l'air calme du soir. Une âme hospitalière veillait encore, un cœur de femme, comme autrefois ; le foyer avait toujours sa flamme.

Le salon avait gardé la teinte pâle, le charme recueilli du passé. Le piano de Mme de Lamartine, fermé et muet depuis longtemps, n'y était plus. La grande cage d'oiseaux chanteurs avait disparu. Mon amie, la pauvre et charmante perruche, si joyeuse à mon retour, était morte. Les levrettes avaient suivi leur grand ami à la tombe.

Après le repas recueilli, on remonta au salon. Je regardais tristement les places vides du grand hospitalier, de sa noble femme, de ses sœurs, de ses amis; les portraits qui semblaient s'animer sous mes regards. Une main de femme avait restauré, rajeuni les vieux meubles, paré la simplicité austère du foyer, fleuri le salon pour honorer les morts.

Je regardais au fond de la bibliothèque rayonner le buste de d'Orsay, le poète et le héros, dépouillé de son voile, entouré de fleurs. J'y voyais l'image de la justice prochaine. Je voyais par un pressentiment du cœur, Lamartine se lever de la tombe de l'oubli, remonter à sa vraie place, la première, apparaître enfin comme le grand poète de notre siècle, celui qui fut la poésie même.

« La vérité, il faut l'espérer, prévaudra du moins dans la postérité. » Cette espérance de sa femme allait s'accomplir.

Qui n'a subi le magnétisme étrange des portraits des morts? Ils semblent vous regarder, rayonner d'une vie mystérieuse. En cette soirée d'octobre, je revoyais dans son portrait, et mieux encore en moi, sa noble et grave figure. Je la voyais heureuse du retour de la justice, de l'auréole éclairant le front du génie de son plein rayonnement de gloire (1).

La veillée ne fut pas longue, selon la coutume des anciens hôtes ; chacun se retira dans sa chambre.

Il est, pour la pensée, une heure, une heure sainte.

Je veillai la nuit, sans sommeil, la nuit, l'amie des souve-

(1) En cette année 1884, la réparation commençait. Mes *Souvenirs* réveillaient la mémoire du grand oublié. Depuis, les voix vibrantes de la presse, les éminents et premiers critiques, MM. de Pontmartin, Alexandre Dumas fils, Eugène Pelletan, Barbey d'Aurevilly, A. Racot, Louis Ulbach, Jules Claretie, Paul Bourget, Anatole France, L. de Ronchaud, Francisque Sarcey, Jules Lemaître, Edmond Biré, Brunetière, Alphonse Karr, Edmond Texier, — j'en passe, et des meilleurs, — ont vengé Lamartine des honneurs injustes prodigués à un autre, et dit : « Il est le premier. »

nirs, où ils se lèvent comme des étoiles. Je veillai dans la
vision du passé, du château sonore vibrant de la grande
voix du poète, de la voix douce de la femme, des accents
de la famille et des amis, recueilli dans l'ineffable communion des morts. Je regardais, de mon lit, à travers la
fenêtre, la lumière sereine des étoiles scintiller dans la paix
de la nuit. La céleste et suave méditation des *Étoiles* me
revint à la mémoire. Je la murmurai tout bas et m'arrêtai à
ces vers :

> Je viendrais, chaque nuit, tardif et solitaire,
> Sur les monts que j'aimais, briller près de la terre.
> J'aimerais à glisser sous la nuit des rameaux,
> A dormir sur les prés, à flotter sur les eaux,
> A percer doucement le voile d'un nuage
> Comme un regard d'amour que la pudeur ombrage.
> Je visiterais l'homme, et s'il est ici-bas
> Un front pensif, des yeux qui ne se ferment pas,
> Une âme en deuil, un cœur qu'un poids sublime oppresse,
> Répandant devant Dieu sa pieuse tristesse,
> Un malheureux au jour dérobant ses douleurs,
> Et dans le sein des nuits laissant couler ses pleurs ;
> Un génie inquiet, une active pensée,
> Par un instinct trop fort, dans l'infini lancée,
> Mon rayon pénétré d'une sainte amitié,
> Pour des maux trop connus prodiguant sa pitié,
> Comme un secret d'amour versé dans un cœur tendre,
> Sur ces fronts inclinés se plairait à descendre.
> Ma lueur fraternelle, en découlant sur eux,
> Dormirait sur leur sein, sourirait à leurs yeux :
> Je leur révélerais dans la langue divine
> Un mot du grand secret que le malheur devine.
> Je sécherais leurs pleurs. . . .

Le divin rêve du poète semblait se réaliser. Dans l'azur
sombre de la nuit, de belles étoiles paraissaient me regarder et caresser mes yeux de leur calme lumière. Je sentais
la sympathie mystérieuse des astres et de l'âme. Ces rayons
amis descendus du ciel sur mon front, n'était-ce pas *lui*,
n'était-ce pas *elle*, dans la transfiguration de l'autre vie, pro

longeant leur amitié par delà la mort comme leurs regards d'autrefois ? N'étaient-ce pas leurs âmes, venant me révéler, dans leur langue de lumière, ce grand secret de l'immortalité que leur malheur avait deviné sur la terre ?

La nuit se passa dans cette divine intimité avec les morts. Je recueillis toutes ces chères mémoires pour des livres de pieux souvenirs. J'avais vécu dans l'hospitalité des morts, je les avais aimés, je leur devais témoignage.

FIN

TABLE DES MATIÈRES

DEUXIÈME ÉPOQUE

TROISIÈME ÉPOQUE

IMPRIMERIE ÉMILE COLIN, A SAINT-GERMAIN.